D1692231

Hui Öle Sußenbeer
Berlin, im September 2009

Un diálogo ibérico
en el marco europeo y mundial

Mário Soares
y
Federico Mayor Zaragoza

Un diálogo ibérico en el marco europeo y mundial

Traducción de Pilar del Río

Galaxia Gutenberg
Círculo de Lectores

Capítulo I

Introducción

Mário Soares: Nos conocemos personalmente desde hace cerca de veinte años. Federico Mayor acababa de ser elegido director general de la UNESCO cuando nos encontramos, y enseguida se estableció entre nosotros un fenómeno de empatía. Teníamos amigos comunes. Comenzamos a estrechar relaciones y pronto se generó un buen entendimiento, debido, entre otros factores, a que ambos compartíamos preocupaciones acerca de los demás y sobre el mundo. Ahora ambos estamos inquietos, preocupados, desencantados con ese mundo en que vivimos... aunque no perdemos la esperanza.

De ahí partió la idea de esta conversación-diálogo. Federico Mayor Zaragoza nació en Barcelona; yo nací en Lisboa. O sea, en los dos extremos de la península Ibérica, de modo que responde a una lógica que mantengamos un «diálogo ibérico», sin olvidar el hecho de que los dos somos europeos. Nuestros países son miembros de la Unión Europea y los dos tienen especial interés en Iberoamérica, donde nuestras raíces son evidentes. Debemos valorar la importancia de esa presencia.

Por otro lado, a causa de nuestras experiencias personales, ambos nos consideramos ciudadanos del mundo. Nuestra conversación se desarrolla desde esa perspectiva. Pienso que sería útil poner sobre el tapete la diferencia de nuestras vivencias y formaciones. Usted, Federico, si bien es poeta, tiene formación científica, fue profesor de Bioquímica y es un gran científico, mientras que yo tengo una formación humanista. Fui abogado, pero toda mi estructura mental siempre se ha dirigido hacia la política, la historia y la filosofía. Soy Licenciado en Letras, Historia y Filosofía, y en Derecho, por lo tanto tenemos formaciones intelectuales diferentes. Nuestras posiciones ideológicas de partida también son diferentes.

En mi juventud fui seducido por el comunismo. Milité en las Juventudes Comunistas, en la clandestinidad, durante los últimos años de la Segunda Guerra Mundial. Después, desilusionado, abandoné el Partido Comunista. Entré hacia 1942-1943 y salí en 1950-1951, cuando me di cuenta de que era incompatible con el totalitarismo comunista. Comencé entonces a interrogarme sobre la cuestión de la libertad y del socialismo. Si luchaba contra Salazar porque no soportaba la dictadura ¿cómo podría sustituirla por otra dictadura de signo contrario, más inhumana y totalitaria? Profundizaremos en este tema cuando avancemos en nuestra conversación... Pero antes que militante comunista ya me presentaba como republicano y antisalazarista, que es lo que eran mi padre y sus amigos; y laico, al contrario de mi padre, que era de formación católica. Después, en la universidad, me hice marxista. Leí, con alguna superficialidad, lo reconozco, a los clásicos del marxismo. Marx, Engels y después Plekanov, Lenin y, en esa época, el inevitable Stalin y su cartilla... Ése fue el marco de referencias que tuve durante mi formación, el que inspiró en el plano práctico mi contestación a la dictadura de Salazar. Pese a ser muy joven viví con intensidad la Guerra Civil Española, un acontecimiento que me marcó de forma profunda, porque mi familia estuvo decididamente al lado de la República y de la legitimidad republicana.

Usted tuvo una formación diferente. Para comenzar, existe entre nosotros la diferencia de edad de una generación, lo que es decisivo. Soy diez años mayor que usted y esto ha posibilitado que tengamos vivencias diferentes, lo que no excluye una cierta convergencia de ideas.

Federico Mayor: Nací en Barcelona, en 1934. Considero muy aconsejable, en estos momentos, revisar la historia contemporánea. Nos daríamos cuenta de la catástrofe, en muchos aspectos pero sobre todo en términos de vidas humanas, a que puede conducir la obcecación, la intransigencia, la incapacidad para la escucha y el diálogo. Como siempre, pagarán el precio más caro los que menos se beneficiaron de los momentos apacibles. Mis recuerdos de la guerra y de la posguerra española, así como de la Segunda Guerra Mundial, dejaron en mí una huella indeleble.

Pronto descubrí la perversidad de la guerra, y las situaciones límites que conlleva. Comprendí que la pertenencia a uno u otro bando no se correspondía con la defensa de unos ideales determinados, sino con el lugar de España donde uno se encontraba cuando el país fue dividido en dos partes. Descubrí más adelante las influencias externas, la perversión esencial que representa todo conflicto basado en la disponibilidad de la vida de los ciudadanos que, sin discusión posible, deben defender causas que con frecuencia no son las suyas y que, si lo fueren, piensan que podrían defenderse de otro modo. Sí: aquellos años de medias palabras, de sospechas, que discurrieron por «los amplísimos caminos del miedo», en palabras de Salvador

Espriu[1], grabaron en mi mente y en mis ojos para siempre la aversión a la guerra, al sometimiento, a la imposición, a la docilidad, al silencio.

A lo largo de los años he tenido ocasión de darme cuenta de hasta qué punto, con apreciaciones a menudo diametralmente opuestas, influyen en la trayectoria de una familia, y de quienes la integran, figuras de la notoriedad y las características de mi tío abuelo Marcelino Domingo, uno de los políticos más importantes de la Segunda República. Era maestro de Roquetas, cerca de Tortosa. Mi abuela Pepita era la hermana mayor. Mi padre, Federico Mayor Domingo, no pudo cursar otros estudios que los primarios, pero sustituyó con creces esta circunstancia adversa con una voluntad y dedicación excepcionales. Aprendió contabilidad en libros que todavía recuerdo subrayados y, un día, mediada la década de los años veinte, se marchó a Barcelona en busca de empleo. A la salida de un mitin de su tío Marcelino, que estaba más tiempo en la cárcel que fuera, éste lo presentó a don Pascual Mira, radical socialista, propietario de unas tiendas de calzado en Barcelona. Y allí empezó a poner de manifiesto sus extraordinarias capacidades empresariales que le llevarían, en 1947, a poner en marcha, con un grupo de médicos y farmacéuticos y un préstamo del Banco de Valls, la primera fábrica de penicilina en España.

Durante la Guerra Civil, don Pascual tuvo que esconderse, a pesar de su filiación política. Mi padre, que fue declarado exento por las imágenes radiográficas de la grave tuberculosis que había padecido, pasó brevemente por la cárcel por su condición de católico y, al final de la guerra, también brevemente, estuvo

---

1. Gran poeta catalán.

preso de nuevo por ser sobrino de Marcelino Domingo. Recuerdo los años de la posguerra acompañando a mi madre a visitar a la tía Pilar, hermana de Marcelino, presa en la cárcel Modelo. Recuerdo también al tío Juan, otro de los hermanos de mi tío abuelo, y sobre todo al hermano pequeño, Pedro Domingo, exiliado en Cuba. Era un médico de mucha valía y jugó un papel especialmente importante en la creación de los laboratorios Leti. Don Pascual Mira es el abuelo del ex presidente de la Generalitat de Catalunya, Pascual Maragall Mira. Su padre, Jordi, al que siempre profesé una gran admiración, fue uno de los grandes amigos y colaboradores de mi padre durante muchos años... Siempre hubo voces que pretendieron, invocando mi «pasado», poner obstáculos y reparos a las actividades que desempeñaba, incluidas las estrictamente académicas. En 1973, el Ministro José Luis Villar Palasí, impulsor de la Ley de Educación y de las Universidades Autónomas, me nombró Presidente en funciones del Consejo Superior de Investigaciones Científicas. Pocos meses después, su sucesor me dio una hora para abandonar mi despacho tildándome de «rojo». En cambio, el Ministro Cruz Martínez Esteruelas me ofreció la Subsecretaría de Educación y Ciencia en el Gobierno que surgió después del asesinato de Carrero Blanco, que se adivinaba ya como el de la transición al posfranquismo. A pesar de mis lógicas reticencias, que mi padre compartía plenamente, acepté por las garantías que representaba el nuevo ministro y el interés que manifestó el Príncipe. Comprobé que el retrato de Marcelino Domingo no figuraba en la galería del Ministerio, así que se lo comenté al ministro quien dio instrucciones para que, de inmediato, se corrigiera tan significativa ausencia. Busqué entre las mejores fotografías y recuerdos del tío Marcelino en casa de mis padres y, a los pocos meses, el retrato del Ministro de Instrucción Pública, Marcelino Domingo Sanjuán, se incorporaba al lugar que cronológicamente le correspondía, en óleo de Enrique Segura.

A pesar de la «protección» del ministro, no son pocas las ocasiones en las que algunos cargos de aquella época proclaman, a veces discretamente, a veces en público y a gritos, mi parentesco. No voy a entrar ahora en detalles al respecto, querido Mário, pero considero importante hacer ver la influencia persistente de las circunstancias familiares, que denota el empecinamiento, la intransigencia de quienes son incapaces de evolucionar a lo largo del tiempo. Por ello quiero contarle un episodio interesante: siendo Presidente de la Comisión Asesora de Ciencia y Tecnología de la Presidencia del Gobierno en 1977, el Presidente Adolfo Suárez me pidió que encabezara la lista de la Unión de Centro Democrático, UCD, por Granada, teniendo en cuenta la labor que había realizado durante mi etapa de Rector de esa ciudad. A los dos días del triunfo electoral, en una reunión de los parlamentarios *in pectore* en el Palacio de La Moncloa, el Presidente anuncia que piensa designarme Ministro de Educación y Ciencia. Sería de este modo el primer ministro de educación de la democracia, como mi tío Marcelino lo había sido de la Segunda República. Al cabo de unos días, ante las fuertes presiones de quienes le decían que me ofreciera cualquier cosa menos educación, por creer que sólo la Democracia Cristiana debía ser depositaria de tal responsabilidad, Adolfo Suárez me ofreció, efectivamente, otra cartera, que no acepté. Me nombró después, como «consolación», asesor del presidente. No sé si mi asesoramiento fue muy útil, pero no cabe duda de que aprendí muchísimo de la imaginación política sin límites del Presidente del Gobierno. Pocos años después, en varias ocasiones, algunas acompañando al Presidente Tarradellas, pronuncié conferencias sobre mi tío Marcelino Domingo, sobre su visión y sus realizaciones en el ámbito educativo. Hace poco, en un anticuario de Barcelona, se han hallado cuadernos de notas y libros pertenecientes a los últimos años de la vida de mi tío. Han sido adquiridos por el Ayuntamiento de Tortosa y he decidido aportar los fondos necesarios para que se cataloguen y estudien documentos que pueden ser importantes para mejor conocer la última etapa de quien tanto ha influido en la vida de mi familia y en mi propia trayectoria

Sí: las heridas de la guerra no cicatrizan nunca. El tiempo suaviza, a fuerza de comprensión que no de olvido, los sentimientos propios de la pérdida de seres queridos, de familiares... A veces, al comprobar la artificialidad de todo lo acaecido, al saber que lo que le ocurrió a los otros es tan reprochable, absurdo y trágico como lo vivido en casa propia, se atenúan las actitudes y reacciones iniciales. Durante siglos, el poder ha dispuesto a su antojo del pueblo. Durante siglos, se ha seguido –no me canso de insistir en ello– el perverso adagio «si quieres la paz, prepara la guerra». Creo que ahora podemos apostar por el gran cambio, manifestar, sin violencia pero con firmeza y perseverancia, que ha llegado el momento de la democracia genuina, es decir, de que sea «la voluntad de la gente», y no la de unos cuantos, la que prevalezca.

De los años de mi infancia recuerdo también la gran austeridad en la que vivíamos. Nos enseñó a apreciar el pan, el aceite, el arroz... la comida. Y tener ropa y calzado. Y poder ir a la escuela. Y la luz y el agua... pero también la mirada amable, la palabra, la sonrisa, la caricia, los desvelos de mi madre y de mi padre por sacar adelante a la familia en aquellas condiciones tan precarias. Pronto aprendí, por todo cuanto le digo, a situar a mis padres en el lugar que les corresponde, principalmente en la función de educadores que –como aquella niña uruguaya que al ver el mar por primera vez exclamaba: «¡maestra, ayúdeme a mirar!»– nos ayudaban cada día a ver, actuar, comportarnos debidamente y, sobre todo, a distinguir lo importante de lo accesorio. Nunca olvidaré, porque ha sido crucial en mi vida, aquella recomendación de mi madre: «Hijo mío, no aceptes nunca lo que juzgues inaceptable».

Tuve la suerte de tener excelentes profesores en el Colegio Virtelia. Hoy, con tanto artificio didáctico, buscamos la calidad educativa por otros caminos, cuando todo depende, en última instancia, de la calidad y compromiso de los profesores, unida a una fluida relación con los padres y familiares. Con Francesc Gomà aprendí el papel angular de la Filosofía. Con Ramon Fuster y Enric Badal supe hasta qué punto es imprescindible la salvaguarda de la identidad cultural para llegar a ser ciudadano del mundo. Con Vicenç Vives y Enric Bagué lo importante que es conocer la historia contemporánea para evitar que, en muchas ocasiones, se repita. En cuanto a la formación religiosa, desde el primer momento rechacé, por incomprensible, que ocupara más espacio el «yo» que el «nosotros», que nos presentaran a Dios con forma humana, caracteres masculinos, larga barba blanca, inquisidor, inclemente... en lugar de un Ser supremo, creador, indescriptible, evidente aunque invisible...

Mis padres no habían tenido más educación que la primaria, pero para mí eran –como fueron después, y hoy mismo, en mi trayectoria– los seres más inteligentes, trabajadores, generosos, ejemplares. He recordado siempre con especial admiración que, al finalizar la Segunda Guerra Mundial, mi padre tuviera, con un grupo de farmacéuticos y médicos, la genial idea de producir penicilina en una pequeña fábrica, sembrando miles de frascos Roux con el *Penicillium*... Aquella instalación tan rudimentaria como eficaz dio como resultado la incorporación de sus promotores –los Laboratorios Leti Uquifa– en el primer gran grupo de empresas farmacéuticas que, a partir del año 1949, produjeron antibióticos en España. Fue una «acción inesperada». Soy un gran amante de las soluciones inesperadas porque, a todas las escalas, son las únicas capaces de superar los obstáculos que se oponen a toda transformación. Por eso, querido Mário Soares, cuando vi al pueblo portugués introduciendo claveles en el ánima de los fusiles pensé, al igual que después ocurrió con Nelson Mandela o con Mikhail Gorbachev, que la esperanza está en lo inesperado, que la esperanza está en las personas que habiendo vivido intensamente su tiempo guardan para un momento dado la capacidad de provocar –a veces personalmente, otras a través de un contexto que los haga factibles–, que tantos imposibles proclamados sobre todo desde las instancias del poder, súbitamente se conviertan en feliz realidad. Del Portugal de Oliveira Salazar al Portugal plenamente democrático de nuestros días, sin una sola gota de sangre. Por eso me interesaron tanto, desde entonces, la personalidad, los amigos, el entorno y las reflexiones de Mário Soares.

Mário Soares: En su exposición hay notas muy interesantes y diferentes de las mías. Pero hay algunos trazos comunes. En primer lugar, la evocación de su tío abuelo Marcelino Domingo. Yo tengo un libro en mi biblioteca, se lo he dicho alguna vez, de Marcelino Domingo, dedicado a un amigo de mi padre, que fue Ministro de Asuntos Exteriores de la Primera República, Xavier da Silva, un hombre muy culto y simpático, del que fui alumno y que me regaló algunos de sus libros, ése entre ellos. Con letra muy firme está escrita esta dedicatoria: «A Xavier da Silva, que es un hombre de Afonso Costa». Recuerdo que Afonso Costa fue diputado, Ministro, Primer Ministro y una de las más notables figuras de la Primera República, que fue de 1910 a 1926. Y luego en la dedicatoria añade: «Y un hombre de Afonso Costa es necesariamente un amigo mío. Marcelino Domingo». Esto demuestra dos cosas. En primer lugar el sentimiento de fraternidad que existía entre portugueses y españoles en esa época; y también un entendimiento y solidaridad ibérica entre los políticos progresistas de los dos países peninsulares.

Por otro lado quiero decirle que tengo indelebles vivencias de la Guerra Civil Española. El Portugal oficial, el Portugal de Salazar, estuvo en bloque al lado de Franco. Gran parte de la conspiración se llevó a cabo en Portugal. Sanjurjo, que era el jefe militar de la conspiración, murió, en circunstancias todavía no completamente esclarecidas, en un desastre de aviación cerca de Estoril, cuando partía para España al principio de la Guerra Civil. Sanjurjo desapareció y entonces emergió el General Franco, que estaba en Marruecos, como líder de la conspiración y de la asonada militar.

En mi casa todo el mundo era republicano, mis hermanos, los amigos de mi padre, toda la familia, y oía regularmente Radio Nacional de España que emitía desde Madrid. Yo tenía doce años cuando estalló la Guerra Civil y la seguí muy intensamente durante los tres años que duró. Recuerdo que mis amigos de colegio eran casi todos partidarios de Franco. Los periódicos portugueses, por supuesto, también estaban incondicionalmente con Franco, pero en mi casa existía una posición diferente. Estábamos a favor de la República. Y eso provocaba en el colegio grandes discusiones.

Aprendí mucho, desde el punto de vista político, con la guerra de España. Sentí la derrota de la República y las divisiones en la izquierda que, de algún modo, la explican. Puedo decirle que oí, en la radio de España, durante el período de guerra, exaltados discursos de Indalecio Prieto, figura que mi padre admiraba, de Largo Caballero, de la Pasionaria... Oía los discursos de la Pasionaria, a la que conocí personalmente cuando ya era bastante mayor, en Roma. Recuerdo también las intervenciones de Negrín, del General Miajas y de otros... Oí, me acuerdo bien, la entrada de los franquistas en Madrid y su ocupación de la radio, en directo... Conservo en mi memoria esos acontecimientos dramáticos. Todo esto colaboró, naturalmente, en mi formación política y humanista de republicano, socialista y laico.

Después, durante los años de Salazar, tuvimos el Pacto Ibérico, una alianza entre los dictadores Salazar y Franco. Pero pese a esta alianza hubo siempre una gran desconfianza personal entre los dos dictadores y las dos clases dirigentes, porque los nacionalistas españoles eran muy hegemónicos y centralistas. Me acuerdo de una cena de militares franquistas en Madrid, poco después de la victoria de Franco, donde algunos oficiales gritaron «¡Y ahora a Lisboa, a Lisboa!». En la euforia de la victoria, en 1939, después de tres años de guerra, pensaban que podrían modificar la península bajo el dominio de Madrid. Se equivocaron, pero la pretensión estimuló las desconfianzas latentes del gobierno de Salazar y un cauteloso distanciamiento. Pese a todo, el Pacto Ibérico funcionó durante la Segunda Guerra Mundial, en que Franco estaba más cerca de Hitler, aunque también reticente, y Salazar aparecía como más cercano a los ingleses, debido a la soberanía marítima y a la pervivencia del imperio. La verdad es que los dos pueblos no compartían mucho entre sí, no conversaban, al contrario de lo que había sucedido en la Primera República. No había comunicación efectiva. Eso fue algo que me impresionó durante mi juventud, cuando ya era universitario y sobre todo después de licenciado. Cruzaba España y era como si cruzara el desierto, ni siquiera compraba los periódicos. Iba en el Sud-Express hasta París y sólo al llegar a la frontera francesa, después de pasar Irún, comenzaba a buscar la prensa, periódicos franceses con su saludable pluralismo, incluso el comunista *L'Humanité*. En esa etapa los libros españoles tampoco me interesaban, al contrario de ahora, que me interesan muchísimo, ya sean de autores españoles, ya sean traducciones de novedades del mundo entero. Entonces el alejamiento era total. Los dos países se daban la espalda. De alguna manera, este desinterés acabó con la Revolución de los Claveles, en 1974. Fue una revolución de libertad y de fraternidad, llevada a cabo sin violencia y admirada universalmente por eso mismo. Además, puso a los pueblos de la península Ibérica frente a frente, para mirarse y establecer un diálogo fecundo, borrando muchos prejuicios y sospechas que se arrastraban del pasado.

Federico Mayor: Creo, amigo Mário, que tiene usted toda la razón. La Revolución Portuguesa y la Transición Española, ambas ejemplares, son distintas como distintos son sus orígenes, sus raíces. En el caso de España, las actitudes y sucesos prebélicos alicortaron y tiñeron trágicamente el breve recorrido de la República, desembocando en un enfrentamiento civil con todas las atrocidades propias de una guerra fratricida. Lo más imperdonable es que no hubiera perdón en la posguerra. Una serie de decisiones de particular relieve explican aquellas décadas y la propia transición a la democracia: la neutralidad de España en la Segunda Guerra Mundial; el restablecimiento de la Monarquía en España, en la figura de Don Juan Carlos, en 1947; la apertura al turismo y la evolución económica ulterior, con ministros que, como en el caso de José Luis Villar Palasí, ya referido, cumplen acertadamente y con independencia de criterio sus cometidos; la larga «fermentación» para «cuando llegue el momento», que incluye en primer lugar al propio Príncipe; acuerdos, contactos y exploraciones previas a la transición, cuyos avatares y turbulencias se amortiguaron en tantos años de «preparación» y, sobre todo, por la actuación de quienes comprendieron, lúcidamente, que «su» tiempo había concluido y facilitaron la extraordinaria labor que desempeñaron los grandes protagonistas de aquellos años históricos, en particular el Rey y el Presidente Adolfo Suárez. Yo contribuí, en la medida de mis posibilidades y de las características de mis actividades en aquel momento, a establecer no pocos encuentros, amistades y conversaciones. Contribución modesta, pero los fundamentos históricos de períodos como el que estamos comentando no se explican sin la urdimbre de múltiples, a veces imperceptibles, aportaciones modestas.

Mário Soares: Yo estaba exiliado en Francia cuando tomé el tren en París, el Sud-Express, el día 27 de abril por la mañana, camino de Lisboa. El aeropuerto de Lisboa estaba cerrado. Era el segundo día después de la Revolución. Cuando embarcamos no teníamos la seguridad de que la victoria de la democracia fuera irreversible. Había hablado por teléfono con mis amigos de Portugal, que me dijeron: «No vengas, no vengas, aguanta dos días más en París, que puedes ser detenido en la frontera». Mi mujer, mis tres compañeros –Ramos da Costa, Tito de Morais y Fernando Oneto– y yo decidimos regresar, pese a la recomendación. Acordamos que nos esperarían en Salamanca, en la última parada del tren en tierras de España, para valorar –con las informaciones que nos dieran– si había condiciones para regresar a la patria.

El viaje era mucho más largo de lo que es ahora. Llegamos a Salamanca cerca de las dos de la madrugada del día 28. Cuando se detuvo, salimos del tren y vimos la estación llena de jóvenes de los dos sexos, eufóricos, dando vivas a Portugal y exhibiendo claveles rojos... Nosotros no sabíamos que el clavel era el símbolo de la revolución. No encontramos a ningún conocido, pero nos dimos cuenta de que la Revolución había vencido. Entramos otra vez en el tren y cuando llegamos a la frontera, en Vilar Formoso, fue el delirio. Muchos amigos estaban esperándonos. Lo mismo sucedió en todas las paradas hasta Lisboa, donde nos acogió una multitud eufórica. Un momento inolvidable fue cuando llegamos a la estación de Santa Apolonia, en el que pasó a conocerse como «El Tren de la Libertad».

A partir de la Revolución de los Claveles se abrió una nueva etapa de entendimiento entre portugueses y españoles. En los meses siguientes miles de españoles vinieron a Portugal, especialmente a Lisboa, para vivir la Revolución, una señal ineludible de esperanza, puesto que pensaban que también un cambio democrático los iba a liberar en breve de Franco. La Revolución Portuguesa fue un gran símbolo para muchos españoles. De hecho, dos años después, tras la muerte de Franco se produjo la transición democrática en España. A partir de ahí, todos los gobiernos, del signo que fueran, tanto de un lado como de otro, favorecieron las relaciones, que pasaron a ser de confianza y de inequívoca fraternidad.

Quizá recuerde que Adolfo Suárez vino a Portugal poco tiempo después de formar gobierno, siendo yo entonces primer ministro. Era 1977. Recuerdo que Suárez me dijo: «Usted va a hacer una gira por los países de la CEE pidiendo la adhesión de Portugal». En aquel momento los miembros de la CEE eran sólo diez estados. Y añadió: «Le pido que les diga que España está en transición hacia la democracia y que nosotros, los españoles, también queremos entrar». Le respondí que sí, pero necesitaba una aclaración: «Con sumo placer transmitiré lo que me dice, pero necesito saber si realmente son capaces de hacer una transición democrática hasta el final». Suárez afirmó: «Por supuesto, estamos dispuestos a llevar a cabo la transición democrática». Insistí: «Pero ¿van a legalizar el Partido Comunista?». Respondió: «Eso no es posible, porque los militares no lo permitirían». Y yo concluí: «Mire, así no puede ser, nadie en Europa se va a creer que están dispuestos a hacer una verdadera transición democrática».

Sin embargo, antes de partir para mi periplo europeo, Adolfo Suárez me llamó por teléfono y me dijo: «Voy a legalizar el Partido Comunista». Y, efectivamente, lo legalizó. Fue un acto de valor extraordinario. Yo hice la gira y cumplí el encargo que me había pedido. Advertí a los jefes de los gobiernos de los diez que España también debería entrar en la CEE y contar con su apoyo, porque estaba inmersa en una auténtica transición democrática. Adolfo Suárez hizo la transición necesaria –y posible– del franquismo a la democracia. Una transición negociada, muy inteligente y gradual. No una ruptura revolucionaria como la portuguesa.

Federico Mayor: Como ya he indicado antes, en España se fue consolidando durante varios años el convencimiento general de que una transición pacífica exige renuncias. He repetido en muchas ocasiones que deberíamos, con mayor frecuencia de lo que lo hacemos, recordar las cesiones, mayores o menores, conocidas o desconocidas, que mucha gente tuvo que hacer para que la transición se diera sin sobresaltos. Ya he dicho que hubo quienes, desde el sistema, supieron mirar al futuro con espíritu abierto y conciliador. Otros no. Pero fueron perdiendo peso. El Príncipe, convencido desde hacía muchos años de cómo debía ser la «nueva monarquía» para ser viable, jugó magistralmente el papel principal. Creo justo recordar aquí el tacto, el buen sentido, la discreción y el consejo de Nicolás Cotoner y Cotoner, Marqués de Mondéjar[1]. Personas como

---

1. Jefe de la Casa del Príncipe de España (desde 1964) y primer Jefe de la Casa Civil del Rey desde diciembre de 1975 a 1990.

Torcuato Fernández Miranda[1] tuvieron actuaciones destacadas en momentos clave. Y, luego, el acierto tan extraordinario como imprevisible, de la designación de Adolfo Suárez como Presidente del Gobierno.

Ha cambiado el mundo, que ahora está a la vista de todos y no de unos cuantos. Ha cambiado la demografía, con la longevidad y la reducción de la natalidad. Ha cambiado la composición tradicional de la sociedad, con flujos migratorios de gran alcance. Han cambiado la localización ciudadana y las características laborales y, a pesar de todo, aún hay quienes siguen aferrados a privilegios ancestrales, sin querer deshabituarse de un modo de vivir asimétrico que, por fortuna, se está desvaneciendo... Les asusta la diversidad y, no acostumbrados a la democracia genuina, piensan que la unidad de España –un crisol de culturas formidable– debe seguir garantizada por las Fuerzas Armadas, olvidando quiénes fueron los que nos separaron y el alto precio que pagamos...

---

[1]. Al fallecer el General Franco, a finales de 1975, es nombrado por el Rey Presidente de las Cortes y del Consejo del Reino.

Capítulo II

Historias paralelas

Mário Soares: La transformación, en la península Ibérica, de dos dictaduras obsoletas en dos democracias plurales y abiertas a la modernidad, de forma pacífica y sin derramamiento de sangre, fue un acontecimiento inesperado que impresionó vivamente y tuvo repercusiones serias en Europa y en el mundo. Estábamos todavía en el tiempo de la guerra fría y el hecho de que la ruptura portuguesa y la transición negociada española transcurrieran sin que Occidente hubiese perdido poder en favor del Este, representó una enseñanza y un choque positivo que favoreció otras transiciones democráticas, sobre todo en América Latina. Fue lo que el politólogo norteamericano Samuel Huntington, llamó, en uno de sus best seller, *La tercera ola democrática,* que tuvo su inicio, sin ninguna ayuda externa, en Portugal, aquel 25 de abril de 1974.

Pienso que ha llegado el momento de que asumamos en conciencia nuestro papel en el mundo: en la Europa a que pertenecemos, pero también en Iberoamérica y –en el caso de Portugal– en África, llevan insertas de forma indeleble nuestras raíces, nuestras lenguas, religión y culturas. Esos pueblos necesitan nuestro apoyo, como europeos que somos, y tenemos el deber y la responsabilidad de darlo, a la vez que necesitamos profundizar el sentido de realidad ibérica. Es una cuestión que debería ser debatida hoy, sin preconceptos y con los ojos puestos en el futuro de Europa y del mundo global en que vivimos.

Como sabe, la historia de nuestras relaciones no es una línea recta. Al final del siglo XIX hubo muchos sueños iberistas, que la Primera República Española, de 1873 a 1874, alimentó y la Primera República Portuguesa, de 1910 a 1926, contrarió por razones varias, sobre todo porque existía en España una monarquía que se encaminaba hacia la dictadura. Eran sueños de una Iberia unida, federada...

La situación ahora es muy diferente. Hoy vivimos, casi sin darnos cuenta, una cierta unidad económica ibérica, en el marco de la Unión Europea. Esa unidad se impone por el hecho de no tener fronteras, pues podemos salir y entrar sin pasaporte como en otros países europeos de la Zona Euro y Schegen. Pero además se percibe un sentimiento de pertenencia o hermandad ibérica entre los distintos pueblos de esta península. En realidad, en el plano geográfico, la península Ibérica es un todo, con varias identidades nacionales, culturales y lingüísticas. Existe, o está en vías de constituirse, un mercado económico integrado ibérico y, pese a las diferentes identidades de los pueblos peninsulares, existen convergencias políticas y afinidades de distinta naturaleza. Somos de hecho pueblos hermanos, con una cierta comunidad de destino.

A veces pienso –aunque no sé si esto es exacto o es una percepción tradicional– que hay cinco pueblos que se singularizan en Iberia: Portugal, Castilla, Galicia, País Vasco y Cataluña. Ahora emergen otros, porque Andalucía también quiere ser reconocida como nacionalidad, y Valencia, Extremadura, Canarias, Baleares... Pese a todo, en esta diversidad, que debemos respetar, se nota cierta unidad que no podemos desconocer.

Está también la cuestión lingüística. Aunque existan el catalán, el vasco, el gallego y quizás otras, es el castellano el que, como lengua, unifica España. Y está el portugués. Pues bien, los dos idiomas en conjunto, castellano y portugués y sus proyecciones por los diversos continentes, forman un universo lingüístico de cerca de ochocientos millones de seres humanos, ya que los países de expresión portuguesa son cerca de doscientos millones y los de habla española cerca de quinientos cincuenta millones. Ochocientos millones de seres humanos que se entienden entre sí, hablando cada uno su lengua, representan más de una décima parte de la humanidad. No estamos hablando de una realidad pequeña.

Nuestro crecimiento está en América Latina y para nosotros, portugueses, también en África. Porque una parte de África habla portugués: Angola y Mozambique, los dos Estados mayores, pero también Cabo Verde, Guinea, Santo Tomé y Príncipe. El portugués es la cuarta lengua oficial de la Unidad Africana. Y está también Timor, en Asia, cuya lengua oficial es el portugués. Esto, con las diásporas española, portuguesa, brasileña y caboverdiana, forma un conjunto extremadamente significativo en todos los continentes, a lo que tenemos que unir que ambos idiomas estén en plena expansión, realidad esta del mayor interés para los dos Estados peninsulares. Lo que no significa, obviamente, que se cuestione la independencia política de los dos Estados. Ésa es una condición adquirida desde hace siglos. Se habla de convergencia efectiva, de parentesco, de forma de estar y de ser, de proximidad cultural y hasta idiomática, puesto que podemos entendernos hablando uno en castellano y otro en portugués, lo que es un factor importantísimo de aproximación.

Hay que añadir que tenemos la noción de que Portugal es un país atlántico pero también mediterráneo. Un gran geógrafo portugués, Orlando Ribeiro, escribió en 1945 un libro magistral sobre ese asunto, titulado *Portugal: El Mediterráneo y el Atlántico*. Pero Portugal sólo es mediterráneo porque está integrado en una península mediterránea. Portugal no tiene costa en el Mediterráneo, aunque todos nos consideran un país mediterráneo occidental. Participamos en las conferencias sobre el Mediterráneo, por ejemplo en los Encuentros de Barcelona, y formamos parte de los países que pretenden desarrollar los lazos de convergencia para establecer la paz, una más honda relación y el progreso en el Mediterráneo.

Ahora bien, nuestra posición geoestratégica en el Atlántico y en el Mediterráneo, como país europeo, se potencia por el hecho de que somos ibéricos. Por eso me gusta recalcar el aspecto ibérico como factor esencial de nuestra identidad portuguesa. El nacionalismo retrógrado portugués es anti-ibérico por ignorancia de la historia y de la geografía, además de por preconceptos y miedos de la hegemonía castellana, que hoy no tienen ningún sentido. Ni siquiera aceptan el término «ibérico» y dicen «América Latina» en vez de «Iberoamérica», cosa que italianos y franceses agradecen mucho porque, como latinos, también caben. Pero «latinos», que somos todos, es un círculo diferente y más amplio. Ser ibérico es también importante en el plano europeo y global.

Regresando a nuestra península, entiendo que los Estados de los pueblos que la componen deberían tener una mayor convergencia política en la Unión Europea y una cooperación estratégica mucho más próxima con Iberoamérica y con África. Pienso que esto merece nuestra reflexión y que debe ser objeto de un apartado.

Federico Mayor: Como a usted, Mário, me consta la veracidad de aquel verso de Antonio Machado: «Si quieres ser universal, ama a tu pueblo». Desde España, desde Portugal, desde Europa, no debemos perder ni un solo segundo la perspectiva del mundo en su conjunto. El mundo en su conjunto, porque, al fin y al cabo, lo que nos importa es cada ser humano. Hace ya tiempo que reclamo que las universidades, la comunidad científica, todos los intelectuales y creadores tengan en cuenta a la humanidad entera, sea cual sea el sexo, el color de piel o la creencia de cada persona. Porque el ser humano es una desmesura, es capaz de crear, de inventar. Y en esta creatividad, como en las soluciones inesperadas antes mencionadas, está nuestra esperanza. Todo lo que adormece y distrae esta fuerza creadora favorece el autoritarismo, la dictadura, que las minorías dominen a las mayorías.

Hay una frase de Jacinto Benavente que siempre me ha impresionado: «Cada vez que nace un niño nace la humanidad». Tenemos que lograr que el gran número de habitantes de la tierra que hoy deben ocuparse tan sólo de sobrevivir, o de desprenderse de las condiciones represivas en las que han vivido durante siglos, puedan ejercer plenamente las facultades distintivas de la especie humana. Iberoamérica, que hasta hace bien poco ha padecido las más crueles intromisiones, retiene una inmensa fuerza de innovación, de creatividad, de propuestas de nuevos rumbos para todos. Y África, sometida al genocidio y a la explotación, que nos ofrece su gran experiencia humana, su serenidad, su sabiduría. ¡Qué buen negocio haríamos si, en la interacción debida, les ofreciéramos «saber» a cambio de «sabiduría»!

Mi aversión no es contra el conflicto, que siempre existirá, y es bueno que existan divergencias para encontrar nuevos caminos o para crearlos. Mi aversión es contra la violencia como fórmula de resolución de conflictos. Es una aversión contra la barbarie, porque se constituye en la forma de acción menos humana, la más «in-humana». ¿Si quieres la paz prepara la guerra? No: nunca más. Si quieres la paz, aprende a construirla cada día, aportando tu pequeño grano de arena. Sólo de esta forma, los muchos serán por fin capaces de evitar vivir al dictado de unos cuantos, de los supuestos de obediencia ciega, de la adopción de criterios sin rechistar, y hasta de creencias que favorecen la continuidad del poder absoluto. Nunca la violencia, nunca la docilidad y la sumisión. Debemos valorar lo que tenemos y recordar a todos su formidable fuerza creadora. Defender nuestra identidad, que significa defender la diversidad infinita de la especie humana, y los principios universales que nos unen. Participar exponiendo nuestros puntos de vista, y escuchar, son los ingredientes de la paz, la concordia y la conciliación.

En el año 1968 tuve el honor de ser nombrado, a pesar de mi origen catalán, Rector de la Universidad de Granada. Eran momentos de gran turbulencia estudiantil, ya que, faltos de otros espacios donde manifestar ideas e ideologías, los estudiantes que en aquel entonces querían cambiar el curso de los acontecimientos, encontraban las más diversas formas de expresión política. ¡Cuánto aprendí escuchando, a veces hasta altas horas de la madrugada, los anhelos, las formulaciones, las manifestaciones de aquellos jóvenes!

Uno de los pilares de la ética es comparar. Compararnos. De esta forma no sólo se modera y se da buen sentido a nuestras pretensiones sino que aprendemos el arte de compartir, de distribuir mejor, de repartir en beneficio de todos aquellos bienes que, al acumularse, dejan de interesarnos y de atraer nuestra atención. El futuro ibérico reclama una mayor interacción entre las piezas del «mosaico» que tan bien ha descrito. Y reclama compartir, que es la mejor manera de enriquecerse mutuamente.

Mário Soares: Sin duda, es necesario aprender a compartir con los otros, a comprenderlos, a respetar las diferencias. Al mismo tiempo hemos de saber defender nuestra identidad, porque como decía Antonio Machado, poeta que tanto admiro, y que usted ha citado antes, «si quieres ser universal, ama a tu pueblo». Pero esta reflexión sobre la identidad, y también sobre el riesgo de la violencia creciente, va a ser un asunto recurrente a lo largo de nuestro diálogo, puesto que constituye uno de los temas centrales. Por eso le propongo que volvamos a nuestra península y a los tiempos más próximos de las transiciones democráticas de Portugal y España.

Capítulo III

Ruptura en Portugal, transición negociada en España

Federico Mayor: La transición española tuvo muchos aspectos imprevisibles. Portugal se anticipó y fue un proceso revolucionario, si bien se llevó a cabo sin derramamiento de sangre.

Mário Soares: El 25 de Abril comenzó siendo un golpe militar, aunque, como ha dicho, sin derramamiento de sangre. Fue una ruptura con el régimen anterior que se transformó en una revolución: un corte certero y brutal con el pasado...

Federico Mayor: En España, ¿quién podía imaginar que el Partido Comunista, con muchos de sus líderes encarcelados, aceptara el régimen monárquico dispuesto por Franco en 1947? Todos los partidos, en realidad todos los españoles, con más o menos renuncia, aceptaron la evolución para evitar la revolución.

Como científico, insisto frecuentemente en la importancia esencial de comprender, sobre todo por parte de los más intransigentes, de los más instalados en posiciones inexpugnables, que «la evolución siempre es mejor que la revolución». Pequeños pasos, a veces imperceptibles para la gran mayoría de la gente, van preparando el terreno para que en el momento oportuno fructifiquen las semillas de la evolución, de las soluciones sin violencia. Junto al desarrollo económico, a la entrada de millones de turistas, desde la universidad o con aportaciones de grupos como *Los Tácitos* o revistas como *Cuadernos para el Diálogo,* se van sentando las bases para una transición realmente ejemplar.

Después de la Guerra Civil y, sobre todo, de la posguerra inmediata; después de la Segunda Guerra Mundial, aquella España empobrecida y destrozada empieza a recuperarse económicamente y a establecer los contactos y los posicionamientos que en un momento determinado permitan aceptar –vuelvo a repetir que con sacrificio de nuestra manera de ser, de nuestros antecedentes personales, de nuestras características culturales– un sistema monárquico, ciertamente democrático, ciertamente «otra» monarquía –y éste ha sido el gran mérito personal de Don Juan Carlos y Doña Sofía– pero sin olvidar que se trataba de una ruptura extraordinaria con el pasado, de un desgarro que tenía que producirse precisamente para que fuera posible iniciar pacíficamente una nueva etapa.

Reconocimiento especial merecen quienes en aquellos críticos momentos de la transición supieron, con una extraordinaria imaginación y visión de futuro, respetar la diversidad de España, crisol de culturas muy distintas. Los vascos tienen una lengua y una identidad que hay que respetar y fomentar. Igual sucede con los catalanes y gallegos. Y los andaluces... En la medida en que se promueve y fortalece la identidad, la articulación del «mosaico» es mejor. En momentos de crisis es cuando más apremiante resulta mirar hacia delante, pensar que el pasado y el presente ya están hechos y que sólo el «por-venir» está «por-hacer». Cuentan que cuando a Felipe González, recién instalado en la Moncloa, le preguntaron: «¿Qué piensa de la época de Franco?», respondió: «El pasado corresponde a los historiadores. Yo he venido a cambiar el futuro de España».

Es cierto: el gran reto es el cambio. No como adaptación sino como anticipación. En la adaptación son los acontecimientos los que prevalecen. En la anticipación es la inteligencia la que procura que sucedan aquellos acontecimientos más acordes con los ideales y planes. El gran desafío era cambiar de una vez el surco por el que había discurrido la historia española, una historia caracterizada por las secuelas de una guerra terrible, fratricida, con pertenencias obligadas, y una guerra europea atroz, en las que se utilizaron las más abominables técnicas de exterminio. La neutralidad española permitió, a pesar de la devastación y las precariedades de toda índole que atravesábamos aquellos años, desempeñar un papel relevante. La entrada de España en la contienda hubiera tenido consecuencias insospechadas.

Aprendimos a disentir. Aprendimos a abonar la tierra para que estuviera bien dispuesta en el momento adecuado. Aprendimos que cuando algo se impone –la democracia incluida– se inicia una «resistencia» que conduce, un día feliz, a la sustitución de lo impuesto por lo voluntario. Y aprendimos también que las represalias suelen ahogar con extrema dureza las manifestaciones de inconformismo cuando no se han preparado concienzudamente. Recuerdo a este respecto lo que me dijo el pintor ruso Ilya Glasunov, al que yo detestaba porque lo presentaban como el «pintor oficial de la URSS», cuando alcanzó gran celebridad: «Ahora ya puedo ser un disidente eficiente».

Mário Soares: Es una buena historia. Pero estamos anticipando problemas que tienen que ver esencialmente con el mundo de hoy. Antes de reflexionar en conjunto sobre ellos me gustaría volver un poco atrás e insistir en algunos aspectos históricos de que hablamos y nos tocan de cerca, como hermanos ibéricos, para evidenciar las diferencias.

En primer lugar, las relaciones entre los dictadores Salazar y Franco. El General Franco fue fiel a sus ideales monárquicos, pese a haber jurado la República. Porque era monárquico, encaminó el país hacia la Monarquía. Lo que, visto *a posteriori* fue una vía de salida para España. Salazar también era monárquico aunque una vez dijo, y cito textualmente: «Monárquico, nadie me ha oído decir que era. Republicano, nunca fui a ningún mitin». Un día le confesó a Antonio Ferro que su ideal era ser primer ministro de un monarca absoluto, una especie de marqués de Pombal de un rey absoluto que no mandara nada, como era el caso de Don José y Pombal.

Sin embargo Salazar nunca se atrevió a proclamar la monarquía. Engañó siempre a los monárquicos hasta el punto de que los más coherentes y decididos se volvieron contra él. Salazar dio, *sinecura*, ciertas licencias a los monárquicos pero nunca dejó de mantener un ala republicana, aunque conservadora. Cuando murió, el régimen se quedó huérfano y sin rumbo. Si entonces no se derrumbó fue porque estábamos metidos de lleno en una guerra colonial con Angola, Guinea y Mozambique extremadamente difícil. El presidente de la República sustituyó a Salazar por un segundo dictador de la misma escuela, Marcelo Caetano que, aunque pensase que debería liberalizar el régimen, no tuvo el valor de cambiar nada esencial. Prometió llevar a cabo una «evolución en la continuidad», como decía, pero le faltó arrojo. Los altos mandos de las Fuerzas

Armadas y los grandes intereses económicos no lo dejaron.

Ante el estancamiento al que se había llegado, con las guerras coloniales sin solución, los llamados «Capitanes de Abril» se alzaron y derrumbaron la dictadura, lo que provocó una auténtica ruptura. Fue una insurrección casi pacífica, dado que el régimen se desmoronó sin que hubiera sido necesario emplear la fuerza. De un lado y de otro hubo una cierta moderación. Nadie comenzó a disparar. Cuando la columna motorizada de Salgueiro Maia, que partió de Santarem para ocupar Lisboa, llegó al Terreiro do Paço, en el centro de Lisboa, junto al Tajo, estuvo al alcance de navíos de guerra que en apariencia eran leales al gobierno. Pero cuando se dio orden de abrir fuego contra la columna, los marineros se negaron. Si hubiese sido atacado, Salgueiro Maia, que tenía enfrente otra columna leal al gobierno, probablemente hubiera carecido de capacidad de resistencia... El régimen cayó, prácticamente, como un fruto podrido cae de un árbol. Desde el primer momento, el pueblo salió a la calle espontáneamente a vitorear a los conjurados. Después regresaron los exilados, emergieron los partidos políticos. Se festejó en libertad el Primero de Mayo, en alegría y fraternidad.

Pero en el desenlace del Estado dictatorial también hubo diferencias entre nuestros dos países. Marcelo Caetano, el dictador, y el Presidente de la República, Américo Tomaz, fueron detenidos. Franco murió de muerte natural, como Salazar, que falleció en 1970. Mientras Santiago Carrillo tuvo la capacidad y la inteligencia de conducir al Partido Comunista a participar seriamente en la evolución, aceptando la monarquía y la transición para desembocar en una democracia plural, nuestro Santiago Carrillo, Álvaro Cunhal, intentó aprovechar la situación de vacío que se produjo tras la caída de la dictadura para establecer «la economía de una revolución», como se decía entonces, tratando de imponer, con la ayuda de los militares más desatentos, el paso directo hacia una democracia popular, una «Cuba Europea», como se escribió entonces. El Partido Socialista, liderando un amplio movimiento popular, se resistió a eso. Portugal, después de un período muy conturbado estuvo al borde de una guerra civil que fue evitada *in extremis*. Fue entonces, en 1975 cuando André Malraux escribió «los socialistas portugueses han demostrado al mundo que los mencheviques también pueden vencer a los bolcheviques». Palabras proféticas, éstas, publicadas en la revista *L'Express*.

Pero felizmente hubo también una cierta moderación de las fuerzas confrontadas. Cuando en noviembre de 1975 se produjo la tentativa de asalto al poder por la asociación de comunistas y fuerzas de extrema izquierda –tanto civiles como militares–, que ocuparon la televisión y detuvieron al Comandante en Jefe de la Fuerza Aérea en Montsanto, nosotros, los socialistas, reaccionamos con la mayor energía, secundando la acción de los militares que se oponían a la implantación de una dictadura de izquierda en Portugal.

Por decisión de la dirección del PS, algunos camaradas y yo mismo salimos de Lisboa camino de Oporto, por carreteras secundarias, porque las salidas habituales estaban bloqueadas. La Fuerza Aérea, bajo el mando del General Lemos Ferreira, había situado todos los aviones en el norte en Cortegaça, cerca de Oporto. En el mando militar de Oporto estaba el General Pires Veloso, leal a la democracia plural. Comenzaron a contarse las municiones. A las dos de la mañana, el Presidente de la República, general Costa Gómes, extremadamente ambiguo en todo el proceso, comprendió que la aventura comunista no tenía consistencia militar y convenció a Álvaro Cunhal para que desistiera. Cunhal desistió, abandonando a los izquierdistas. El 25 de noviembre de 1975 marcó, casi sin derramamiento de sangre, el regreso de la Revolución a su matriz democrática y plural. Luego, ciertas fuerzas de la derecha quisieron que se ilegalizase al Partido Comunista. El teniente coronel Melo Antúnes, que era el ideólogo del llamado Grupo de los Nueve, oficiales moderados, dijo entonces: «Eso es inaceptable». Yo mismo también lo dije en un discurso pronunciado en Oporto al día siguiente. En suma, nuestro «Proceso Revolucionario En Curso», el PREC, fue muy conflictivo y complejo. Sin embargo, el buen sentido colectivo acabó prevaleciendo. Una vez más, casi sin derramamiento de sangre.

Habíamos tenido en Portugal y en España dos dictadores diferentes, uno civil y otro militar. Quizá pueda decirse que Salazar tenía más preparación política que Franco, pero fue menos perspicaz preparando el futuro. Tuvimos también dos dirigentes comunistas muy distintos: Santiago Carrillo es un hombre de diálogo y de apertura que durante la transición de España prestó un servicio relevantísimo, que hoy todo el país le reconoce. Álvaro Cunhal, siendo un hombre de una gran inteligencia y de una enorme fuerza anímica, no escapó a la tentación de intentar hacer una revolución concebida como un calco de la soviética de 1917. Sin éxito, felizmente.

Esas dos diferencias importantísimas nos marcaron mucho. Pero después seguimos procesos paralelos, tratando de consolidar la democracia tanto en España como en Portugal. Entramos en la Comunidad Económica Europea el mismo día, el 12 de junio de 1985. Entonces era presidente del gobierno español Felipe González y yo era primer ministro de Portugal. Pero por poco tiempo. Mi gobierno cayó y a continuación yo me presenté como candidato a la presidencia de la República y gané las elecciones, aunque por un estrecho margen.

La construcción de la democracia en nuestros países fue un período excelente. Y si durante la transición española las cosas sucedieron bien, en parte se debe a la personalidad del Rey, como es reconocido. Pero a mí me gustaría resaltar que también se debe al Conde de Barcelona, Don Juan. Tuve el placer y el honor de conocerlo bien, puesto que Don Juan vivía en el exilio en Portugal. Sé que siempre fue un hombre extremadamente reticente con Franco, y eso pesó en la formación de la personalidad del joven rey Don Juan Carlos. Su padre fue un contrapunto efectivo a la influencia de Franco. Quería una democracia para España y sabía que sólo a través de la democracia la monarquía podría ser aceptada.

D. Juan fue una referencia para todos los republicanos y socialistas de entonces. Me acuerdo de Tierno Galván y de Raúl Morodo visitándolo en Estoril. Raúl Morodo fue quien me presentó a Don Juan, porque pensaba que el futuro de España pasaba por el Conde de Barcelona. Franco dejó en el poder a Don Juan Carlos, pero Don Juan tuvo la inteligencia y generosidad de abdicar en su hijo, aunque Don Juan Carlos sólo entró en el corazón de los españoles como verdadero rey el 23 de Febrero. En ese momento, contrariando el golpe de Estado de extrema derecha, se ganó el respeto y la admiración de los demócratas de España y de Europa.

El actual rey habla muy bien el portugués y tiene realmente amor y respeto por Portugal, como lo tenía su padre. Eso fue muy útil para facilitar nuestras relaciones y para que pudiésemos avanzar en esta idea ibérica que es importante, con respeto absoluto de la independencia de los respectivos Estados. En la medida en que España es un país descentralizado y respetuoso con las diversidades, nosotros, portugueses, no debemos tener ninguna dificultad en converger con España, en la reciprocidad de ventajas e intereses.

Distingo muy bien entre ser nacionalista y ser patriota. Federico es un patriota, yo también lo soy. Ser patriota es tener gusto por la tierra en que se nació, por la lengua y la cultura que se bebió con la leche, por la manera de ser, de convivir y de estar que caracteriza nuestra identidad. Ser patriota se traduce en apreciar la gente y la tierra, la luz, el mar, los olores, la comida, nuestros hábitos nacionales. Son cosas que quedan y se acentúan a lo largo de la vida: es curioso que cuanto más se avanza en edad, más se siente el amor por nuestras raíces. Sin embargo, esto no debe traducirse en algo exclusivista o agresivo: nos gusta lo que es nuestro, aceptando y comprendiendo que a los demás les guste lo que es de ellos. Éste es un principio de tolerancia. Se es patriota porque se es universalista. Éste es nuestro caso. Tanto Federico Mayor Zaragoza como yo somos, por encima de todo, humanistas, es decir, personas que consideran que el hombre es la medida de todas las cosas y que todos los hombre son iguales en dignidad y merecedores del mismo respeto, independientemente del color de la piel, de la religión, de la nacionalidad, del sexo, de las opciones políticas o de la clase social a la que pertenezcan. Ésa es la primera y más importante enseñanza que se extrae de la Declaración Universal de los Derechos del Hombre.

Federico Mayor: Éstos son los principios «in-transitorios», de aceptación universal, porque son como un extracto de las grandes pautas morales, de las normas emanadas del derecho natural. Son como antorchas para iluminar el camino que permite alcanzarlos. El arte de la política consiste, precisamente, en ponerlos en práctica. En demostrar su factibilidad. Para ello son necesarias imaginación, perseverancia, oportunidad... y sagacidad.

Un ejemplo notorio es la legalización del Partido Comunista por el gobierno de Adolfo Suárez. Después de unos contactos pintorescos con Santiago Carrillo, a cuya moderación tanto debe la transición española, la legalización del Partido Comunista tiene lugar el único día, seguramente, que en España podía hacerse: el sábado de Gloria, poco propicio para reacciones desaforadas. Suárez fue un hombre de una habilidad extrema y, junto a la serenidad de los actores sociales y políticos de aquel momento, supo abrir, desde dentro, puertas y ventanas para una nueva era.

Un tema que necesita urgentemente una dosis apropiada de reflexión y apaciguamiento es el de la pertenencia. Y, en particular, el nacionalismo. Soy nacionalista en el sentido de que, nacido en Barcelona, me siento plenamente catalán, español, europeo, ciudadano del mundo. Soy nacionalista porque defiendo la diversidad inmensa de la especie humana. Como decía antes, esta diversidad es nuestra gran riqueza. Lo que no es bueno es el extremismo en el sentimiento nacionalista, como no lo es en el religioso, en el deportivo, etcétera. Por otra parte, no podemos vanagloriarnos de lo que no hemos elegido: nacer en un lugar determinado o con un color de piel dado, o de un sexo u otro. No es dónde ni cómo se nace lo que cuenta, sino lo que se hace, fruto de una decisión personal, de un acto voluntario. Toda pertenencia debe ser respetuosa con las otras, y deben procurar –culturas, lenguas, ideologías, creencias– interactuar constantemente. Cualquier posición extremista, fanática, dogmática, intransigente, arrogante, es reflejo de ignorancia, de incomprensión, de aislamiento. «Hablando se entiende la gente», dice un sabio refrán, repetido por el Rey Don Juan Carlos precisamente a radicales de la derecha y a republicanos nacionalistas catalanes. Debemos hablar. Debemos buscar el diálogo en cualquier situación, por complicada que parezca. Debemos «transformar las lanzas en arados», sustituir las espadas por la palabra, desarmar para siempre la historia del futuro.

Pero hay que lograr vencer la inercia, vencer esa especie de fatalismo que hace creer que la rutina y la aplicación de las fórmulas «tradicionales» dan mejores resultados que intentar cualquier modificación. Y así, la pasividad, la monotonía, van enmoheciendo mecanismos y procedimientos que tuvieron días de esplendor pero que, en la actualidad, resultan anacrónicos e inoperantes. No es verdad que «cualquier tiempo pasado fue mejor». Hay que extraer las lecciones posibles del pasado, pero hay que buscar incesantemente nuevos rumbos y, si fuera preciso, hay que inventarlos. La inercia es contraria a la creatividad, a la capacidad de innovar que, como antes he subrayado, forma parte relevante de nuestros motivos para la esperanza. Cuando no somos capaces de enfrentarnos con «más de lo mismo», cuando los instalados piensan que siempre es mejor, por si acaso, que todo siga como está, conviene recordar que la guerra y la violencia se producen en un instante determinado porque durante los tiempos de bonanza no se acordaron de –o no permitieron– construir la paz cada día.

¡Se hubieran evitado muchos conflictos, entre ellos, la Guerra Civil Española, si los países que ofrecieron ayuda en los tiempos de guerra lo hubieran hecho en tiempos de paz!

Durante años, los españoles se fueron aviniendo –no sin dificultades porque, sobre todo los de mayor edad, recordaban los dislates que condujeron a la guerra y, junto a los horrores inherentes a una confrontación fratricida, una posguerra mortífera y turbia, que sigue sin conocerse todavía en muchos aspectos– a preparar una transición «negociada», mientras que en Portugal fue el fruto de una ruptura con el pasado muy bien cumplida, sin una gota de sangre. Ambos procesos constituyen lecciones ejemplares para que, con lo aprendido, se eviten a partir de ahora situaciones parecidas en Portugal, España y otros países que puedan beneficiarse de estas experiencias ajenas. El siglo XXI debería ser el siglo de la prevención. Y Europa, con antecedentes que tantos sufrimientos conllevaron, constituirse en la gran torre de vigía del mundo.

Prevención: he aquí la palabra clave. Es la gran victoria. Al terminar mis estudios de Farmacia, en 1956, visité una residencia de niños afectos de grave deterioro mental. Salí de allí pensando que lo primero que deberían hacer todos los gobernantes era visitar un centro de esta naturaleza, o un hospital, para que se conmovieran con el sufrimiento permanente de aquellos pacientes y de sus familiares, para que supieran a partir de aquel momento cuáles son las auténticas prioridades, en qué deben realmente invertirse los fondos para alcanzar una mayor calidad de vida. Y decidí trabajar para poder evitar, con el conocimiento ya disponible, algunas de aquellas afecciones. Una vida vale toda una vida. «Esforzarnos cada día para aplicar el conocimiento con el fin de reducir o prevenir el sufrimiento humano», me había dicho un día en el laboratorio de bioquímica de Oxford, el Premio Nobel Profesor Hans Krebs. Aplicar el conocimiento para aliviar, mitigar, evitar el sufrimiento. A los pocos años, puse en marcha el Plan Nacional de Prevención de la Subnormalidad Infantil.

Contribuir a la prevención. Evitar, tanto en aspectos sociológicos como económicos y médicos, la sorpresa, el suceso trágico que tantas desgracias comporta. Conocer la realidad para poder transformarla y ser torres de vigía para evitar todo aquello que sea lesivo o negativo para los intereses de la humanidad. Éstas son hoy grandes responsabilidades democráticas de la comunidad científica y académica. Son muchos los temas que, por su naturaleza, no pueden ser abordados directamente por los parlamentarios y los gobernantes sin el asesoramiento previo de quienes conocen estas materias en profundidad. Con frecuencia, se requieren auténticos equipos interdisciplinares y transnacionales para poder ofrecer a los parlamentos y poderes públicos los criterios que les permitirán decidir correctamente. Y junto a esta función de consejo, las universidades y los centros de investigación deben convertirse en vigías de un futuro a la altura de la dignidad humana.

Tenemos los medios. Y disponemos también de los criterios adecuados para el cambio. ¿Por qué no se hace? Por la falta de voluntad política, por la ausencia del clamor popular que, en mi opinión, será el gran artífice de las transformaciones que muy pronto tendrán lugar a escala mundial. La ejemplar realidad ibérica del último cuarto de siglo debe aprovecharse íntegramente para la construcción de la Unión Europea, tan apremiante en estos momentos, dada la falta de liderazgo de la institución. No va a ser fácil, porque estos años han coincidido con el auge de un sistema económico a escala mundial que ha sustituido los grandes principios políticos y «pol-éticos» de Europa por los intereses a corto plazo del mercado, ha erosionado el poder y autoridad de los Estados transfiriendo en exceso a grandes corporaciones privadas responsabilidades inherentes a la gobernación de los pueblos, y ha debilitado el esencial papel internacional, cada día más imprescindible, de las Naciones Unidas. Tanto por imperativos mercantiles como por el poder mediático y la proliferación de creencias que favorecen la individualización y el decaimiento de la participación ciudadana, se han uniformizado y gregarizado identidades, lenguas, estilos de vida, que constituyen buena parte de la energía transformadora de una Europa unida.

Capítulo IV

Hablamos de Iberia en el marco de la Unión Europea

Mário Soares: Acerca de la relación hispano-portuguesa, es importante subrayar que los dos Estados de la península Ibérica están hoy mucho más próximos que en tiempos de los dictadores Franco y Salazar. Eso es incuestionable, pero, pese a ser ambos miembros de la Unión Europea, no tenemos todavía políticas convergentes ni en el seno de la Unión ni en el exterior. Pienso que sería interesante que se promoviera en España y en Portugal una reflexión acerca de la contribución que la península Ibérica puede dar a Europa. Porque los dos Estados crearon raíces en el vasto mundo. No hay duda de que nuestros dos Estados fueron pioneros de la globalización, en la medida de que en el siglo XV y XVI llevaron Europa al mundo, o a la inversa, el mundo a Europa, dando a conocer nuestras culturas y civilizaciones.

Es verdad que nuestros dos Estados fueron conquistadores y dejaron un rastro de violencia por donde pasaron. Eso es indiscutible. Como el Imperio británico, el francés y los otros imperios de la historia, europeos o no. Pero estamos ahora en una fase en que intentamos pasar a otro estadio de la civilización. Y ahí, por nuestro pasado y por nuestras relaciones, antiguas y actuales, podemos ofrecer una valiosa contribución a la Unión Europea.

Sería interesante por eso que hiciésemos una reflexión sobre la Unión Europea, que es esencialmente un proyecto político de paz, una asociación voluntaria de Estados para conseguir, solidariamente, prosperidad y bienestar para todos los europeos. Estados que en el pasado lucharon entre sí decidieron unirse, renunciando a algunos atributos de sus soberanías, para aumentar su prestigio y su peso en el mundo. Sin abdicar de sus identidades y diversidades, que dejaron de ser motivo de guerra para ser, por el contrario, factor de una enorme pluralidad enriquecedora. Es, realmente, un proyecto pionero y extraordinario desde su inicio. Un camino que se va haciendo con sabiduría, persistencia, gradualmente y también con ideas que no fueron inmediatamente explícitas, pero que estaban subentendidas en la visión de los «padres fundadores». Éste es, seguramente, el proyecto político más original e interesante del mundo de hoy, porque no hay ningún otro ejemplo de pueblos que hayan prescindido de la guerra afirmando su deseo de paz y de diálogo, construyendo una vida en común pero respetando siempre las diversidades de cada uno.

En el pasado muchos quisieron unificar Europa. Carlomagno y otros; pero siempre por la fuerza. Napoleón quiso hacer Europa, aprovechando el impulso de la Revolución Francesa, pero por la fuerza, y convirtiéndose él mismo en emperador. Hitler quiso hacer la Europa que sabemos. Todos, siempre, por vía del militarismo y de la hegemonía política. Por primera vez en la historia del mundo, hay un conjunto de pueblos que quieren construir la unidad a través de la negociación, del buen entendimiento y del diálogo. Es un gran proyecto que en este momento está en un punto muerto que es necesario superar, ya sea en el plano institucional como en el de la plena integración de los nuevos países que han llegado con la última ampliación. Un modelo de desarrollo sostenible social, ecológico y financiero para nuestros pueblos, lo que significa que importa superar muchas ambigüedades, darle un contenido más federal y de afirmación a la Unión Europea en el mundo.

Estos temas de fondo de la Europa actual son importantes para los pueblos ibéricos. ¿Cómo nosotros, que en el pasado dimos una contribución tan grande a la historia de Europa y del mundo, podemos ahora, integrados en una Europa diferente, animada por los ideales humanistas que salieron del Iluminismo, de la Ciencia y de la Racionalidad, colaborar en la Europa del futuro? Éste es un tema que importa debatir con alguna profundidad.

Federico Mayor: Es necesario actuar a tiempo. El diagnóstico es útil en la medida en que permite un tratamiento eficaz. En mi calidad de bioquímico, he repetido muchas veces que hay que actuar en el momento en que pueden contrarrestarse los efectos perniciosos de la enfermedad. En particular, cuando se trata de procesos potencialmente irreversibles. Pretender un diagnóstico muy afinado puede hacer estériles todos los remedios que, unos días o unas horas antes, hubieran curado al paciente. Lo mismo sucede con los informes y estudios. Aplazar la acción por carecer del necesario sentido de la oportunidad puede llevar a la inacción y al fracaso. El riesgo sin conocimiento es peligroso, pero el conocimiento sin riesgo es inútil. El diagnóstico más perfecto es el que proporciona la autopsia...

En una permanente actitud prospectiva, preparando las transformaciones acordes con nuestra manera de pensar y de sentir, deben evitarse a la vez los enfrentamientos violentos y la sumisión. Sobre todo, no arrodillarse nunca. Un hombre de rodillas es siempre una persona baja, vulnerable y que al poco tiempo, precisamente porque cuando tenía que estar de pie no supo estarlo, es despreciado por aquellos a los que en un momento dado sirvió en exceso.

Hasta hace unas décadas la visión global era extremadamente difícil. La gente nacía, vivía y moría en un espacio muy limitado y era difícil saber lo que sucedía a unos cuantos miles de kilómetros. Sólo conocían «su» lugar, «sus» posibilidades, «sus» carencias, en un contexto muy delimitado y en un horizonte temporal de escaso alcance. En pocos años, debido sobre todo a los medios de comunicación, la tierra entera se ha convertido en nuestro «lugar común», y la «aldea global», en afortunada expresión de McLuhan, ha sustituido, con su fabulosa pluralidad, a la pequeña vecindad tradicional. Por eso resulta totalmente inadmisible que se pretenda actuar en términos de predominio y de relaciones interpersonales, como si siguiéramos anclados en un pasado en el que los súbditos, incapaces de conocer lo que sucedía más allá de sus propios confines, obedecían a rajatabla las órdenes que recibían del poder. Ahora no: ahora los súbditos se van transformando progresivamente en ciudadanos que no acatan las instrucciones de quienes no les representen.

Estoy seguro de que los actuales líderes del mundo irán tomando nota y reconocerán que ha concluido la inercia de unos supuestos que durante tantos años les han permitido disponer de la vida y obras de sus compatriotas. En estos últimos años estamos viendo cómo se desmorona la autoridad y el prestigio de quienes pretenden imponer, gracias a su poderío militar y económico, sus programas políticos a escala mundial, a la vez que otros son incapaces de abandonar los aledaños del poder, rindiendo culto al poderoso para compartir con él migajas de su imperio financiero. Como había sucedido después de las guerras del 14 y del 39, al término de la «guerra fría», desgraciadamente, volvieron a prevalecer los intereses del inmenso aparato industrial bélico, que favorecen una cultura de fuerza, de dominio, en lugar de una cultura democrática. Frente a un predominio global es indispensable promover la participación ciudadana a escala igualmente global. Hoy, con los modernos medios de comunicación, esta participación se hace posible.

Gracias a los omnipresentes y omnímodos medios audiovisuales, pueden generarse estados de opinión directamente influidos por informaciones sesgadas, verdades a medias, etcétera. Los que fomentan el miedo no saben lo que hacen: no hay mayor crueldad que la del atemorizado. Cuando la animadversión, el odio, el terror, crecen despacio en el corazón del pueblo, se forjan actitudes que pueden llegar a ser execrables. Vuelvo a repetir que lo perverso es la guerra, no los pueblos. La gente es «normal». Vive, crece, disfruta en la medida de lo posible, se siente parte de la comunidad a la que pertenece. Lo que es perverso es enfrentarla, destacar los aspectos negativos de una cultura u otra, propiciar el enfrentamiento. ¿Qué hubiera sucedido si cuando Hitler escribió *Mein Kampf* en 1933, donde proclamaba que la raza aria era incompatible con la raza judía, hubiera sido inmediatamente denunciado, como corresponde en un estado democrático, y llevado ante los tribunales competentes? Nuestro papel en la construcción de una Europa unida y fuerte consiste, en buena medida, en valorar los nuevos actores sociales... y evitar los errores pasados.

Creo que la capacidad prospectiva y el saber actuar a tiempo son dos cualidades fundamentales que podrían conferir a la Unión Europea el prestigio y la «competitividad» internacional que pretende alcanzar, en vano, por otros caminos. El resultado es, tristemente, como en la anunciada crisis de Oriente Medio, con Líbano incluido, el desempeño de un papel secundario en lugar de actuar como protagonista desde el primer momento, y ser vista como tal. Absorta en las megafusiones de grandes corporaciones, en OPAs y subsidios propios de un sistema económico injusto y en declive, la Unión Europea no sabe representar el gran papel político que le corresponde en estos momentos.

Mário Soares: Quizá la historia hubiera sido distinta, pero eso, querido amigo, ya no podremos saberlo. Por lo demás, estando de acuerdo con lo que dice, no comparto su optimismo en cuanto a la fuerza de los ciudadanos y a la importancia de los medios de comunicación que hoy tienen a su disposición para cambiar las realidades políticas y sociales.

Pero me gustaría conocer su opinión sobre nuestra relación peninsular en el contexto de la Unión Europea a la que nuestros dos Estados pertenecen.

Federico Mayor: Está claro, geográfica e históricamente, que nuestros países pertenecen a Europa, pero ¿qué significa, además, pertenecer a la Unión Europea? Durante años, fruto de la lúcida previsión del Tratado del Carbón y del Acero, y para «apaciguar» a los dos grandes países beligerantes del siglo XX, se ha ido construyendo, basado en acuerdos comerciales, el

Mercado Común y más tarde la Comunidad Económica Europea. Ahora debe realizarse la difícil transición desde los réditos pecuniarios a los vínculos políticos, sociales y culturales. Desde el Mercado a la Unión, para lo cual es necesario recorrer muchos trechos inéditos, renunciar a supuestos localistas trasnochados. Sin perder las esencias de cada ingrediente, que son imprescindibles para la fortaleza y cohesión de la Unión, la nueva Europa debe ser, más que un competidor en el tramposo mercado global, el faro que orienta, que anticipa, que previene. Y nuestros países, con la experiencia de su diversidad y de su pasado ultramarino, tienen mucho que aportar.

En cuanto al «colonialismo ibérico», hay que destacar que fue mucho menos *insanginato*, en general, que otros países que usted ha mencionado. Es muy interesante realizar estos «ejercicios de escenarios retrospectivos» para intentar establecer, con el riesgo que conlleva toda conjetura, qué grandes acontecimientos hubieran podido evitarse y cuáles hubieran podido tener lugar. Todo hubiera sido muy distinto, incluida la Europa nazi, si la Guerra Civil Española no hubiese alterado todavía más el ya confuso y atemorizado panorama de la Europa de los años treinta. La Europa nazi, la amenaza del bolchevismo, el papel de la Iglesia incapaz de acompasarse al ritmo de aquellos sucesos... Sin la Guerra Civil Española es posible que se hubiera atemperado la capacidad de provocación y el poder del Führer.

Mário Soares: Me gustaría hacer algunas precisiones acerca de lo que he dicho antes. En primer lugar y regresando al pasado, la historia reciente de nuestra península, en la primera mitad del siglo XX, fue fruto de dos fenómenos contradictorios. Primero, la Revolución Soviética, que dividió el mundo y marcó a Europa, creando una nueva esperanza, ilusoria, como después se vio. Y segundo, la ascensión de los movimientos fascistas y autoritarios y el declive de las democracias tradicionales. Eso tal vez explique las dificultades de la República portuguesa implantada en 1910 y derrocada en 1926. Y tal vez la tremenda crisis, desencadenada por la Guerra Civil, por la que pasaron los españoles; crisis que marcó a Europa y al mundo.

Portugal entró en la Primera Guerra Mundial al lado de las potencias aliadas mientras España fue neutral. En 1926 Portugal sufrió un golpe militar encabezado por el General Gomes da Costa que instaló la dictadura. Fue la dictadura militar quien llamó a Salazar, un profesor de la Universidad de Coimbra, muy católico y conservador. Salazar vino a poner las finanzas en orden, destruidas por los años de *balburdia sanguinolenta*, en castellano sería algo así como «agitación sanguinolenta», de la dictadura militar. Estuvo en el gobierno de Gomes da Costa apenas unos breves días y regresó a Coimbra. Pero en 1928, bajo la égida del general Carmona, fue llamado de nuevo. Desempeñó el cargo de Ministro de Finanzas desde 1928 hasta 1932 y de Primer Ministro y verdadero dictador a partir de 1932.

Salazar reunió junto a él a un conjunto muy heterogéneo de militares y civiles: republicanos conservadores, monárquicos y católicos que apoyaron el golpe militar contra el Partido Demócrata, hegemónico durante la Primera República. Los monárquicos integristas tenían esperanzas de que Salazar restaurara la monarquía, pero Salazar se apoyó sobre todo en el Partido Católico, porque antes de convertirse en ministro era el verdadero jefe del Partido de la Iglesia, o Centro Católico, como se decía entonces, que, además de republicano, era conservador y enemigo jurado de Afonso Costa. Por este partido salió elegido diputado para el Parlamento Republicano. Aunque por poco tiempo...

Después de 1932, Oliveira Salazar, ya jefe de gobierno, comienza a organizar el «Estado Nuevo», beneficiándose de la influencia de las dictaduras emergentes en Europa, vistas entonces como la reacción necesaria contra el «peligro bolchevique»: primero el fascismo italiano; después, en 1933, el nazismo en Alemania. Pero también debe decirse que la dictadura portuguesa fue tolerada por los gobiernos de las democracias conservadoras de Francia e Inglaterra...

Salazar se presentaba como el campeón del anticomunismo. Apoyó a fondo el movimiento nacionalista español y las conspiraciones contra la Segunda República española, contrariando lo que debería haber sido el interés de Portugal. Hizo una opción ideológica contraria a los intereses nacionales, porque a Portugal lo que le convenía era una España democrática y descentralizada y no una España centralista, hegemónica y dominadora. La Guerra Civil Española comenzó en 1936 y acabó en 1939. La Segunda Guerra Mundial comenzó en ese mismo año, unos meses después. Ese ambiente internacional confuso, dominado por el antisovietismo, por la debilidad y el miedo de las democracias europeas, en especial por parte de los conservadores ingleses, explica la traición y la quiebra del apoyo a la legalidad española. Hubo miedo de que una victoria de la República condujera a España hacia el comunismo. El radicalismo del Partido Socialista, dominado entonces por Largo Caballero, que se autodenominaba «el Lenin español» y más tarde por Negrín, tampoco ayudó mucho.

Todo esto está relacionado con, y forma parte de, nuestra historia común. Para mí, la guerra de España significó, como le dije antes, una enseñanza muy grande. Tuvo una importancia decisiva en mis opciones tras la Revolución de 1974[1].

Federico Mayor: Me ha impresionado leer los presentimientos de Federico García Lorca en aquellos años turbulentos en los que el comunismo soviético de un lado, y el fascismo nazi de otro, impiden, ante una Europa incapaz de aplicar los principios de Wilson y la Sociedad de Naciones, que sean los españoles quienes resuelvan sus problemas. En vez de ayudarles a gobernar evitando desmanes de ambos signos y dando vigor a la República, se deja que se alcancen límites que desembocan en un levantamiento militar. El gobierno de Largo Caballero, con permisividades que encrespan no sólo a la derecha ultramontana sino a muchos republicanos sinceros y, más cerca de la hecatombe, un gobierno que, olvidando los principios de José Antonio Primo de Rivera, socava los cimientos de la República y propicia el golpe militar. He escrito hace poco en un artículo una cita de Federico García Lorca que refleja en toda su profundidad hasta qué punto se tensó el arco de la vida nacional en 1935 y 1936. El 7 de abril de 1936, *La Voz* publicaba las siguientes declaraciones de Federico: «... el mundo está detenido ante el hambre que asola a los pueblos. Mientras haya desequilibrio económico, el mundo no piensa... El día en que el hambre desaparezca, va a producirse en el mun-

---

[1]. Ver el notable libro del embajador norteamericano en España en ese período, Claude G. Bowers, titulado *My Mission to Spain*, 1954.

do la explosión espiritual más grande que jamás conoció la humanidad. Nunca jamás se podrán figurar los hombres la alegría que estallará el día de la Gran Revolución». En medio de la creciente hostilidad falangista y del desconcierto nacional y local, sólo un espíritu dotado de las más amplias alas podía remontar el vuelo y señalar, especialmente a los que seguían aferrados a sus privilegios, las raíces de los padecimientos que ya se sufrían y auguraban. También es importante destacar que cuando, en el Parlamento, los más airados defensores de la unidad patria a la fuerza, increparon al Ministro catalán del gobierno central Francisco Cambó llamándole «¡Separatista!», él contestó serenamente, diciendo: «No, yo no soy separatista. Pero sus señorías son pertinaces separadores». Debemos procurar aprender las lecciones trágicas de este pasado reciente que nos muestra cómo se procura la «unidad indisoluble» –por la voluntad de sus ciudadanos y nunca por la fuerza– y subraya la impertinencia, en múltiples dimensiones, de atemorizar de nuevo a los españoles inadvertidos con la «España rota»...

Mário Soares: Mi primera preocupación cuando asumí responsabilidades de gobierno tras la Revolución de los Claveles –fui secretario general del Partido Socialista en la legalidad y Ministro de Asuntos Exteriores de los tres primeros gobiernos provisionales–, consistió en explicar que yo era socialista, y por qué quería para Portugal el gradual desarrollo de una democracia pluralista, occidental y plenamente respetuosa de los Derechos Humanos. Desde el primer día que regresé a Portugal defendí la creación de un ambiente de concordia nacional. «Fuimos perseguidos, no vamos a ser perseguidores, iguales que los otros, aunque de signo contrario»: ésa fue mi primera preocupación. La segunda, acabar con las guerras coloniales y hacer la paz con los africanos que nos hacían la guerra.

En resumen, las ideas que traje del exilio en 1974 eran muy simples: paz a través de una descolonización rápida, instauración de una democracia pluralista y occidental y concordia nacional, incluyendo la pacificación de las relaciones con la Iglesia, porque la lucha entre esta última y el Estado durante la Primera República fue una de las causas que acabaron con la República, y empujó a la Iglesia hacia la derecha. La participación en la Guerra Mundial fue la otra razón que precipitó el final de la República, ya que la guerra duró mucho más tiempo (cuatro años) de lo que los republicanos suponían, y nos costó muchos miles de muertos (en la guerra y, luego, con la llamada neumonía) que, en el plano económico, debilitó extraordinariamente a Portugal.

Cuando comencé a tener conciencia política, durante la Guerra Civil de España, usted, querido amigo Federico, tenía entre cinco y ocho años, y era todavía un niño. Yo tenía entre doce y quince. En los años posteriores a la Segunda Guerra Mundial, mi generación solidificó su preparación política. Nos formamos, usted y yo, bajo dos dictaduras que escaparon de la segunda gran contienda. Pese a todo, nosotros, ibéricos, tenemos que reconocer que fue útil que Portugal y España no entraran en el conflicto. Pero que fuera así no se debe, fundamentalmente, a los dictadores ibéricos. Fue una opción de Hitler. Cuando el dictador nazi se encontró con Franco en la frontera de Irún, todavía dudaba sobre si debería avanzar por la península Ibérica y destruir Gibraltar –para cortar esa línea de influencia inglesa y entrar en el norte de África con los ejércitos de Rommel–, o si debería atacar primero la Unión Soviética. Hasta el 41 no invadió la URSS, lo que significa que estuvo dudando hasta entonces. La elección de Hitler de abrir el frente del Este fue lo que salvó a la península Ibérica; y fue, también, el principio del fin del nazismo.

Con la Guerra Civil, España quedó aniquilada. Recuerdo haber viajado a España hacia 1949 y comprobar la diferencia abismal que existía entre los dos países. La pobreza en España era absoluta, mientras que Portugal salió de la Segunda Guerra Mundial bastante favorecido. Muchos judíos pasaron por Portugal; hubo muchos refugiados que nos buscaron, trayendo su dinero; las relaciones con Estados Unidos eran excelentes; nuestro imperio colonial se mantenía intacto, etcétera. Nos beneficiamos de eso. Pero tras el final de la Guerra Mundial la rigidez de los regímenes de los dos Estados peninsulares nos condenó a quedarnos fuera del juego internacional. Y eso fue fatal. No se consiguió derribar a Franco, al contrario de lo que los republicanos españoles y el propio Don Juan creían que iba a suceder. Y en Portugal, donde pensábamos que era posible, si no inevitable, no se consiguió derribar a Salazar. Además, no había prácticamente contactos políticos entre las oposiciones a los dos dictadores ibéricos.

Participé activamente en las manifestaciones populares que festejaban la victoria de los aliados. De hecho, fui uno de los promotores. Fueron colosales. Dábamos vivas a la democracia y a los aliados, a Inglaterra, a Francia, a Estados Unidos y a la «Otra», ya que no se podía decir Unión Soviética; se gritaba «Abajo la dictadura». Pero el primer gran choque psicológico negativo lo tuve entonces. Cuando, como estudiante universitario y organizador de esas manifestaciones, entré con mis colegas en las embajadas de los países aliados, comprobé que los embajadores estaban atemorizados y nos decían «Cálmense, cálmense, esto tiene que ser muy pacífico, no queremos transformaciones abruptas».

Para mí fue la primera demostración de la gran traición de las democracias occidentales. Traicionaron una vez más a España y a Portugal. Muchos españoles y portugueses lucharon al lado de los aliados defendiendo la democracia, y fueron abandonados en el momento de la victoria. ¿Por qué? Porque temían a la Unión Soviética y su expansión por Europa. Se preparaba la guerra fría. Los franceses, pero sobre todo los ingleses y los norteamericanos, defendían la idea de que era necesario contener el Imperio soviético, en lo que tal vez llevaran razón. Pero la verdad es que nos abandonaron por eso y no tenían razón, como se vio treinta años después.

Federico Mayor: En el siglo XXI deberíamos evitar que, de nuevo, los planes estratégicos de los países más poderosos del planeta interfirieran en esta «maduración colectiva». Es intolerable que miles de millones de seres humanos sufran las consecuencias de los planteamientos a escala mundial (tan a menudo erróneos) de las grandes potencias. Cuando un «enemigo» desaparece hay que buscar otro para que la cultura de fuerza no se debilite. El comunismo, que no sólo justificó la carrera armamentista de la Guerra Fría sino acciones tan brutales de exterminio como las que practicaran los Estados Unidos en América Latina, tendría un sustituto en la lógica bélica, al final de la Guerra Fría.

Y lo encontró en el terrorismo, al que, desde luego, debe combatirse, pero desgraciadamente existirá mientras sigan malviviendo miles de millones de personas, mientras sigan muriendo de hambre diariamente miles de ellas. Por eso creo que el multilateralismo propuesto por Roosevelt es la solución que ahora debemos poner en primer plano. Europa es un gran crisol cultural, y este pluralismo es su mayor riqueza. Como en el caso de la península Ibérica. Tenemos, pues, que conocernos y no contemplar a nuestras gentes a través de un prisma de prejuicios, como si fueran responsables de las decisiones adoptadas por sus gobernantes. Tenemos que ser capaces –ésta es en mi opinión una de las grandes condiciones para este otro mundo posible que anhelamos– de distinguir nítidamente la gente de quienes en un momento determinado les gobierna. No olvidaré nunca que, siendo un joven estudiante, a principios de los años 50, asistía en París a unos cursos de Bioquímica impartidos por un profesor Premio Nobel, pero con pocos modales políticos. En cierto momento manifestó que preferiría que se ausentara «el estudiante franquista». Le dije que no me podía dar por aludido y que, por tanto, seguiría sus explicaciones, que era para lo que había viajado a París... Estas actitudes favorecieron muy poco nuestro desarrollo. La lección es que debemos separar siempre las personas y el respeto que les debemos, sea cual sea su ideología y creencias, de los contextos en los que a veces habitan, muy a su pesar.

Mário Soares: Actualmente Europa y el mundo son muy diferentes. La Unión Europea ha sido de una utilidad extraordinaria, ya sea para España como para Portugal. Le debemos mucho. En el plano material, pues sin su ayuda no tendríamos las autovías, los grandes hospitales, las escuelas, las telecomunicaciones, todo lo que tenemos y hemos conseguido gracias al apoyo europeo. Eso es indiscutible pero, sobre todo, no tendríamos la apertura intelectual y la revolución de las mentalidades que produjo el choque europeo. Realmente hoy somos pueblos diferentes de lo que éramos antes de entrar en la Comunidad. Se han acabado, por ejemplo, las diferencias hasta en la manera de vestir entre las personas del campo y la ciudad, o entre clases sociales, que antes saltaban a la vista. Hubo grandes progresos materiales e, insisto, un cambio en las mentalidades. Se desarrolló la creatividad a todos los niveles. Hicimos, y seguimos haciéndolo, el aprendizaje de la democracia y de la modernidad. Debemos mucho a Europa, pero atención, también hemos aportado una enorme contribución con nuestra adhesión.

Integrados en Europa desde hace veinte años, ahora somos nosotros quienes recibimos a los nuevos países. Dijo usted, y con razón, que Europa ha sido sobre todo un mercado. Un mercado común, una zona de libre comercio, sin fronteras, más que otra cosa. Eso es verdad. Ésa fue la metodología seguida. Sin embargo, tengo esperanzas de que no siempre sea así. Nuestra lucha, de portugueses y españoles, debería ir destinada a que no sea siempre así. Europa no puede ser una unión meramente económica y financiera –que en muchos aspectos todavía no lo es– sino también una unión política, una unión social y una unión cultural. Una unión que respete los equilibrios ecológicos y la dignidad de todas las personas, incluidas aquellas que viven aquí y no son europeas, cuestión esta de enorme actualidad. Me pregunto: ¿Europa camina en ese sentido? Hoy no me parece tan evidente como en el pasado.

Le confieso que hoy soy escéptico y crítico en cuanto al futuro inmediato de la Unión Europea. Esto lo digo con la mayor claridad. Fui fundador de un partido socialista, soy socialista, laico, republicano, como suelo repetir, y europeísta convencido. Por eso, como socialista, critico todavía más una Unión Europea que tuvo, de quince estados miembros, once gobernados por partidos socialistas. ¿Y qué sucedió? Se hizo una política de corte neoliberal. La Unión Europea avanzó muy poco en el plano político. Tampoco se dieron grandes pasos en el ámbito social, emblemático, decisivo para un socialista. Y esto afecta a todos los partidos socialistas, incluido el portugués, que estuvo en el poder en esos años... El PSOE, a contracorriente, ya no estaba en el gobierno, había sido sustituido por el conservador José María Aznar. Por eso no me refiero al PSOE, y sí a otros partidos socialistas que gobernaban entonces.

Después de la caída del Muro de Berlín, del colapso del comunismo y del fin de la Guerra Fría hubo una deriva ideológica neoliberal en Europa de la que empieza a ser urgente liberarse (liberarse). Usted tiene razón cuando dice que Europa no puede ser sólo una construcción de mercado y libre-cambio, que tiene que ser una Europa política, social, cultural y ecológica. Que debe protagonizar un desarrollo sostenible y tiene que tener peso en el mundo... pero, ¿será así? Me gustaría creer que sí y, obviamente, debemos trabajar para eso. Fui partidario del «Sí» a la Constitución Europea porque, pese a sus ambigüedades, contiene valores políticos culturales y sociales importantes. Una idea de democracia avanzada, en busca de la paz y del diálogo como solución de los conflictos, el modelo social, la preocupación ambiental son grandes objetivos insertos en la Constitución Europea. Y esto es la primera vez que ocurre. También está contenida la idea de Unión Política, con una política externa y de defensa común, la PESC, y una inspiración federalista. Aunque no se osara escribir la palabra «federal»...

Se trata, claro, de un compromiso entre las familias políticas europeas, condición necesaria para que Europa avance en el buen sentido. Ahora entran diez países nuevos que, en su mayoría, vienen con una mentalidad profundamente anticomunista, que a veces parecen confundir socialismo con comunismo, y con una tendencia mucho más marcada por el neoliberalismo. ¿Cómo se integrarán esos países? ¿Habrá choques? ¿Qué actitud tendrán ante Estados Unidos? Porque a veces parecen más amigos de Bush que de Europa.

Ése es un interrogante. Otro es quién va a pagar la ampliación. Porque cuando nosotros entramos en la Unión fueron los alemanes quienes básicamente corrieron con los gastos. Pero ahora los alemanes tienen problemas derivados de la integración de la Alemania del Este, que es muy complicada y les está creando dificultades. No están en condiciones de pagar, por lo menos como hace veinte años. Por otro lado ¿seremos capaces de liberarnos de ese escándalo que es la Política Agraria Común, la PAC, que sirve esencialmente a los grandes empresarios agrícolas y a los grandes productores de transgénicos? ¿Y de acabar con el otro escándalo que es el llamado cheque de la señora Thatcher, que tan injustamente beneficia al Reino Unido?

Federico Mayor: Dice usted, Mário, que los países de la ampliación confunden, y es verdad, socialismo con comunismo. Pero el socialismo ha abdicado a veces de sus principios y ha caído en la trampa del capitalismo neoliberal. Tony Blair fue un destello. Su «tercera vía» resultó un canto de sirena y personajes como Clare Short fueron marginados. Recuerdo conversaciones con Blair durante su época de candidato y con Anthony Giddens. Por eso creo que es buena la templanza de Rodríguez Zapatero que, sin inmutarse, va «socializando» los pocos flecos que hoy quedan, como la Ley de Dependencia, por ejemplo. Sin embargo, siguen los «reflejos» de defensa de «intereses nacionales» cuando se trata de empresas privatizadas... y los Jefes de Estado siguen acompañados de una corte de empresarios, que me parece muy bien, pero los intelectuales, científicos, artistas, literatos, brillan por su ausencia. Son viajes de ampliación de mercados, sin que importe el percal político del país potencialmente comprador. El negocio es el negocio y no hay que hilar fino en los Derechos Humanos que, por cierto, he podido comprobar que son muy pocos los líderes que parecen haberlos leído alguna vez.

Alemania sigue siendo el motor, como lo acredita su ininterrumpida capacidad exportadora. Pero serían precisas dos cosas: una, disminuir los gastos en armamento convencional, 2.650 millones de dólares por día, los subsidios agrícolas, 600 millones de dólares diarios, y el llamado «Cheque Británico». Y, otra, asumir el papel puntero que corresponde a Europa en los grandes temas de futuro, como energía, agua, nutrición, salud, o sea, la defensa de los valores democráticos.

Como científico, no me canso de insistir en que tanto parlamentarios como gobernantes y medios de comunicación deben ser asesorados, en temas como los transgénicos, las pandemias, la energía, ya sea la nuclear o biológica..., por los especialistas más acreditados.

Capítulo v

El mundo inquietante de la globalización

Mário Soares: El mundo está viviendo un momento inquietante. Uno de los fenómenos más graves que ha sucedido en los últimos años, y que desde la guerra de Irak se ha convertido en una evidencia, es la total falta de respeto de Estados Unidos, bajo la administración Bush, por el Derecho Internacional, por la ONU y por sus organizaciones especializadas, con la teoría de la «guerra preventiva» como un hecho normal, lo que representa la subversión de cuanto el Derecho Internacional ha ido consiguiendo desde el final de la Segunda Guerra Mundial hasta hoy. Y más, la falta de respeto por los derechos humanos, tan celebrados antes, como se ha visto en el caso de las torturas a que se ha sometido a los prisioneros de Guantánamo y de Abu-Ghraib.

A veces me pregunto cómo debemos ver hoy a Estados Unidos. Y qué podemos esperar de ese país. Para los europeos son preguntas cruciales. Esa tierra parece estar dividida hoy en rojos y azules, los rojos serían los que representan la llamada América profunda, ignorante, belicista, fanatizada, política y religiosamente extremista: la que, cuando se siente agredida, defiende «el todo vale», «el ojo por ojo, diente por diente» como principio internacional. La azul sería la América política que está próxima a Europa y que acogió y desarrolló nuestras concepciones humanistas: el país de los pioneros, del respeto por los Derechos del Hombre, impulsora de las organizaciones internacionales, como sucedió con Wilson y más tarde con Roosevelt...

¿Con cuál de esos países tenemos que lidiar? Éste es un gran interrogante. Al que hay que añadir otros que derivan de él ¿Podemos hablar todavía de Occidente como de un todo? Es decir, ¿podemos hablar de una civilización occidental, si los europeos permanecen fieles a los Derechos Humanos y al legado de Naciones Unidas, de la UNESCO y otras agencias especializadas, a las Declaraciones, Cartas y Convenciones de Derechos, progresivamente perfeccionados, mientras la administración de Bush parece haber abandonado esos principios? ¿Podemos hablar todavía hoy de «civilización occidental», cuando existe Guantánamo y se preconizan «guerras preventivas»? ¿Quién la representa? ¿Bush? ¿Blair? ¿Algún otro estadista europeo? ¿Kofi Annan o Zapatero, por ejemplo, que proponen la Alianza de Civilizaciones y la necesidad de diálogo para conseguirla? Sobre todo esto vale la pena que reflexionemos con atención.

Federico Mayor: Soy optimista, de todos modos, en relación al futuro inmediato europeo porque, como se dice en castellano castizo, «donde lo hay, lo hay». Lo que sucede es que durante muchos años hemos sido una comunidad económica, proveniente del lúcido Tratado de Roma que, siguiendo el acuerdo sobre el carbón y el acero, establecía –como ya hemos comentado– la cooperación en lugar de confrontación entre dos grandes potencias, Francia y Alemania, principales combatientes –atención para quienes, acostumbrados a mirar siempre al otro lado del Atlántico, olvidan los grandes problemas caseros– en las dos guerras mundiales. Asimismo, debe recordarse siempre el pel esencial de los Estados Unidos de Norteamérica ambas ocasiones.

Pero debemos recordar igualmente los motivos que llevaron a estadistas como Robert Schumann, Jean Monnet y Konrad Adenauer a establecer los primeros nexos con Alemania. El acero y el carbón estaban bajo control aliado. La solución Schumann consiste en la supranacionalidad, acordada, precisamente, por los que hasta hace pocos años eran «enemigos». En la preparación de la Europa del futuro, junto a Robert Schumann y Jean Monnet, destaca Paul-Henri Spaak. En la intervención ante el Europarlamento, en la sesión «El futuro de la Unión Europea», con motivo de cumplirse el 50.º aniversario de la Declaración «Fundacional» de mayo de 1950[1], insistía en la importancia que tienen las soluciones inesperadas, las fórmulas sorprendentes. Y la visión que se refleja en los escritos de Victor Hugo de 1849, citados por J. Montezulo: «Un día llegará en que tú, Inglaterra, tú, Francia, tú, Alemania, vosotras las naciones todas del continente, sin perder vuestras cualidades distintivas y vuestra gloriosa individualidad, os fundiréis estrechamente en una unidad superior y constituiréis la fraternidad europea. Llegará un día en que veremos... los Estados Unidos de Europa». Éstas son, con estos mimbres, las mismas reflexiones que deben guiar la construcción de una Unión Europea que pueda cumplir el papel fundamental que le corresponde. En esta misma ocasión dijo

---

1. Unión Europea – «Relire et completer la Déclaration du 9 mai 1950», sesión organizada con motivo del 50.º aniversario de la Declaración de 9 de mayo de 1950 (Bruselas, 8-9 de mayo del año 2000).

John Hume, Premio Nobel de la Paz: «El primer principio de la Unión Europea es el respeto de la diferencia».

Al revisar el proceso nos daremos cuenta de los años empleados en establecer fluidas relaciones comerciales, en dotarnos de una moneda común, y el poquísimo tiempo empleado para pasar de la economía a la política, del comercio a la cultura, de la comunidad de intereses a la Unión Europea. Actuando todavía en el escenario fenicio se nos ha pedido que, de golpe, hiciésemos una gran representación helénica. Y, como era lógico, hemos seguido hablando más de transacciones que de fórmulas políticas, más de Estados que de Pueblos, más de competidores que de interlocutores.

Europa tiene que ser el gran interlocutor de los Estados Unidos en estos momentos cruciales. Tiene que ser un manantial de ideas, de conciliación, de diálogo, de fomento de alianzas, de inclusiones y no de exclusiones. Y todo esto se hará desde la diversidad propia de la Europa de los pueblos. Y no se hará desde la uniformidad, desde el mimetismo, desde la utilización de soluciones arcaicas para problemas nuevos. Se hará si seguimos siendo un gran mosaico de azulejos diferentes pero unidos por los mismos objetivos, por los mismos principios, que constituyen los trazos fundamentales de nuestro perfil. Para que Europa se erija en el gran valedor de los Objetivos del Milenio es indispensable, en primer lugar, un considerable incremento en el fomento de la creatividad y, simultáneamente, evitar el éxodo de talentos que desde hace tantos años viene empobreciendo, y reduciendo con frecuencia a papel de comparsa, la función relevante que el otro mundo posible que anhelamos requiere.

Este «mundo nuevo» podrá edificarse sobre las sólidas bases siguientes: un nuevo contrato social, un nuevo contrato cultural, un nuevo contrato medioambiental y un nuevo contrato ético. Así se permitirá la puesta en práctica de un plan global de desarrollo endógeno que sustituiría con ventaja a la actual economía de guerra, humanizaría la globalización y proporcionaría una salida airosa al actual neoliberalismo rampante.

Mário Soares: ¿Quién haría esos contratos? ¿Y cómo?

Federico Mayor: Debería ser Europa la que liderara este gran cambio. Pero para eso debemos recuperar los principios democráticos que orientaron nuestros pasos... «Es de necios, confundir valor y precio», nos advirtió el gran Antonio Machado.

Evitemos la emigración de la juventud mejor preparada, evitemos que otros cosechen el fruto maduro de tantos años de esfuerzos y sacrificios familiares, de aportaciones del Estado, de instituciones privadas, para que, al final, atrapados en fórmulas ya periclitadas para acceder a las posiciones académicas e investigadoras, no sepamos ofrecerles las oportunidades que les permitirían continuar su trabajo, si así lo desean, en Europa.

Mário Soares: Este mundo inquietante es también el mundo de las migraciones... La Unión Europea necesita mano de obra y, por tanto, inmigrantes. Pero, al mismo tiempo, no ha mostrado una gran generosidad en el trato con esos inmigrantes, legalizando sus situaciones y tratándolos con la dignidad a la que tienen derecho, como seres humanos que son...

Federico Mayor: Así es, desgraciadamente. Desde hace años se viene advirtiendo que, pasado el período colonial, se sigue procediendo con los mismos criterios de antaño al tratar a los inmigrantes, es decir, siempre en beneficio propio. Occidente, al incumplir sus promesas, al explotar a los países en desarrollo en lugar de ayudarles a colaborar en la utilización de sus recursos naturales, que tan mermados dejamos, está provocando que se originen sentimientos de frustración, de recelo, de desconfianza. El resultado han sido los flujos incontrolados de emigrantes desesperados. El espectáculo moralmente insoportable de las pateras con seres humanos iguales a nosotros en dignidad que se juegan la vida por alcanzar las costas de la abundancia donde viven quienes han incumplido reiteradamente sus promesas de ayuda y disfrutan hoy, en condiciones siempre ventajosas, de los productos de sus yacimientos, de sus caladeros, de sus minas...

Sobre la base de una comunidad económica, la Unión Europa no puede construirse ahora pensando exclusivamente en porcentajes de poder o de retornos económicos. Debe hacerse sobre la capacidad de sus ciudadanos, del fomento de su creatividad, del cumplimiento ejemplar de los principios democráticos, de la puesta en práctica de los Objetivos del Milenio, de la movilización en favor del diálogo a escala global, de la promoción de acuerdos para alianzas duraderas entre todas las civilizaciones. Una Europa que se sitúe, por la riqueza de su diversidad, por la fuerza de su cultura, por el ímpetu que le proporcionan los principios universales que engavillan su pluralismo, en la vanguardia de los cambios en profundidad tan largamente esperados.

Y para ello, no podemos seguir aceptando lo inaceptable: como decía antes, no podemos seguir mirando hacia otra parte mientras se siguen quebrantando las recomendaciones, avaladas por la comunidad científica, en relación al medio ambiente, a la salud del mar y de la tierra; a la actuación del Fondo Monetario Internacional, del Banco Mundial y de los bancos regionales, al servicio de los países más prósperos, mientras la existencia de paraísos fiscales sigue amparando los tráficos de armas, de drogas, de personas y las actividades de las grandes corporaciones multinacionales en medio de la mayor impunidad... No podemos seguir mirando hacia otro lado y aplicar cínicamente dobles raseros de valoración. Mientras en la isla de Cuba exista el Guantánamo de los prisioneros afganos, mientras una de las primeras misiones que anunció el señor John Bolton, el nuevo representante de los Estados Unidos en la ONU, nombrado contra viento y marea por el Presidente Bush, sea la supresión de la Comisión de Derechos Humanos...

Mário Soares: Estoy de acuerdo con cuanto ha dicho, pero no basta con denunciar lo que está mal, es preciso indicar los caminos que hay que seguir para poder ayudar a cambiar las cosas.

Usted tiene esperanza en la fuerza creciente de ese fenómeno nuevo que es la ciudadanía global. Yo también. La conciencia creciente de que comienza a existir una opinión pública global que sabe que vivimos en un «mundo inquietante», y que para evitar que este mundo inquietante camine hacia la catástrofe de forma irreversible es necesario que tengamos la capacidad de intervenir, es muy importante.

El mundo es inquietante porque la ONU no tiene fuerza para imponer un orden internacional a la altura de las necesidades. Los Objetivos del Milenio son excelentes, pero no se cumplen, representan una piadosa intención. El Consejo de Seguridad está paralizado por el egoísmo de las potencias que lo integran: es incapaz de auto-reformarse, como debía. El Secretario General tiene la conciencia de lo que sería necesario hacer porque es un político de buena fe, pero ni es oído ni tiene fuerza para invertir el camino hacia el desastre que se anuncia.

La megapotencia norteamericana tal como salió de la guerra fría, el orgulloso imperio que Bush creía invulnerable y sin rival en el plano militar, ha venido destruyendo su imagen, el respeto que merecía y el miedo que infundía con la aventura desastrosa de la guerra de Irak. ¡Ha sido terrible! Hasta ahora, parece que la Unión Europea no consigue salir del estancamiento creado por la negativa francesa y holandesa al proyecto de Constitución Europea. Está buscando el rumbo. Los países emergentes, como China, India o Brasil, además de Rusia, aunque están centrados en sus propias contradicciones, que no son pequeñas, se aprovechan de las oportunidades que el vacío de un orden internacional les ofrece, pero no contribuyen en nada para regular lo que parece sin rumbo. ¡Es gravísimo! El mundo islámico está sin norte, entre la galaxia del terrorismo global y las intolerables dictaduras teocráticas... Con el agravamiento del eterno conflicto árabe-israelí y la nueva invasión del Líbano por Israel.

Federico Mayor: Totalmente de acuerdo. Sólo Europa podría ahora liderar una transformación urgente de las Naciones Unidas, una transición desde la hegemonía y la plutocracia a la democracia. La solución está en volver a los supuestos de Roosevelt al final de la Segunda Guerra Mundial, es decir, «los pueblos», «evitar la guerra», y «generaciones venideras». En resumen:

activar el multilateralismo y dotar al mundo del marco supranacional que representan las Naciones Unidas. Sólo así podrían cumplirse los Objetivos del Milenio. No será fácil poner en su sitio el inmenso poderío militar y mediático que representan las grandes corporaciones, pero está claro que sólo podrán conseguirlo unas instituciones internacionales con autoridad y recursos humanos, técnicos y financieros. En el año 2000, a través de la fundación para una Cultura de Paz, se constituyó en la Universidad Politécnica de Catalunya una gran red de redes, denominada UBUNTU[1], para elaborar y proponer una reforma en profundidad de las instituciones internacionales, y muy en particular, de las Naciones Unidas. Hemos contado desde el primer momento con su apoyo y consejo, querido Mário, convencidos de que sólo una refundación que devuelva a «los pueblos» el protagonismo que le corresponde, puede responder a las apremiantes necesidades de ordenamiento internacional en estos momentos. Los últimos 30 años han demostrado hasta qué punto los supuestos neoliberales han fracasado, conduciendo al mundo a una deriva escalofriante. Grandes empresas financieras y relacionadas con la energía anuncian inmensos beneficios en países que, poseyendo recursos naturales abundantes, se hallan humillados y explotados. Cuando Bolivia decide nacionalizar sus yacimientos de gas y pasar de ser dependiente a socio, se produce una consternación general, a la vez que aparecen hasta veintiséis (!) empresas que, a la chita callando, estaban obteniendo pingües rendimientos mientras millones de nativos vivían en la más absoluta miseria.

A los que opinan que sólo con la estrategia neolibe-

---

1. UBUNTU: Foro mundial de redes de la sociedad civil.

ral se progresa, les pido que me den un solo ejemplo de país que haya podido aliviar, ya no digo resolver, sus problemas sociales, escolares, sanitarios o laborales con la asistencia de los neoliberalizadores y sus instituciones acólitas.

Mário Soares: De la globalización se aprovechan seguramente los ricos, pero crea cada vez más pobres y, con la pobreza, más odios y más revueltas sin remedio ni esperanzas. El neoliberalismo es responsable de estas sociedades sin valores donde florece el egoísmo, el culto a la violencia y el principio del sálvese quien pueda: el dinero es lo que más cuenta. El capitalismo especulativo y virtual camina hacia una explosión de consecuencias inimaginables. El dinero sucio prospera sin control posible. Los paraísos fiscales y la criminalidad internacional organizada, el tráfico ilegal de armas y de drogas, así como el de órganos humanos, genera grandes flujos de dinero que condicionan el comercio internacional.

Mientras tanto, nuestro planeta sigue siendo destruido incansable y sistemáticamente por la acción del hombre, con total inconciencia, sin que se vea de dónde pueda llegar la salvación. Ni Estados Unidos ni China suscribieron los Acuerdos de Kyoto. El calentamiento de la tierra, el agujero de ozono, los océanos transformados en basureros, la escasez de agua potable en amplias regiones, el descontrol demográfico, las pandemias, todo tipo de desórdenes ecológicos... todas las amenaza están diagnosticadas, pero no se ve quién, qué fuerza política podrá aplicar las terapias necesarias.

La cuestión que irrecusablemente surge es ésta: ¿Hacia dónde caminamos? A la que sigue otra: cómo evitamos la catástrofe anunciada. ¿Será posible imponer reglas éticas capaces de reglamentar la globalización?

Federico Mayor: La conciencia de que la situación actual es insostenible va aumentando. Y dos actores, que pueden ser decisivos, la sociedad civil y un efectivo sistema de Naciones Unidas, se van perfilando como la solución más adecuada y verosímil, a la que, quizá más pronto de lo que imaginan, deberán recurrir los países que hoy ostentan liderazgos mundiales de alguna dimensión...

Europa tiene ahora la oportunidad –aun sobre la base de una Constitución elaborada aceleradamente pero que puede revisarse y mejorarse progresivamente– de constituir un faro de espíritu democrático, de entendimiento, de conciliación, de buen sentido. Puede volcarse hacia la transformación del futuro, modificando las actuales tendencias, inspirada por la Declaración Universal y por la visión de quienes en períodos críticos de la humanidad soñaron en un marco éticojurídico mundial, de quienes poco después iniciaron la construcción de la gran Europa que ahora tenemos todos la obligación, además de la posibilidad, de finalizar.

Los Estados Unidos de Norteamérica han sido piedra angular para que Europa pudiera ser hoy lo que es, o quizá simplemente para que fuera. Pero esta «deuda» con los Estados Unidos no se amortiza con sumisión sino con amistad, con compañerismo y no con servilismo. Hemos abandonado los principios democráticos de la justicia, libertad, igualdad y solidaridad y, como ya indicaba, en una abdicación histórica de ideologías políticas, hemos aceptado que fueran las leyes del mercado las que guiaran nuestros pasos. Hemos consentido que se afianzaran e impusieran dictaduras en América Latina, y que más tarde se impusieran «democracias» en otros lugares de la Tierra. Que se fomentara una economía de guerra en lugar de una economía de desarrollo global. Con raras excepciones, Europa no ha sabido reaccionar o lo ha hecho a destiempo. Ahora, después de los acontecimientos que se han acumulado en estos inicios de siglo y de milenio, Europa puede, Europa debe recuperar su identidad y jugar un papel de especial relieve, que cambiaría el curso de la historia. Y esto no lo hará la Europa de la fuerza sino la fuerza de Europa, que es la fuerza de su cultura, de su diversidad, de su creatividad, de su democracia.

Mário Soares: Estoy convencido de que una de las salidas posibles para que podamos transformar el mundo en que nos ha sido dado vivir en el inicio de este conturbado siglo XXI pasa, necesariamente, por la Unión Europea. Pero me pregunto cómo, si la Unión va sin rumbo, sin la definición de un camino coherente, sin liderazgos capaces de movilizar el entusiasmo de los europeos, sin un modelo institucional que merezca el consenso de los Estados que la componen, sin ni siquiera haber sido capaz, desde hace más de un año, de digerir la ampliación de una Unión de 25...

Federico Mayor: Una respuesta la están dando las ciudades europeas. La dieron en España y ahora en otros países como Italia y Francia. En lugar de fijarse sólo objetivos económicos, fijarse objetivos de transformación democrática, pensar en las próximas generaciones. Europa debe, puede, rehacer su propio perfil sin dejarse asimilar en los artificiosos perfiles de la llamada Civilización Occidental.

¿Qué es, qué representa la denominada civilización occidental? ¿Y la judeo-cristiana? ¿Y el Islam? ¿Qué piensan los norteamericanos? ¿Y China? ¿Qué sucede en China?, ¿qué se desarrolla, en beneficio de quién? Si tienen mucho dinero, si son buenos compradores, los regímenes dictatoriales se toleran. ¿Qué países son ayudados y cuáles explotados? ¿Quiénes son los corruptos y quiénes los corruptores? ¿Quiénes permiten una libertad de expresión irrestricta y quiénes la prohíben o entorpecen? ¿Quiénes facilitan una información veraz y quiénes la manipulan? Insisto en algo que para mí es realmente angular: no se puede transformar la realidad si no se la conoce. Debemos atrevernos a saber y después saber atrevernos, y no permanecer callados cuando nuestras voces, junto a muchas, podrían remediar buen número de los grandes problemas que hoy afronta la humanidad.

Es, precisamente, en estas circunstancias, cuando la precisión terminológica y el conocimiento en profundidad son más necesarios. Cuando es más urgente saber «de qué se trata», para no dejarnos embaucar por palabras-baratijas que, en pocos meses, se esparcen por todo el mundo y se repiten en distintas lenguas sin saber cuál es su significado. Seguramente, el ejemplo de mayor actualidad es «globalización». ¿Globalización de qué? ¿Qué esconde, qué disculpa la opacidad de este término? Recuerdo vívidamente cuando, hace algunos años, oí decir a un político sudamericano que «la globalización es ya inexorable»... Creo sinceramente que no sabía muy bien lo que significaba inexorable pero, inmediatamente, demostró que no tenía ni idea de lo que significaba «globalización». Había caído en la trampa del neoliberalismo semántico.

En medio de tanta confusión, de tanta aceleración de noticias y espectáculos audiovisuales que nos convierten en espectadores pasivos, son muchos los que vuelven sus ojos hacia lo que representan unos principios, unos valores, unas actitudes, unos estilos de vida, unos ideales, unas ideologías...

Si en lugar de espectadores conseguimos ser actores de nuestra propia vida, son estos principios, «situados lo bastante alto», como advertía Ricardo Reis, uno de los heterónimos de Pessoa, los que nos orientarán y ayudarán a comportarnos cotidianamente con la «solidaridad intelectual y moral» que establece el preámbulo de la Constitución de la UNESCO. Valores y principios para ser observados, nunca impuestos. En el momento en que una forma de pensar, de resolver las propias interrogantes personales, se convierte en imposición, cuando una ideología se convierte en expresión de poder y hasta en amenaza, degenera en arrogancia, dogmatismo, extremismo, fanatismo. Las iglesias, incluida la católica, que se basa en Dios-hombre nacido en un establo para, desde la extrema humildad, «amar al prójimo como a ti mismo», se transforman progresivamente en paradigma de los símbolos contrarios, y se sitúan junto al poder temporal o incluso lo encarnan, en lugar de ocupar exclusivamente los ámbitos propios del espíritu.

Y que conste que soy creyente. Soy creyente porque no he encontrado respuesta a unas preguntas esenciales propias del misterio radical que representa la existencia humana. Razón de más para que piense que quienes deberían defender con mayor ahínco y clarividencia estos sentimientos, dando alas para la libertad y la reflexión, aparezcan como inquisidores, como definidores del bien y del mal, de los buenos y de los malos, impartiendo directrices dogmáticas e incluso aconsejando el uso de la fuerza.

Lo mismo sucede con los sentimientos sociales. Ya le indicaba antes que, desde muy niño, me acostumbraron a tener en cuenta a los demás, a comparar lo que yo tenía con los que carecen de casi todo, a repartir mejor, a identificar siempre, en primer lugar, la «misión social». Si este sentimiento de igualdad humana se impone desde el poder y, simultáneamente, se anula o limita la libertad, entonces, como sucedió en el caso del comunismo, se transforma en una dictadura terrenal, de seguridad total y libertad nula, en un espacio de silencio, de sospecha, de miedo.

He dicho en varias ocasiones que en el año 89, cuando celebrábamos el segundo centenario de la Revolución Francesa, se desmoronó un sistema que, basado en la igualdad, se había olvidado de la libertad y permanecía, en medio de una gran zozobra, el capitalismo que, basado en la libertad, se había olvidado de la igualdad. Y ambos, de la fraternidad. El gran drama de nuestro tiempo es haber elegido exclusivamente entre libertad e igualdad, sin tener en cuenta la condición de «hermanos» que distingue a todos los seres humanos sin excepción. Debemos conseguir, ahora que los medios de comunicación lo facilitan, que todos los ciudadanos del mundo y, en particular, los gobernantes, parlamentarios, responsables de grandes corporaciones públicas o privadas, profesores, padres de familia... sitúen el artículo primero de la Declaración Universal en el centro de su vida cotidiana: «Todos los seres humanos nacen libres e iguales en dignidad y derechos y, dotados como están de razón y conciencia, deben comportarse fraternalmente los unos con los otros».

Fraternalmente: éste es el ingrediente principal de la fórmula que podría hacer frente a los retos de nuestro tiempo. Los fundamentos para edificar un futuro mejor son muy pocos pero no deben perder consistencia, no deben «diluirse». El socialismo, al aceptar que los valores propios de su ideología se sustituyan por las leyes del mercado ha cometido un gran error. Los resultados están a la vista. Cada día aumenta la «ruptura» entre los que tienen de todo y los que carecen de casi todo.

Mário Soares: Realmente el año 1989, que marcó el principio del colapso del comunismo, fue un año de cambios que tal vez iniciara una nueva era, como dos siglos antes sucediera con la Revolución Francesa, en 1789. La libertad podría haber ganado, como dije, a la igualdad, si es que podemos identificar a las dos superpotencias rivales, Estados Unidos y Unión Soviética, como polos de los dos principales valores de la trilogía de la Revolución Francesa.

La Unión Soviética se hundió por falta de libertad política, económica, cultural y religiosa, pero no por eso aseguró la igualdad, antes por el contrario, ya que entre la *nomenklatura* y el pueblo hubo siempre un abismo profundo en todos los aspectos.

Los Estados Unidos, campeones de la libertad, de los derechos humanos y de la universalidad de la democracia, liberal, hay que decirlo, también tuvieron siempre dos pesos y dos medidas para valorar estos principios cuando se trata de otros países, y actúan siempre según sus intereses. Que lo digan si no los pueblos de Iberoamérica, que tienen en la memoria trágicas experiencias. Y no sólo en Iberoamérica... Hay innumerables ejemplos en la historia de la política externa de Estados Unidos, en el último siglo y en todos los continentes, que lo demuestra.

La globalización es un movimiento ineludible que resulta, fundamentalmente, del reconocimiento, hoy universal, de que el «mundo es uno solo» y también de las transformaciones de la revolución informática y del progreso de las nuevas tecnologías. Pero la globalización neoliberal, tal como hoy existe, es otra cosa. Representa el triunfo del poder económico sobre el político, la peligrosa disminución de los Estados nacionales y el intento de destrucción del orden internacional tal como quedó desde el final de la Segunda Guerra Mundial, con la marginación de Naciones Unidas, la emergencia de la criminalidad internacional a gran escala, así como la extensión del terrorismo islámico global.

Es cierto que el tercer elemento de la vieja trilogía –la fraternidad– siempre ha tenido grandes dificultades para afirmarse, y más con la acentuada pérdida de los valores éticos de que la globalización neoliberal es en gran parte responsable.

Europa, y en particular los partidos socialistas, deben aceptar la gran responsabilidad que tuvieron al no ser capaces de calibrar, hace dieciséis años, que la derrota del comunismo no significaba forzosamente la victoria del capitalismo neoliberal y sí de la socialdemocracia o del socialismo democrático que, desde el inicio de la Revolución Soviética procuró realizar la síntesis entre la libertad y la igualdad posible, sin olvidar la fraternidad, que engloba la solidaridad, tal como hoy la entendemos, y el humanitarismo.

Ahora, querido amigo, me va a permitir que en vez

de profundizar en esta temática, a la que necesariamente tendremos que volver, insista en las responsabilidades que tienen españoles y portugueses en el marco europeo.

Como miembros de la Unión Europea, debemos convencer a nuestros colegas que Iberoamérica es un aliado natural y de extrema importancia para Europa. Es imperativo que seamos capaces de actuar en base a este supuesto. Ahora bien, Europa ha sido muy injusta con Iberoamérica y especialmente con el Mercosur. Este grupo se forma en torno a Brasil, Argentina, Uruguay y Paraguay, con la aproximación significativa de Chile y el interés de otros países, que también quieren pertenecer a Mercosur. Esta especie de Unión Europea en el sur de Iberoamérica, es decir, esta unión voluntaria entre Estados que dejan de combatir entre ellos y pasan a ser Estados asociados, debe ser muy tenida en cuenta.

Pienso que nosotros, portugueses y españoles, debemos tener una estrategia convergente para conducir a la Unión Europea a ocuparse de, y a ser solidaria con, Iberoamérica. Y eso pasa, una vez más, por la política agraria, la PAC, que lo dificulta todo, porque la protección que se da a los productos subsidiados para competir en el mercado internacional impide que abramos nuestras fronteras a productos sudamericanos, concretamente de Mercosur. Últimamente se han dado algunos pasos en las conferencias de la Organización Mundial de Comercio y en la última Cumbre entre la Unión Europea y Mercosur, pero no es suficiente. Debemos dar más apoyos a Iberoamérica, que además se encuentra en acelerada transformación.

Otro aspecto sobre el que me permito llamar su atención, querido amigo, es el de los archipiélagos en el sur del Atlántico Norte, llamados la Macronesia: por parte portuguesa, las dos regiones autónomas del Atlántico Norte, las Azores y Madeira; y por parte española, el archipiélago de Canarias. Y hay otro archipiélago más al sur, Cabo Verde, un Estado independiente situado en una línea de convergencia entre América del Sur, Europa y África.

En el momento de la independencia de las colonias ex portuguesas yo, que participé en ese proceso, dudé mucho con Cabo Verde. Justamente porque nunca me había parecido que Cabo Verde fuese un país específicamente africano, dado que su población, fuertemente mezclada, representa un cruce de culturas diversas que define su singular identidad. Entonces no tuve éxito defendiendo mi posición, porque el gran héroe de la resistencia al colonialismo portugués en Cabo Verde, Amílcar Cabral, asesinado antes de la independencia, era hijo de caboverdiano pero había nacido en Guinea. Tal vez por eso intentó unir Guinea y Cabo Verde, a través de un partido único, el PAIGC. Sin embargo, ese proceso fue artificial, como la historia demostró, y los dos países, ya después de la independencia, se separaron. En realidad son muy diferentes y tienen intereses también diferentes. Hoy ambos son Estados independientes y tienen intereses diversos. Los dos pertenecen a la CPLP, la Comunidad de Países de Lengua Portuguesa.

Hace unos años impartí una conferencia en la Universidad de Tenerife, en Canarias, donde defendí la idea de que Cabo Verde debería ser un país asociado a la Unión Europea. A Europa eso le interesaba. A los caboverdianos también. Y a Portugal, ya que sería otro país de lengua portuguesa participando en la Unión. Curiosamente, esta idea fue recibida por los canarios con cierto entusiasmo pues, decían, sería bueno para ellos, una vez que las islas Canarias están rozando el nivel máximo de turismo europeo que pueden soportar, que el desarrollo turístico de Cabo Verde fuera complementario al de las Canarias. Como sabe, Cabo Verde tiene un clima muy bueno, un mar extraordinario y comienza a disponer de infraestructuras turísticas razonables que la Unión Europea podría ayudar a desarrollar.

Sin embargo, algunos medios portugueses, con un criterio nacionalista estrecho y anacrónico, creen que Portugal no debe facilitarles la vida a los españoles –o a otros europeos– en Cabo Verde. Porque perderíamos influencia. Pienso que eso es un disparate y revela una visión nacionalista tacaña. Es preciso que el país hermano se desarrolle rápidamente y potencie su posición geoestratégica en esa región del Atlántico donde existiría, en otras eras, la mítica Atlántida de la que hablaban los griegos...

Súbitamente, en los últimos dos años, tanto el Presidente de la República de Cabo Verde, como el Primer Ministro, así como el antiguo presidente Arístides Pereira, todos han suscrito esta tesis. Ahora son partidarios de que Cabo Verde negocie una especie de asociación con la Unión Europea mientras no se pueda adherir como país miembro. Cuentan con la ayuda de Portugal y España. Además, la diplomacia caboverdiana está negociando su participación en la OTAN. Lo que tiene sentido.

Subrayo estos aspectos porque considero ventajoso que haya convergencia política entre Portugal y España en el seno de la Unión Europea, ya sea en este asunto del Atlántico, como en nuestras relaciones con Iberoamérica, o en las euroatlánticas, que son muy complejas. Las relaciones euroatlánticas se han visto afectadas de una manera duradera por la política de Bush. Irak fue una línea de ruptura, de división de Occidente, porque Europa no puede dejar a un lado los grandes valores que inspiraran la civilización llamada occidental. No puede renunciar al humanismo, al iluminismo, ni al culto de la razón, al laicismo o a los valores éticos de la justicia, de la libertad, de la igualdad y de la solidaridad.

Es cierto que no debemos confundir a Estados Unidos con la administración Bush, teniendo en cuenta, además, que la política de Bush ni siquiera es hoy mayoritaria. La Unión Europea no puede, ni debe, solidarizarse con los errores que Bush comete en Irak, en Oriente Próximo y en lo que parece estar preparándose en Irán. No puede abandonar valores éticos, sociales, políticos y culturales que son intrínsecos a la identidad europea. La deuda que Europa tiene para con Estados Unidos –y que no debe ser olvidada– no puede conducirnos a lo que sería un suicidio

Espero que las opiniones públicas norteamericana y europea sean conscientes de los riesgos que las políticas seguidas por los distintos Estados les acarrean. Y que presionen a los respectivos gobiernos de modo y manera que cambien rápidamente. Si no fuera así, caminamos hacia una crisis de consecuencias imprevisibles para Occidente y para el mundo.

Federico Mayor: La fuerza de la Unión Europea «asociada» muy directamente a la Federación Rusa y Asia Central, América Latina y al Continente Africano puede ser realmente extraordinaria, convirtiéndose en un factor de orientación y equilibrio en un contexto mundial en que los grandes países orientales, China e India lograran una convivencia armónica con las otras potencias. Está claro que no podemos seguir viviendo al albur de las decisiones de una hegemonía guiada por intereses a corto plazo. ¿Qué sucederá con las necesidades energéticas de China? ¿Cómo podrán satisfacerse los mínimos requerimientos de una gran parte de la humanidad que vive en condiciones tales que constituyen un caldo de cultivo de violencia y rencor? Sería una irresponsabilidad no plantearse estas cuestiones y dejar a las generaciones venideras un mundo inviable desde el punto de vista social, cultural, medioambiental y moral.

Globalización económica que concentra riqueza y poder, no. Globalización de los derechos humanos y de la capacidad de democratización y progreso, sí. Hay que sustituir de una vez la imposición por el diálogo y la alianza. Está claro que la grandeza de Europa no se conseguirá únicamente con la incorporación de países con su propia historia, cultura, significación geopolítica, sino por la adecuada asociación y vinculación para ir formando, de este modo, un gran tejido que tiene unos principios y unos horizontes comunes.

Capítulo VI

Terrorismo global y antiterrorismo

Mário Soares: Ante la situación en que nos encontramos, mi posición es que nosotros, europeos, debemos tener paciencia lidiando con Estados Unidos, no debemos agravar las situaciones difíciles de disparidad entre ellos y la Unión Europea, pero tampoco debemos transigir en lo que respecta a los valores fundamentales. No podemos olvidar esos valores en virtud de la lucha contra el terrorismo. Éste es, para mí, un punto fundamental. Quiero decir que si los norteamericanos persisten en el camino que llevan desde el 11 de Septiembre y la guerra de Irak, los europeos tendremos que desmarcarnos y seguir nuestra propia vía. De hecho, la arrogancia imperial y el fanatismo que existen hoy en Norteamérica, que llegan hasta el punto de torturar prisioneros, como en Guantánamo y en Bagdad, en Abu-Ghraib, que se coloca por encima de la justicia internacional, negándose a suscribir la creación del Tribunal Penal Internacional, es inaceptable. Como inaceptable es que usen contra los terroristas las mismas armas de los terroristas. Un comportamiento así retira valor, eficacia y autoridad moral al combate contra el terrorismo, lo favorece indirectamente. Ahí está el ejemplo de Irak. El combate contra el terrorismo tiene que ser intransigente, pero para ser eficaz debe respetar nuestros valores, no se puede abdicar de ellos. Si no ocurre así vamos a facilitar, sin quererlo, el triunfo del propio terrorismo...

La razón que nos obliga a sostener un juicio intransigente acerca del comportamiento de Estados Unidos es que compromete el prestigio de todo el Occidente, sobre todo a los europeos. Si fuera preciso, tendremos que defender nuestro propio camino, con total autonomía de Estados Unidos. Un camino difícil, porque la Unión Europea está, en este momento, sin rumbo claro, en un estancamiento que se está prolongando demasiado, confrontada con muchos y difíciles desafíos, como ya hemos visto, a los que no sabe, o no es capaz, de dar respuesta.

El primero es la ampliación, que tenemos que resolver bien, lo que no es nada fácil. Sabemos lo complicado que le está resultando a Alemania digerir la unificación con el Este, así que con este ejemplo podemos calcular lo que va a significar para la Unión Europea la integración de diez países más. Y está Yugoslavia, que sigue siendo una franja de naciones en conflicto latente, y que tenemos el deber de integrar más pronto que tarde. Y todavía están Bulgaria y Rumania en el umbral. Y los problemas ultra complejos que tienen que ver con Turquía, con Ucrania y otros países que no están integrados pero que tienen voluntad política de integrarse, son verdaderamente difíciles, pero hay que darles respuestas, aunque sea tratándolos, los problemas, claro, con bisturí...

Debo decirle que siempre he sido favorable a la adhesión de Turquía a la Unión Europea. Por su posición geoestratégica, en el cruce de dos continentes, Europa y Asia, enclavado en el Oriente Medio y en el Mediterráneo Oriental, miembro de la OTAN y además un país laico desde Ataturk, aunque mayoritariamente islámico. Su adhesión le probará al Islam que la Unión Europea no es un «club cristiano»...

Federico Mayor: La primera reacción de los Estados Unidos a las terribles acciones terroristas del 11 de septiembre de 2001, seguidas «en directo» por los habitantes de un mundo convulso que, desde tantas condiciones de vida y ópticas distintas, se sitúa al lado de las víctimas, es contemplada internacionalmente como algo irremediable. Pero pronto la conciencia nos recuerda que todos los seres humanos son iguales y «valen» lo mismo. El extremismo violento no puede justificarse, pero deben analizarse las causas del fanatismo dispuesto incluso a la inmolación. La marginación, la exclusión, la humillación... Y, sobre todo, no identificar a una determinada etnia o creencia con «terrorismo»... No actuar de tal modo que la percepción pública confunda a pueblos enteros –y no a sus gobernantes en un momento dado– con «terroristas». Debemos procurar que la actual Administración norteamericana no haga con el «terrorismo» lo mismo que durante años se hizo en los EE.UU. con el «comunismo». ¡Cuántos muertos, cuántas injerencias, cuántas dilaciones en el cumplimiento de los grandes compromisos internacionales! ¡Cuántos jóvenes americanos del sur dieron su vida porque pedir libertad era sinónimo de «comunismo»! (Dos excepciones notorias: Cuba, tan próxima, que tantos dolores de cabeza les ha dado, y China, tan distante, que tantos dolores de cabeza les dará.)

Tenemos que ponderar, serenamente, la inmensa influencia de las innumerables promesas incumplidas, de la frustración reiterada en tantas gentes que viven misérrimamente... y, por si fuera poco, ahora el Primer Ministro Blair habla de ayudar a África con el dinero de multimillonarios, confundiendo la justicia con la caridad. Bien está el mecenazgo, pero nunca como sustituto de las responsabilidades políticas y morales.

Pero, lo que es mucho más grave, además de atemorizar a la gente, invadir países, consentir que Israel los invada también... todo ello pone de manifiesto la urgencia de una potente rehabilitación de las Naciones Unidas... En marzo de 1999, como Director General de la UNESCO, levanté mi voz –¡fueron muy pocas!– contra la invasión de Kosovo por la OTAN, sin el consentimiento del Consejo de Seguridad... Desde entonces las guerras no se declaran ni las invasiones se ajustan a normas internacionales... El poder hegemónico, en un contexto global, se deteriora pronto. Pronto serían los Estados Unidos los primeros en reclamar y procurar –como lo hicieron grandes presidentes norteamericanos en el pasado– un sistema mundial respetado...

Además del desgaste del poder omnímodo, la gente contempla –es la ventaja de los medios de comunicación actuales– las condiciones inhumanas en que viven tantos seres humanos, no sólo por razones materiales sino espirituales porque en mi opinión, como ya he repetido, lo peor de todo es que la economía neoliberal ha sustituido los valores por los intereses de mercado... ¡y los ideales y la esperanza son más importantes que el pan! Como antes subrayaba, favorecer la concentración de riqueza en unas cuantas manos en lugar de compartir generosamente ha hecho que el «socialismo» pierda buena parte de su específico atractivo. Para mí, ésta es una cuestión esencial: es una concesión que ha erosionado de tal modo los principios de una ideología, de unos ideales, de unos objetivos sociales, que, si no se resuelve rápidamente, puede conducir al hundimiento del edificio en su conjunto. Por todo ello, creo que es muy importante, desde un punto de vista conceptual, tener en cuenta el origen de los grandes mensajes y principios ideológicos para, cuando se desvirtúan durante su aplicación, poder aplicar de inmediato las correcciones adecuadas.

A este respecto, recuerdo que cuando escuché por vez primera la palabra «democracia cristiana» me pareció un despropósito, porque se mezclaba una creencia religiosa, el cristianismo, con una forma de ejercicio del poder, la democracia. Se ha demostrado ampliamente la inconveniencia de mezclar lo religioso y lo político. Otra acepción disparatada es la que atribuyeron al término «comunismo» en los Estados Unidos de Norteamérica, sobre todo después de la época de McCarthy. Cualquier persona disconforme, cualquier ciudadano que ponía el acento en los aspectos sociales de la gobernación nacional, o que reclamaba mayor equidad en el reparto era inmediatamente tildado de comunista. ¿Por qué? Porque, para justificar su absolutismo, el poder tiende a identificar «enemigos» frente a los cuales, con una buena apoyatura propagandística, todo está permitido. Salvador Espriu, poeta catalán, ya mayor, escribió un verso dedicado seguramente a sus hijos: «Habré vivido para salvaros algunas palabras».

Para salvar el significado de la palabra igualdad, de la palabra libertad, de la palabra democracia..., además de una mayor precisión terminológica, necesitamos eliminar rápidamente una serie de contradicciones que demuestran la inconsistencia de los comportamientos políticos de una Comunidad Económica que quiere transformarse en Unión, empezando por la que constituye el denominado «mercado libre», cuando se trata de uno de los mercados más subvencionados del mundo –particularmente en su importantísima vertiente agrícola–. Ambos coincidimos en que deben buscarse rápidamente soluciones para que desaparezcan unos subsidios que entre los Estados Unidos y la Unión Europea representan unos mil millones de dólares al día. Por el impacto que produce la protección de los mercados agrícolas y el algodón, por ejemplo, en la economía de muchos países en desarrollo estoy seguro de que pronto serán numerosas, pacíficas pero firmes, las voces en contra de este «muro de la vergüenza», que protege a los más acomodados de la aldea global. Y de que pronto se alcanzarán acuerdos convenientes para todos. Junto a esta contradicción, como ya he subrayado, está la de permitir que en el espacio europeo sigan campando a sus anchas «países-paraísos fiscales», focos de corrupción, de transgresiones de diversa índole, de mafias... Y la contradicción de haber favorecido la transición de los monopolios públicos a los monopolios privados, que hoy, en forma de grandes corporaciones bancarias, gozan de toda impunidad, anunciando impúdicamente unos beneficios totalmente desorbitados, mientras que los intereses de los préstamos agobian el día a día de un alto porcentaje de ciudadanos...

Mário Soares: Estoy de acuerdo con usted en lo que se refiere al maleficio de los llamados paraísos fiscales, que son los lugares por donde pasa mucho dinero procedente de la corrupción, incluso de «respetables» multinacionales, con sede en los países ricos y por donde se integra el llamado dinero sucio en los circuitos financieros que dominan el planeta. Pero la cuestión es cómo podemos intervenir los tales paraísos fiscales. Una petición firmada por premios Nobel y por otras personalidades con representación internacional, por dirigentes sociales en activo o no, dirigida, por ejemplo, al G8, el grupo de los países más ricos del mundo, podría dar un impulso para poner esa cuestión en la agenda internacional. Y para hacer más visible la relación que parece existir, aunque se hable poco, entre las organizaciones del crimen internacional y el terrorismo global.

También estoy de acuerdo con usted, querido Federico, y ya lo he dicho antes, con la vergüenza que representa la existencia de la Política Agrícola Común, PAC, y las subvenciones que se otorgan a ciertos productos agrarios para defenderlos de la competencia de los países de América Latina, por ejemplo. El problema ha sido discutido en el Parlamento Europeo y se consiguieron algunos, aunque pequeños, pasos en la buena dirección. Pero es preciso insistir, ante la Unión Europea y ante la Organización Mundial del Comercio. Existen organizaciones no gubernamentales, las ONG, que podrían ocuparse de estos temas, debatirlos y darlos a conocer a la opinión pública mundial. Es otro camino.

La regulación del comercio bancario para evitar lucros exorbitantes, que sólo benefician a los oligopolios es, como dije antes, otro escándalo que conviene evitar. Como los sueldos millonarios de los directores de los bancos y de las grandes multinacionales. Pero ¿cómo hacerlo, si quienes mandan en el mundo son justamente aquellos a los que más les aprovecha la concentración de las riquezas?

Federico Mayor: En las últimas reuniones de la OMC, que Estados Unidos situó fuera del sistema de Naciones Unidas, se ha visto claramente que la sociedad civil empieza a rebelarse. Ya se le escucha. Poco a poco, el peso abrumador del impacto producido por el tráfico de drogas –sólo esto debería motivar un cambio radical de actitud– promoverá decisiones favorables a la eliminación de los paraísos fiscales. Recuerdo cuando el Presidente Clinton dijo claramente, en una reunión de las Naciones Unidas, que los tráficos internacionales y muy concretamente el de drogas no podrían eliminarse si subsistía la vergüenza del lavado de dinero y de los paraísos fiscales. Luego le faltó, a uno de los más imaginativos presidentes de Estados Unidos de los últimos años, mantener con más decisión el pulso de sus propuestas. Al menor obstáculo, buscaba otros remedios, cuando su diagnóstico certero requería los tratamientos terapéuticos inicialmente anunciados. Precisamente porque hay tantos árboles que impiden ver el bosque son hoy más necesarios que nunca observatorios que, situados suficientemente altos, permitan aportar las orientaciones que de forma tan apremiante se requieren.

Europa, la Europa plural y creadora, debería en estos momentos, como primera demostración del papel protagonista que piensa desempeñar a partir de ahora, pedir a todos los países del mundo una tregua, una pausa, un armisticio general. Como en tantas situaciones de la propia vida personal, se impone una pausa. Un tiempo de sosiego, unos días, para recolocar tantas cosas trastocadas, para identificar tantas otras disfrazadas u ocultas. Hace falta una tregua general para poder cambiar los enfrentamientos en diálogo, la confrontación en conversación, el poder hegemónico en multilateral... una tregua para que todo tipo de terror, todo terrorista, decida incorporarse a la normalidad ciudadana antes de que sea demasiado tarde. Un armisticio general para establecer alianzas, construir puentes, acercar a los distanciados... y construir unas Naciones Unidas capaces de desempeñar el papel que les confiere la Carta.

Si Europa se situara en primera línea de este gran movimiento para la democracia a escala mundial, no sólo beneficiaría a sus aliados tradicionales y, en primer lugar, a los Estados Unidos, sino que merecería el reconocimiento de muchos ciudadanos del mundo y, en particular, de aquellos que viven en condiciones realmente inhumanas. Centenares de millones de personas que, como ponía de manifiesto recientemente un prestigioso informe[1], viven, malviven, con menos de dos dólares al día, que es lo que se invierte de promedio diariamente en una vaca europea.

Formamos parte del 20% de la humanidad que disfruta del 80% de los recursos de toda índole, incluido el conocimiento. Ello significa que el 80% de la humanidad debe vivir con el 20% de los recursos. ¿Pensamos, quienes tenemos tantas comodidades en la vida, en los sentimientos que suscitamos en aquellos que carecen de lo más elemental? Muy especialmente, ¿qué piensa la juventud próspera? ¿Disfruta realmente de estas ventajas? ¿Se da cuenta? ¿Tiene tiempo para pensar en sí misma, para tener sus propias opiniones, para argüir a favor de sus opiniones? He aquí otro componente esencial del edificio de esta nueva Europa que tan importante papel puede jugar en el enderezamiento de las tendencias actuales: tener en cuenta a la juventud permanentemente, contribuir a su educación, es decir, a dotarles de la capacidad de «dirigir con sentido su propia vida». Permitir que los padres dispongan del tiempo necesario para cumplir adecuadamente sus responsabilidades como progenitores. Darles a todos los profesores los medios suficientes para que puedan cumplir su función con la calidad que es exigible.

---

1. Ver informe PNUD: «Desarrollo humano», 2005.

Recuerdo una frase del obispo Helder Cámara: «Junto a los medios para vivir, necesitamos razones para vivir». Y estas razones se hallan en nosotros mismos, son fruto de la reflexión, de la meditación. Algunos textos escritos en momentos de grandes convulsiones, como el preámbulo de la Constitución de la UNESCO, como la Declaración de la Tolerancia de 1995, contienen «razones para vivir». Hay un texto que me parece especialmente orientador porque es el fruto de muchos años de labor para procurar transitar desde una cultura de fuerza, de violencia, de intransigencia, de guerra, a una cultura de diálogo, de comprensión, de conciliación, de paz. Es la Declaración y Plan de Acción para una Cultura de Paz, aprobada por la Asamblea General de las Naciones Unidas el 13 de septiembre de 1999[1]. Transitar desde una cultura de violencia y de guerra hacia una cultura de paz es, en último término, la característica principal de este otro mundo posible que procuramos, con el que soñamos.

Mário Soares: Es obvio que estos documentos que cita son de extrema importancia y serán siempre puntos de referencia para nosotros: la constitución de la UNESCO, la Declaración sobre la Tolerancia de 1995, la Declaración y el Plan de Acción para una Cultura de la Paz, de 1999... Podíamos citar otros, no nos faltan textos excelentes. Pero como le hice notar antes, no dejan de ser textos que traducen intenciones piadosas pero que, sin más, no nos ayudan a modificar la fea realidad, que es la imagen que nos proyecta el siglo XXI.

---

1. Su puesta en práctica fue recomendada por los Jefes de Estado y de Gobierno de las Naciones Unidas en la Cumbre de septiembre de 2005 sobre los Objetivos del Milenio.

El problema consiste en saber, en definir un rumbo, para intentar modificar la realidad. Pero henos aquí, perdidos en medio de una densa niebla, sin brújula que nos guíe...

Federico Mayor: Es cuestión de timón... y de timoneles. Hay que restablecer las referencias éticas para que sea posible erradicar la violencia, para que se transite desde la fuerza a la conciliación... Las causas de la «desesperación local» y determinadas manifestaciones «de violencia global» son distintas, aunque las «redes mundiales» pueden utilizar para sus propósitos a los radicalizados «locales»...

Mário Soares: La cuestión del terrorismo global me parece más fácil de analizar. No hay duda de que no podemos transigir con el terrorismo que amenaza al mundo y, especialmente, a Occidente, a Estados Unidos y a la Unión Europea. Es un peligro fatal que tenemos que erradicar. Pero no podemos combatir el terrorismo con sus mismas armas. Ya lo hemos dicho y lo repetimos. No podemos claudicar en materia de Derechos Humanos ni aceptar, porque nos compromete, el terrorismo del Estado de Israel.

La superioridad moral de las democracias radica en el respeto absoluto por la ley, por el derecho internacional y por los derechos humanos. No debemos poner esto en causa porque es una forma de tener un nivel distinto de los terroristas. El combate al terrorismo tiene que ser hecho con inteligencia, información y buen sentido. O sea, todo lo que le ha faltado a la administración Bush, ante el silencio cómplice de la Unión Europea. De seguir así vamos a perder la batalla contra el terrorismo global, lo que será una tragedia de consecuencias inimaginables para Occidente y para el mundo.

También es necesario saber quién proporciona el dinero a los terroristas de Al-Qaeda. Porque las redes terroristas, por más descentralizadas que se presenten, tienen acceso a logísticas complejas y ultra costosas. ¿El terrorismo islámico tiene relaciones con las mafias que hoy dominan la criminalidad organizada? Eso parece. Pues es necesario investigar por ahí si se quiere presentar un combate eficaz contra el terrorismo.

Por otro lado, la alianza de Estados Unidos y en menor escala también de la Unión Europea con las dictaduras teocráticas, como Arabia Saudí o los Emiratos, sólo han ayudado y radicalizado al mundo islámico, que tiene difícil creerse las prácticas democráticas de Occidente. El extremismo israelí explica lo que está pasando en Palestina, con la victoria de Hamás. De la misma manera que el radicalismo norteamericano dio la victoria al nuevo presidente de Irán, Mahmud Ahmadineyad. Por no hablar de la desestabilización creciente e inmensa en países como Líbano, Siria, Egipto, Pakistán y Afganistán. Quien siembra viento recoge tempestades.

Capítulo VII

Volvamos a la península Ibérica y al mundo global

Federico Mayor: Portugal y España tuvieron en un momento histórico una gran expansión territorial porque fueron capaces de romper la «parcelación del espacio y del tiempo» en la que vivían. Gracias a grandes astrónomos, navegantes, científicos, botánicos, la península Ibérica se hizo a la mar y con los astilleros trabajando sin cesar, consiguió ampliar los confines del mundo conocido, formando grandes imperios que, por su magnitud y los medios disponibles para mantenerlo, también representó el principio del ocaso. América Latina y los archipiélagos, Filipinas, Macao, Timor, constituyen hoy el mejor reflejo, semillas ibéricas, de aquellos colosales imperios. Me parece especialmente oportuno rescatar, a principios del siglo XXI, aquella temprana visión de la redondez de la tierra que hoy necesitamos con apremio. Asia, África, América, la solución de los grandes desafíos de hoy requiere la «comprensión» del conjunto de la humanidad. Diferentes, juntos pero no confundidos, lo cierto es que hoy habitan la tierra 800 millones de ibéricoparlantes, como antes usted mencionaba, caracterizados no sólo por las lenguas que les unen, sino por las raíces, por las identidades, por la diversidad que hemos sabido respetar como nadie en nuestra acción conquistadora. Es aleccionador pensar que, normalmente, es en términos económicos en los que se juzga el resultado de todo proceso de expansión territorial. Hoy sabemos, una vez más, que a fin de cuentas es la cultura la que prevalece. Si queremos acertar, para llegar a conocer en profundidad la situación actual y las previsiones de futuro, midamos en personas, en lenguas, en identidades culturales, y no en dólares.

Toda conquista es amarga, toda conquista tiene momentos de brutalidad, episodios ásperos que rehusamos recordar. España y Portugal se han unido con los pueblos adonde han ido llegando. Ningún otro imperio en la historia se ha caracterizado por el alto número de mestizos que distingue a los ibéricos. Las culturas originarias de América del Norte, sus poblaciones indias, quedaron reducidas prácticamente a una reserva, como un museo. Los españoles y portugueses iban a vivir y a morir en sus colonias. Por esto se mezclaron con los nativos. Por la razón opuesta no lo hicieron los ingleses o los franceses. Cuando se va a residir se construyen universidades, iglesias, todo lo que representa el país de origen y, en buena medida, la población nativa permanece. En América, la población guaraní, aymará, quechua, inca, azteca, olmeca, zapoteca, maya... siguen siendo, por fortuna, testigos de grandes civilizaciones indígenas. Es nuestro deber conocerlas, respetarlas y recordar la igual dignidad de todos los seres humanos.

A los que alardean de su identidad cultural, hay que recordarles que, normalmente, es el resultado de múltiples mezclas, impuestas la mayoría de las veces por la fuerza, que han ido dibujando a lo largo de la historia los trazos del perfil actual. Sé bien, como catalán, lo que representa, a través de los siglos, la sucesiva fusión de íberos, celtas, fenicios, griegos, romanos, judíos, árabes durante más de siete siglos, vándalos, alanos, godos... No cabe duda de que la interacción entre culturas enriquece mutuamente y, en lugar de enfrentarse, se convive pacíficamente. El aislamiento, el gueto, la muralla, el repliegue, en lugar de la apertura conducen al aislamiento, la endogamia, el declive cultural. Un proverbio africano que me gusta repetir dice: *Parfois les branches se bagarrent, mais les racines s'embrassent*, o sea, «a veces las ramas se pelean pero las raíces se abrazan». Las raíces americanas e ibéricas se han abrazado mucho más de lo que por sus ramas ha parecido.

En el caso del gran continente americano, creo que las culturas de Iberoamérica han alcanzado, a finales del siglo XX y después de experimentar en todo su rigor la afrenta de la imposición en lugar de la amistad, de la mano alzada en lugar de la mano tendida, por parte del gran vecino norteamericano, la posibilidad de dejar de ser adversarios y convertirse, con la caución y el respaldo de la Unión Europea, en compañeros de viaje de los Estados Unidos para cumplir los nuevos Objetivos del Milenio.

Incluso en momentos tan críticos como los que llevaron al total aislamiento de la Cuba de Fidel Castro, prevalecieron en España –era la época de la dictadura del general Franco– los sentimientos de fraternidad, de familiaridad, con Cuba. Para desplazarse desde Nueva York o desde Miami a La Habana era necesario pasar por Madrid, que mantuvo siempre sus vuelos directos con la capital cubana. Este «sentirse los mismos», esta consanguinidad, a pesar de los pesares, debe mantenerse para que la memoria del futuro permita superar los aspectos negativos de la memoria del pasado, para que, muy pronto, Europa y América puedan ir, distintas, pero unidas, de la mano.

Por todo ello, no puede permitirse que, desde hace unos años, las ambiciones capitalistas de los inversores, la usura de instituciones financieras que alardean de que ya obtienen más beneficios en Iberoamérica que en España, puedan entibiar estos sentimientos y deslucir, e incluso eliminar, el importante papel de conexión, de puente, de conciliación y entendimiento que Portugal y España han desempeñado durante tanto tiempo y que cobra en la actualidad un especial relieve. He visto con preocupación que, durante los acontecimientos que tuvieron lugar en Bolivia en el mes de junio de 2005, las noticias que nos llegaban destacaban más los efectos nocivos que podía padecer una empresa petrolera –que, por cierto, ha compensado a su ex presidente con un finiquito de 20 millones de euros– que las cuestiones de fondo, sociales y humanas que desembocaron en los violentos sucesos mencionados. Si realmente queremos cambiar, debemos invertir los términos con que se enjuician y resuelven la mayor parte de estas situaciones: primero, la gente, después, los negocios, asegurando que sean justos, de tal modo que no sigan ampliándose las actuales asimetrías.

Mário Soares: Claro que lo primero de todo son las personas. Permítame que me refiera, a propósito de las relaciones entre nuestros dos Estados y los países iberoamericanos, al «luso-tropicalismo». El gran impulsor de esta teoría fue el sociólogo brasileño Gilberto Freyre. Era un hombre por el que nosotros, los portugueses resistentes a la dictadura y al colonialismo, manteníamos cierta reserva. Más tarde, después del 25 de Abril, lo conocí personalmente, y años después lo visité en su casa de los alrededores de Olinda, en Pernambuco, y lo condecoré, ya en el final de su vida. Freyre defendió la teoría del luso-tropicalismo en varios libros, entre ellos uno muy famoso llamado «El mundo que el portugués creó»[1]. Ése y otros libros suyos fueron muy discutidos en Portugal. Nos parecía que de alguna manera justificaban la teoría de Salazar de mantener las colonias bajo el dominio portugués, ya que afirmaba que Timor o Angola eran provincias portuguesas como el Miño o el Algarve. Los que luchamos contra el colonialismo y por el derecho a la autodeterminación de los pueblos coloniales considerábamos que Gilberto Freyre se dejaba usar como un instrumento de propaganda de Salazar...

Sin embargo, acabada la dictadura y realizada la descolonización, nos sentimos libres para leer sus libros con otros ojos. En efecto, los portugueses somos gente mestiza, resultamos del cruce de muchos pueblos, que nos ocuparon en el pasado. Tras la expansión marítima nos mezclamos con negros, con los indios en las Américas, con asiáticos. En todas partes el portugués tuvo siempre la idea de cruzarse y de tener hijos. Frecuentemente no se casaba con las autóctonas, puesto que regresaba a la patria y, por regla general, se casaba con portuguesas, pero nunca abandonaba a los hijos. Y los hijos, mulatos, luso-asiáticos, mestizos, eran tratados con la misma igualdad que los otros hijos de madre portuguesa o europea. Ésa fue la regla practicada por la aristocracia y, sobre todo, por las clases más humildes. Es en ese sentido y desarrollando esa constatación, como Gilberto Freyre habla de la originalidad del luso-tropicalismo.

---

1. Otros libros de Gilberto Freyre: *Brasis, Brasil e Brasília, Casa Grande & Senzala* y *Ordem e Progresso*.

Federico Mayor: Helio Jaguaribe[1], publicó hace algunos años un estudio en el que ponía de manifiesto como, al conquistar América, se debilitó la metrópolis. Buena parte de lo que sucedió es lo que Jaguaribe llama el «lingotismo»: los españoles llegaban a América fascinados por el oro, en búsqueda de una riqueza que, en general, no encontraron o la hallaron en mucha menor medida de la esperada, aunque encontraron una gran riqueza en los recursos naturales, y en conocimientos. Es la recompensa de una extraordinaria expansión cultural y espiritual. Adolfo Pérez Esquivel, el gran Premio Nobel argentino, comenta con frecuencia un proverbio guaraní que debemos aplicar hoy, diligentemente, al establecer los nuevos rumbos: «Cuando no sepas muy bien adónde vas, regresa para que al menos sepas de dónde vienes». Debemos tener el valor de regresar al filo de la historia para reconstruir tantos puentes olvidados, tantos lazos que esperan ser reanudados. Deber de memoria del pasado y del futuro, para saber lo que ha sucedido, para que ahora suceda lo que deseamos. «A partir de ahora procederemos de otra manera», tiene que ser la conclusión conjunta, esperanzada, aunque permanezcan muchas heridas recientes sin restañar.

Y quiero añadir, porque creo que ha llegado el momento de proclamarlo así, que los ciudadanos ya no vamos a tolerar que las arbitrariedades del poder nos arrastren, a veces pagando el precio de nuestras propias vidas, a situaciones deplorables, cuya factura abo-

---

[1]. Gran intelectual brasileño, autor de: *Un estudio crítico de la historia*, ed. Paz e Terra, 2001; *Crisis en la República - Cien años después ¿primer o cuarto Mundo?*, Río de Janeiro, Thex Editora, 1993.

nan siempre, inexorablemente, los más pobres. El poder ciudadano empieza a tomar conciencia de su fuerza a escala mundial. Gracias a la moderna tecnología de la comunicación, como antes he subrayado, los poderosos deben saber que la paciente aceptación de sus decisiones, que la resignación, que la docilidad, han terminado. No se trata, ciertamente, de una posibilidad tecnológica exclusivamente, sino, sobre todo, de una nueva actitud cívica a escala mundial. Es el resultado de las asociaciones, de las organizaciones no gubernamentales y, sobre todo, del proceso que desde Seattle llegó a Porto Alegre. Las protestas de Seattle, Génova, Praga... se han convertido, en Porto Alegre, en propuestas para «otro mundo posible». En el año 2005 la reunión se celebró en Mumbai, Bombay, y pudimos apreciar la enorme capacidad de movilización pacífica que representa la India. La India del Mahatma Gandhi nos sigue recordando que «no hay caminos para la paz, la paz es el camino».

Para este otro mundo posible son múltiples los supuestos actuales que deben modificarse. Son múltiples las instituciones internacionales, la ONU, el Banco Mundial, el Fondo Monetario Internacional, la Organización Mundial del Comercio, que deben rectificar sus funciones y modalidades de acción. Porto Alegre, el Presidente Lula, forman parte, mucho más importante de lo que parece, de este viraje histórico que puede producirse. «A partir de ahora queremos ser interlocutores, no adversarios.» Éste es el resultado de Porto Alegre, éste es el liderazgo que representa Lula, por ejemplo. En el mes de septiembre del año 2004, antes de iniciarse la Asamblea General de las Naciones Unidas, las manos del Secretario General aparecieron unidas a las de los presidentes Lula, Lagos y Chirac y a las del presidente del gobierno español José Luis Rodríguez Zapatero, que poco después propondría ante la Asamblea General trabajar conjuntamente, de forma complementaria a la propuesta del Presidente Khatami de Irán en 1998, por una «Alianza de Civilizaciones». Estas manos unidas representan el símbolo y catalizador de muchas más voluntades comprometidas en una conspiración sin precedentes para el cambio a escala internacional. Todos juntos, todos diversos. La pluralidad es esencial para esta transformación que se avecina, realizable ahora gracias a la progresiva aparición del pueblo en los escenarios locales, nacionales y planetarios. ¿Será, por fin, el siglo XXI el siglo de la gente, el de la democracia genuina? Que no lo olviden quienes, ahora mismo en mi país, cómodamente instalados en supuestos y procedimientos que hasta hace poco les han encumbrado y mantenido en situación de privilegio, están atemorizando a muchos ciudadanos bien intencionados o pusilánimes con el fantasma de la «España rota». La España frágil y vulnerable es la España sojuzgada, sumisa, obediente, a remolque. La España plural, participativa, que imagina nuevas fórmulas para un futuro distinto, es la España fuerte en la Europa de los pueblos, del entendimiento, de la cultura de la paz.

El Presidente del gobierno ha anunciado hace poco que se construirá en Madrid, como símbolo, un gran Centro de Cultura de Paz. Y a primeros de diciembre de 2005, apareció publicada en el Boletín Oficial del Estado una ley sobre la educación para la paz y la ciudadanía en todos los centros escolares españoles. El movimiento se demuestra andando...

Mário Soares: No sé si esa cordial aproximación entre Lula, Zapatero, Lagos y Chirac va más allá de un mero dato coyuntural, interesante, aunque sin efectos permanentes en la política mundial. Lula está en una situación difícil debido al escándalo del «mensalão», pero quizá tenga posibilidad de volverse a presentar y ganar. Porque Brasil, económicamente, está bien y ha habido progresos considerables en la lucha contra la pobreza. En el caso de Chile, la alternancia democrática a Ricardo Lagos es Michelle Bachelet, que va en la misma línea. La Francia de Chirac se encuentra en una situación difícil, con la derecha pugnando por el liderazgo, y la izquierda dividida. Este gran país parece estar sin rumbo, contaminando con su indecisión a la Unión Europea.

En cuanto a Zapatero, sí, ha sido una gran revelación. Usted, Federico, está bien situado para hablarnos de ese proyecto tan interesante que es la Alianza de Civilizaciones. ¿Qué Estados lo han suscrito? Katami, al que conocimos cuando ya hace tiempo visitamos Irán con la Academia de la Latinidad, era un moderado. Pero ha cedido el lugar a un extremista, Mahmud Ahmadineyad. El mismo fenómeno ha pasado en Palestina, con la victoria electoral de Hamás. El extremismo de la administración Bush en Oriente Próximo ha dado lugar, como reacción natural, por todas partes, al fortalecimiento del extremismo islámico.

Zapatero ha hecho una política de diálogo, extremamente inteligente, en el plano interno. Con los estatutos de las nacionalidades catalana, vasca, después tal vez la gallega, valenciana y andaluza. He aquí un tema, querido Federico, del que me gustaría que me hablases, porque interesa mucho a Portugal. Si este proceso de descentralización administrativa se desarrolla bien, como deseo, abrirá puertas, y lo espero de veras a nuevos planos de convergencia en nuestras políticas externas, tanto en lo que la Unión Europea se refiere, como a Iberoamérica e incluso a África.

La afirmación de las diferentes nacionalidades que existen incontestablemente en la península no significa pérdida de peso de España. Al contrario. La diversidad es siempre factor de enriquecimiento y de mayor creatividad. España no está, ni estará, rota, como grita la derecha, sin razón alguna. Suplirá sus problemas y fragilidades. Una España descentralizada, con sus nacionalidades reconocidas, es una España capaz de dialogar, con autoridad, en la Unión Europea. Y de restablecer lazos de convergencia con Portugal, extremadamente convenientes para los dos estados ibéricos.

Capítulo VIII

Los desafíos que nos acechan

Federico Mayor: Huntington y Fukuyama[1] han sido dos voces de una influencia extraordinaria, magnificada por los medios de comunicación. Ambos tienen en sus obras, no cabe duda, argumentos sólidos y bien elaborados pero, en su conjunto, que es lo que realmente importa, por su alcance e impacto social, han sido dos grandes agoreros cuyas previsiones han servido de pretexto a no pocos gobernantes, políticos, parlamentarios y periodistas. A finales de la década de los 80, Fukuyama anunció que, al término de la guerra fría, estábamos asistiendo al fin de la historia. Recuerdo que mi reacción fue escribir que, en efecto, debería terminar la historia que durante siglos había marcado los derroteros de la humanidad. Y que ahora debería empezar la historia que desde hace tanto tiempo estamos esperando la mayor parte de los habitantes

---

1. Samuel Huntington: *La tercera ola - La democratización a finales del siglo*, Ed. Paidós, 1994; *El choque de civilizaciones y la reconfiguración del orden mundial*, ed. Paidós, 1997.
Francis Fukuyama: *La fin de l'Histoire et le Dernier Homme*, Ed. Flammarion, 1992; *La Fin de l'Homme - Les conséquences de la révolution biotechnique*, Ed. La Table Ronde, 2002; *Le Grand Bouleversement - La nature humaine et la reconstruction de l'ordre social - Vers la fin de la société occidentale?*, Ed. La Table Ronde, 2002; *State Building - Gouvernance et Ordre du Monde au XXème Siècle*, Ed. La Table Ronde, 2003.

de la tierra. Una historia hecha con otras hebras y tejida de otra manera.

Por su parte, Huntington anunció en *El choque de civilizaciones* la posibilidad de confrontación entre cristianos e islámicos, cuando lo procedente, viendo la realidad del mundo, hubiera sido que, mientras se ponía fin a la carrera armamentística propia de la guerra fría, los países más poderosos de la tierra proclamaran que adoptarían rápidamente soluciones para reducir las asimetrías, aliviar las tensiones y fortalecer el desarrollo, sobre todo en los países más explotados y humillados. Cuando se esperaba que con los dividendos de la paz se podría producir, en todo el mundo, un movimiento de comprensión y de conciliación para reducir en la medida de lo posible el extremismo y la violencia, los países más prósperos de la tierra, capitaneados por los Estados Unidos, decidieron consolidar su poderío y marginar a las Naciones Unidas, sustituyéndolas por un pequeño grupo, el G-7 o más tarde el G-8, de los países más ricos.

De la democracia, del marco ético-jurídico con que soñó Roosevelt al diseñar el sistema de las Naciones Unidas, se ha pasado súbitamente a una plutocracia. Del famoso y esperanzador «Nosotros, los pueblos...» hemos llegado al excluyente y temible «Nosotros, los poderosos...». La civilización de occidente, hay que insistir en ello, ya no es sólo occidental, ni atesora los valores judeo-cristianos, ni encarna los principios de la convivencia democrática... ¿Cómo puede hablarse de cristianismo contra el islam, si el cristianismo se ha entibiado extraordinariamente y, desde luego, ningún soldado de los «cristianos» presta su servicio en tal calidad? Del mismo modo, una mayoría considerable de los «islámicos» no son fanáticos ni extremistas en el cumplimiento de su creencia, como los ultra-ortodoxos judíos no representan la ponderación y el comportamiento de buena parte de sus compatriotas. Que nadie se engañe: no se trata de un enfrentamiento entre distintas creencias, sino de acciones geoestratégicas inducidas sobre todo por las fuentes de carburantes que han dado como resultado, junto a la extrema parcialidad con que se ha procedido, a un cúmulo de malevolencia y animadversión.

En poco tiempo, se ha pasado de grandes enfrentamientos entre ejércitos regulares a conflictos locales, a veces instigados por el extremismo étnico, tribal o religioso. Es el terror urbano, la guerrilla que no utiliza las armas convencionales, como en Bailén[1] hace siglos o sólo unas décadas en Vietnam, que maquina maneras insospechadas de atacar en los puntos más vulnerables del enemigo. Este terrorismo a escala mundial requiere una rapidísima reorientación de los dispositivos de seguridad, que ya no depende del número y las características de los aviones, submarinos y tanques, sino de la capacidad de identificación, con la colaboración de los ciudadanos y las fuerzas especializadas de todos los países del mundo, de quienes acechan desde la sombra para asestar los golpes de la nueva guerra, ocasionando muchas víctimas inocentes. Insisto en que la violencia no tiene justificación posible, pero es necesario estudiar sus orígenes, los caldos de cultivo en los que se produce, quienes son esos, tan ignorantes como desesperanzados, que se alistan para ejecutar las órdenes de los que promueven sus sórdidas acciones.

El 11 de septiembre de 2001, cuando se atacaron

---

1. La batalla de Bailén, guerra de la independencia de España contra los franceses (1808).

los símbolos de los Estados Unidos de Norteamérica, todos nos pusimos, con la excepción de algunos desalmados, resentidos o engañados, al lado de las víctimas. Al lado de la vida, contra aquella terrible e inesperada forma de atacar al país más poderoso de la tierra. Después del episodio de Afganistán, la confrontación contra el terrorismo retornó a las formas más convencionales de los conflictos bélicos. Se marginó a las Naciones Unidas, después de utilizar todo tipo de simulaciones y mentiras para justificar un ataque contra Irak. La tragicomedia concluyó en la esperpéntica cumbre de las Azores, donde el Presidente Bush y el Primer Ministro Blair, en nombre de los Estados Unidos y del Reino Unido decidieron, junto al presidente del gobierno español, la más inverosímil e histriónica de las presencias, declarar la guerra a Irak. Digo mal, porque Aznar no podía declarar la guerra sin el Parlamento, sin la anuencia del Parlamento y la firma del Jefe del Estado, a quienes se hurtó esta competencia, al utilizar el eufemismo de «conflicto bélico». Con un extraordinario despliegue de los medios de comunicación, las razones para el ataque lograron superar el eco que a escala mundial tuvieron las manifestaciones pacíficas de más de ciento diez millones de personas en todos los rincones de la tierra contra una decisión que se sabía infundada y debida a otras razones evidentes.

Mário Soares: Dice bien, la cumbre de las Azores fue una verdadera vergüenza, hoy ya reconocida por las personas sensatas del planeta. Bush y Blair tienen una responsabilidad crucial en ese error colosal que fue la invasión y la guerra de Irak, un atolladero peor, y de consecuencias mucho más graves que la guerra de Vietnam.

¿Cómo es posible que Bush, conociendo la experiencia de su padre, metiera a Estados Unidos en un embrollo de tanta gravedad? Pero Blair todavía tiene menos disculpa, con los siglos de tradición de diplomacia británica... ¿Sólo la ganancia del petróleo? Pienso que eso tuvo mucha influencia, pero no basta como explicación. Hubo también una cuestión de servilismo ante el «imperio», entonces todavía en su apogeo...

Aznar quizá quiso aprovechar el momento para reforzar los apoyos en la lucha sin cuartel que mantenía contra ETA, incapaz de comprender que el diálogo es la única forma de resolver conflictos de esa naturaleza. En cuanto a Durao Barroso, no tiene disculpa: el presidente de la República estaba declaradamente contra la guerra de Irak hasta el punto de que fue él quien evitó el envío de tropas portuguesas a Irak, pero Durao Barroso ni siquiera se sintió obligado, ante un caso de esta naturaleza, a someterlo a debate en la Asamblea de la República. En cualquier caso, ya ha reconocido que se equivocó con las pruebas falsas que le presentaron. ¡Extraña confesión ésa! Aunque más vale tarde que nunca.

La verdad es que desde entonces el mundo marcha hacia el descalabro, si no se produce un cambio radical de rumbo. Estados Unidos ha perdido parte de su prestigio en todos los continentes. Sus amenazas, como en los casos de Corea del Norte y de Irán, ya no son tomadas completamente en serio, lo que es fatal para Occidente. La democracia impuesta por la fuerza ha situado en el poder a los extremistas. Ejemplo: Hamás en Palestina, Irán, Irak. La protección a las dictaduras teocráticas ha sido un fermento de nuevos terroristas. Y los otros países de Oriente Próximo, como el Líbano, Arabia Saudita, Siria, Jordania, los Emiratos y el propio Egipto están viviendo una desestabilización creciente.

En el plano económico, al contrario de lo que se suponía, la guerra ha sido un desastre para Estados Unidos y un pingüe negocio para ciertos lobbies económicos. Con el precio del petróleo disparado, la fragilidad económica norteamericana y europea comienza a manifestarse sin máscaras, a la luz del día.

Podemos preguntarnos sin retórica hacia dónde camina Occidente. Y en especial, qué futuro nos espera, a nosotros, europeos.

Federico Mayor: Hablaba de la necesidad de conocer la realidad. Y uno de los conocimientos que explicaría más cosas en el mundo de hoy sería saber con precisión qué inmensas corporaciones bélicas, industriales, financieras y mediáticas influyen en las decisiones del Presidente Bush. Así comprenderíamos mejor por qué Huntington se equivoca cuando habla de un conflicto de civilizaciones y, en concreto, del Cristianismo y del Islam. No, no es una guerra de civilizaciones, es una guerra de intereses políticos, económicos y geoestratégicos.

Por cierto, en el reciente libro de Huntington[1], se defiende la tesis de que, con el crecimiento demográfico se dará la progresiva infiltración y dominio de gente del sur del continente en el norte de América, lo que, al describir la verdad a medias, puede tener un impacto negativo en la actitud de Estados Unidos hacia el resto del continente. Cuando, por fin, parecía que Estados Unidos había comprendido la responsabilidad

---

[1]. *¿Quiénes somos? Los desafíos a la identidad nacional estadounidense*, Ed. Paidós, 2004.

histórica contraída por la forma inapropiada de tratar de imponer sus reglas de juego a los países del centro y del sur de América, Huntington atiza el fuego para que se redoblen las cautelas con los vecinos del sur y se aviven sistemas de predominio que, como han demostrado sobradamente las comisiones de la verdad[1], no deben ser utilizados nunca más por ningún país en el mundo.

En los primeros años de este siglo, los países centroamericanos habían adoptado una serie de medidas sobre la libre circulación por sus fronteras, tanto de personas como de productos, y habían realizado esfuerzos muy notorios para atraer al turismo que, dadas las particulares características naturales, artísticas, culturales, medioambientales, etcétera, de estos países, podían favorecer extraordinariamente su desarrollo económico y social. A finales del año 2004, un periódico de gran difusión mundial, *The Herald Tribune*, publicó un editorial en el que, basados en la sospecha de que algunos terroristas de Al-Qaeda podrían haberse refugiado en Centroamérica, se sembraba un alto grado de cautelas y prevenciones para los desplazamientos de los ciudadanos norteamericanos a estos países. Por cierto, unos países cuyos frutos de la tierra y del mar siguen siendo explotados por grandes empresas de Norteamérica y cuyos yacimientos petrolíferos contribuyen muy poco a su prosperidad y bienestar social. Y que, como he dicho, habían logrado acuerdos de libre tránsito de personas, bienes y servicios. Con el dibujo de una bomba esférica con la mecha en-

---

[1]. En varios países de Iberoamérica se crearon comisiones de investigación y de verificación de los sucesos (Comisión de la Verdad en Guatemala, etc.).

cendida situada en Centroamérica, aquel editorial, incluso sin leerse, influía negativamente en los potenciales visitantes.

Hay que conocer la realidad: como en el caso de África, hay que saber a quién pertenece América Latina; hay que saber por qué países con considerables recursos naturales se hallan al borde del colapso y muchos de sus habitantes deben formar parte de este patético peregrinaje en busca de los medios de subsistencia que se les niegan en su propio país de origen. Y, en algunos casos, se produce la ruptura, ya no se espera ni se aguarda más. Y surge la guerrilla, el uso de la fuerza, el sufrimiento de los inocentes. Hay que ir constantemente, aunque a veces nos cueste, a las raíces de los problemas. Para percibir esta sensación de humillación, de explotación permanente. La alternativa del uso de la violencia es siempre un error. Gandhi demostró bien que, pacíficamente, la voluntad de todo un pueblo puede vencer sin violencia. Y ahora, como ya he mencionado anteriormente, nos encontramos en un momento particularmente esperanzador acerca del valor de la no violencia, gracias a los nuevos medios de comunicación que pueden permitir la conexión internacional de ciudadanos del mundo, que podrán difundir los mensajes que determinen que por fin sea la gente, todos y cada uno de los ciudadanos únicos e irrepetibles que pueblan la Tierra, los que dirijan el mundo hacia un nuevo destino común, en lugar de aceptar sin rechistar los designios de poderes hegemónicos.

A partir de ahora, progresivamente, los gobernantes tendrán que actuar, de verdad, en nombre del pueblo. Ya he repetido que la gran equivocación que cometió el régimen neoliberal al final de la guerra fría fue sustituir los valores universales sobre los que se asienta la democracia por los volubles pilares de los intereses de unos cuantos. Por otra parte, se dijo que con la privatización se permitiría que los ciudadanos pudieran acceder a los beneficios de empresas que hasta aquel momento pertenecían a los Estados. En pocos años, la mayor parte de los servicios públicos, incluida la seguridad, han sido total o parcialmente privatizados. Conozcamos, también en este caso, la realidad: contemos a quiénes pertenecen las empresas privatizadas. Veamos quiénes son los accionistas de estas empresas. ¿Hemos repartido? No: hemos concentrado. Ha sido un proceso de exclusión en lugar de distribuir e incluir. Todo esto es lo que no debe olvidarse a la hora de construir puentes y alianzas, sin dejarnos llevar, a estas alturas, hacia equívocas percepciones de que son las religiones –y sólo algunas en particular– las que originan los conflictos.

Mário Soares: Estoy de acuerdo esencialmente con lo que acaba de decir, pero quería sumar algunas consideraciones más para, de alguna manera, encontrar nuevos ángulos de visión del mismo problema. Este conflicto de civilizaciones, o mejor dicho, de religiones, fue una idea lanzada por Samuel Huntington en su libro *El choque de civilizaciones*. En esa publicación pretende explicar nuestra situación actual. Yo no comparto el análisis que hace, porque el terrorismo no es un choque de civilizaciones, nosotros no estamos en choque contra la civilización islámica, y sí contra la violencia. Y la violencia no es sólo de los terroristas, es también de quienes combaten el terrorismo sin respetar el Derecho Internacional y los Derechos Humanos.

Todas las personas, incluso las que estén detenidas,

siguen siendo personas. Hace unos meses, en una conversación en la televisión portuguesa, defendí que era necesario conocer mejor el fenómeno del terrorismo para combatirlo eficazmente, y sin embargo seguimos sin estudiar el terrorismo y sus motivaciones. Tenemos una idea vaga acerca de un tal señor Bin Laden, hicimos de él un icono, un símbolo, pero sabemos poco quién es y qué quiere. Sabemos que los terroristas no vienen de otro planeta, que utilizan las más modernas y sofisticadas tecnologías, que saben condicionar el futuro del mundo e intervenir políticamente, como sucedió en la campaña electoral norteamericana, donde acabaron favoreciendo objetivamente a Bush y desfavoreciendo a quienes podían combatirlo eficazmente, porque tendrían autoridad moral y respeto por los Derecho Humanos y el Derecho Internacional.

Tenemos que conocer bien lo que está en causa para poder refutar esa idea, que me parece muy peligrosa, del choque de civilizaciones. Sintomáticamente, y como usted recordaba, el último libro de Huntington defiende la tesis de que el mayor riesgo que corren los norteamericanos, ahora, es la emigración de los hispanos a Estados Unidos. Piensa que los hispanos van a hacer una revolución en Norteamérica. Si fuese una revolución pacífica tal vez fuera una buena idea... Pero Huntington tiene la reacción del anglosajón puro que se considera blanco y de nivel superior al de los latinos de Europa y del resto de América, sobre todo de los mestizos, como en general son los hispanos. Que son portorriqueños, cubanos, mexicanos, brasileños, colombianos, etc., herederos todos de varias civilizaciones mixturadas y, realmente, tienen un trazo común: hablan la lengua española, el portugués en el caso de los brasileños, y tienen raíces ibéricas y latinas. Pero no son de otro planeta, son del nuestro, y tampoco son una raza inferior, básicamente porque no hay razas inferiores. Y mire que considero que una cierta preponderancia de los hispanos en Norteamérica podría, en el futuro, facilitar una reaproximación natural y necesaria entre la Unión Europea y América del Norte.

La concepción de Samuel Huntington es arrogantemente anglosajona. Y eso nos lleva también a encarar el papel del Reino Unido y de la Unión Europea. Porque ya hemos hablado de la unidad entre Francia y Alemania. Hemos visto que el movimiento europeo fue impulsado, entre otros, por un hombre en la cima de su prestigio, Churchill, que nada más acabar la guerra dijo: «Es necesario constituir los Estados Unidos de Europa». Pero, a renglón seguido añadió: «Constitúyanlos ustedes, continentales, porque nosotros, británicos, somos otra cosa». Las circunstancias no le dieron la razón a Churchill. Cuando la CEE se mostró un éxito, los británicos no quisieron perder el tren. Entraron. Pero siempre muy reticentes acerca de la construcción europea, sobre todo en sus vertientes política, social, ecológica y cultural. Están permanentemente con un pie fuera y otro dentro, pero cuando el tren empezaba a andar lo tomaron, para frenarlo mejor en la estación siguiente. Cosa que no es aceptable.

En esta ruptura de civilizaciones que ha significado la guerra de Irak, Blair estuvo completamente al lado de Norteamérica. Es cierto que Aznar también lo estuvo. Y Berlusconi. Y Durao Barroso. Pero los tres últimos significan menos que Blair. Porque el Primer Ministro británico representó a Estados Unidos en Europa. Fue una especie de nuevo «caballo de Troya»... Las posiciones de Aznar, de Berlusconi o de Durao Barroso fueron, pienso, meramente oportunistas, diría incluso que coyunturales. Que no obtuvieron, y esto hay que decirlo, los resultados esperados, sino todo lo contrario. ¿Qué ganó Berlusconi, o Italia, estando al lado de los norteamericanos en la guerra de Irak? ¿O Aznar? ¿O Durao Barroso? ¿Y sus respectivos Estados? Sólo perdieron. En vidas humanas y en recursos económicos

En cuanto al Reino Unido la situación fue, y es, diferente. Tiene que ver con el futuro de Europa. Ahora bien, como europeos, no podemos aceptar que el Reino Unido sea un obstáculo permanente al avance del proyecto europeo.

Debo decirle que soy partidario acérrimo, cada vez más, de la no violencia. Pienso que, desde el pasado, una de las figuras políticas que más va a influir en el pensamiento político de este siglo XXI será Gandhi, por su teoría y práctica de la no violencia. Claro que la no violencia sólo será posible cuando la lucha sea contra sociedades abiertas y no contra dictaduras. Si en el Reino Unido, en vez de haber un régimen parlamentario, como en el tiempo de Gandhi, hubiese un régimen como el alemán, una dictadura bárbara, metían a Gandhi en un campo de concentración, lo mataban y hoy sólo tendríamos de él un recuerdo nebuloso.

Federico Mayor: Ahora no serán tanto personajes pacifistas de una talla excepcional y por eso conocidos –imaginemos cuántos y cuántos lo han sido anónimos– quienes protagonizarán el futuro sino la sociedad civil, responsable, pensando en sus deberes para con sus descendientes y convencida de que una democracia auténtica es la mejor solución para sus propias vidas. Como antes comentaba, es necesario evitar la «decepción democrática» cuando, por el abuso de los procedimientos y reglamentos que permiten las mayorías absolutas, se desvirtúa el diálogo y el acuerdo que busca los intereses generales. En lugar de procurar reflejar la voluntad mayoritaria y el respeto a las minorías, se utilizan todos los medios, a veces realmente bochornosos, para que el agua pase por el molino de su partido, con hábitos y términos que obstaculizan el buen gobierno y, lo que es muy peligroso, apartan a muchos ciudadanos, especialmente a los jóvenes, de la vida democrática. En este momento la participación de la sociedad civil es, a todas luces, más importante y urgente que nunca. Por eso no podemos decepcionar a la ciudadanía con actitudes irresponsables. Bien al contrario, debemos estimular la participación y el compromiso. Sí: la participación ciudadana es la clave de la democracia, de la justicia y de la paz. Podríamos decir, y no es un juego de palabras, «partici-paz».

Mário Soares: Estamos hablando de sociedades abiertas. Estados Unidos no es una dictadura, es una democracia oligárquica en crisis. Por eso podemos, y debemos, seguir luchando, por la vía no violenta, contra el camino que ese país nos quiere imponer. La opinión pública cuenta y tiene su peso, como se ha visto.

He participado en la segunda y en la tercera reunión del Foro de Porto Alegre. Fueron experiencias muy interesantes. Justamente en la segunda reunión de Porto Alegre se discutió la cuestión de la violencia y de la no violencia. Y lo importante es que fueron expulsados del movimiento alter-mundista las organizaciones que defendían métodos terroristas violentos. Se entendió que recurriendo a la violencia el movimiento alter-mundista no tendría futuro. Por eso abrazaron la no violencia y las manifestaciones pacíficas de protesta y a favor de la paz para hacer triunfar sus ideas y sus objetivos en sociedades abiertas, como es el caso de Europa y de Estados Unidos. Creo que esa línea está garantizada en el movimiento de la alter-globalización. Y digo «alter» y no «anti», porque la globalización es un hecho ineludible del tiempo en que vivimos. Que debe ser reglamentada, como dice la ex Presidenta de Irlanda, Mary Robinson[1], con valores éticos y con orientaciones políticas claras.

Tal vez merezca la pena hablar un poco de eso. Sabemos que la globalización neoliberal beneficia especialmente a los países ricos. Cada vez ha generado más pobres y más conflictos de diversa naturaleza. Clinton decía que la globalización, la de las economías, se entiende, sólo traería beneficios a todo el mundo, incluso grandes ventajas para el Tercer Mundo. Al final lo que ocurrió fue lo contrario. Los números son números y hoy tenemos estadísticas irrefutables de lo que ha sido el aumento de la pobreza y de las desigualdades. Hoy por hoy, el arma del comercio libre sólo favorece, y de qué manera, la hegemonía de los ricos, de las grandes multinacionales.

El neoliberalismo está restableciendo en las sociedades la ley de la selva. Se corre el riesgo real de que bienes como la salud y el agua, pasen a ser privatizados convirtiéndose, de algún modo, en privilegio de ricos. La globalización, incluso en el país que la abandera, Estados Unidos, está provocando divisiones sociales, conflictos y revueltas que serán cada vez más incontrolables. Con el peligro de que podamos asistir a explosiones muy peligrosas...

---

1. Mary Robinson, ex Presidenta de la Comisión de Derechos Humanos de la ONU. Recibió este año, 2006, el Premio «Príncipe de Asturias».

Espero, y creo, que no será necesario llegar tan lejos. El buen sentido tradicional del pueblo norteamericano tendrá que emerger aún más. De hecho, la administración Bush comienza a estar, en los sondeos, en caída libre.

Tal vez debiésemos ahora debatir el futuro de la globalización preguntándonos si tendremos capacidad de imponer reglas éticas a este fenómeno a través de la reestructuración de la ONU y, sobre todo, de la democratización y reglamentación de instituciones financieras internacionales, como el Banco Mundial, el Fondo Monetario Internacional y la Organización Mundial del Comercio, que por ahora están subordinadas al poder norteamericano, aunque deberían estar integradas en el sistema de Naciones Unidas, sin el cual no tienen sentido. Por otro lado, tenemos que saber combatir al terrorismo, para anularlo y neutralizarlo, con las armas de la razón y del conocimiento, sin poner en causa el respeto por los Derechos Humanos y el Derecho Internacional.

Federico Mayor: Cuando la riqueza se aplica como factor predominante para la toma de decisiones, la discriminación entre unos países y otros es todavía más inaceptable. Puestos a conocer la realidad, sería muy aleccionador poner de manifiesto las relaciones privilegiadas que se mantienen con países que, ejemplos de la violación de los derechos humanos y de los principios de gobernación menos democráticos, han sido y siguen siendo «bien considerados» por los países más prósperos.

La sociedad actual, con tantas posibilidades técnicas para establecer tendencias y previsiones, no puede dejarse sorprender por acontecimientos que ensombrecen todavía más el ya difícil panorama. Es necesario, al máximo nivel –Jacques Delors propuso un Consejo de Seguridad Económico, por ejemplo– soslayar todo lo que pueda ser nocivo para la humanidad. Ya hemos comentado que los grandes temas, nutrición, energía, agua, medio ambiente... deberían abordarse globalmente. Y esto sólo puede lograrse, como la lucha contra la violencia, con un sistema fuerte de las Naciones Unidas.

Mário Soares: Estamos llegando al punto central de la cuestión: por un lado, la globalización, por otro lado, el terrorismo. En cuanto a la globalización, estoy de acuerdo con usted en lo que ha dicho. Y en lo que se refiere a las multinacionales, a la guerra de intereses, y a la situación adonde nos pueda arrastrar la globalización, si no se aplican reglas jurídicas y éticas que la orienten, tal vez convenga añadir algunas reflexiones más.

Primero: La globalización tiene que ser inseparable de la democracia. Pero estamos viviendo una gran crisis de la democracia en el mundo. Me pregunto: ¿de qué democracia hablamos?, ¿sólo del voto? No puede ser. El voto es una manera de elegir a los gobernantes, una manera para que los pueblos libres se puedan desprender de los gobernantes malos a través de votaciones democráticas. Pero la democracia es mucho más que eso. La democracia es el imperio de la ley, de la norma jurídica. Es el respeto por los derechos del hombre. Es un sistema de división de poderes, de tal manera que éstos sean compartidos y no detentados por una sola persona, o por un solo órgano de soberanía o por una sola corporación. La democracia es la separación de poderes, el sistema de los *checks and ballances,* el deber de asegurar los derechos de las minorías y de reconocer el derecho a la diferencia como un factor de enriquecimiento humano.

Pienso que el capitalismo, tal como se está desarrollando en la actualidad, está en crisis. Hay varios profesores de Economía que lo han analizado recientemente. Por ejemplo, Joseph Stiglitz[1], Premio Nobel, ex vicepresidente del Banco Mundial y antiguo consejero de Clinton para cuestiones económicas, ha escrito que «el capitalismo está perdiendo la cabeza».

Un gran financiero, también considerado un filántropo, George Soros[2], nos dice en su último libro que se está creando una burbuja en el capitalismo, en función de la falta de control que existe en las transferencias financieras y de la promiscuidad establecida entre el dinero sucio y el dinero limpio.

Sucio, claro, es el dinero que proviene de actividades ilícitas, como de la venta ilegal de armas, de la prostitución, de la droga, del tráfico de órganos humanos, etcétera. Se calcula que cerca del 50 % de los flujos de dinero de las transacciones que se realizan en las bolsas de todo el mundo, tienen una procedencia sospechosa. Pero la verdad es que no se hace nada contra esta situación. ¿De dónde viene, por ejemplo, el dinero que alimenta el terrorismo global? La CIA debe sa-

---

1. Los libros críticos de la globalización son hoy muy numerosos. Cito Stiglitz por su enorme autoridad científica y moral. Pero podría citar otros nombres. Por ejemplo: Edward Nell, *The General Theory of Transformational Growth*, Cambridge University Press 1998.
2. George Soros: *L'Alchimie de la Finance*, Valor Éditions, 1999; *A Crise do Capitalismo Global*, Ed. Temas e Debates, 1999; *A bolha da Supremacia Americana - Corrigir o Abuso do Poder Americano*, Ed. Temas e Dabates, 2004.

berlo, pero la opinión pública lo ignora. Por otro lado, ciertas democracias, como la norteamericana, están transformándose paulatinamente en verdaderas plutocracias, de fachada democrática. Cuando conocemos la cantidad de dinero que se necesita hoy para ser candidato a la presidencia de los Estados Unidos, los millones que son necesarios para propaganda, comprendemos que sólo los ricos, o con apoyos millonarios pueden tener acceso a la presidencia. Y esa situación también comienza hoy a estar sobre la mesa de los partidos políticos europeos.

Son problemas muy serios los que afrontamos en el comienzo del siglo... Y todo se relaciona con la situación de los medios de comunicación social, con el papel que los medios tienen hoy en la sociedad, como usted dijo antes, y muy bien. Los medios no son inocentes ni ajenos a los intereses que sirven o de que dependen. La concentración en manos de cada vez menos grupos económicos constituye un fenómeno tan preocupante como la concentración de la riqueza en las grandes multinacionales y en los grandes bancos, con la respectivas fusiones, OPAs y relaciones planetarias.

Por ejemplo, el papel de una televisión, como la CNN, es hoy absolutamente extraordinario. La CNN genera la lluvia y el buen tiempo en el mundo. Da el tono, el do-re-mi, y ejerce influencia sobre las grandes campañas de los medios de comunicación mundiales. Doy un ejemplo: durante mucho tiempo, todos los días Estados Unidos, a través de la CNN, hablaba de los atentados contra los Derechos Humanos que se practicaban en Chechenia, lo que es verdad. Pero bastó con que Putin llegara a un acuerdo con Bush, a propósito de la guerra contra el terrorismo, para que a partir de ahí, la CNN dejara de hablar de los ataques contra los Derechos Humanos en Chechenia, como si ya no existieran. La llamada gran prensa internacional se calló como por encanto. Dejó de ser «políticamente correcto» hablar de eso. Chechenia ya no interesaba...

La verdad es que no se ha estudiado todavía a fondo y globalmente el fenómeno del terrorismo. Lo dije antes y lo repito ahora. El terrorismo es hoy el gran pretexto para hacer casi todo, incluidas manifiestas ilegalidades. Pero se sigue sin saber quién financia y arma al terrorismo. Los terroristas utilizan armas sofisticadísimas, que no son ni simples ni baratas. ¿Quién vende esas armas? ¿A través de qué circuitos internacionales? Nunca se ha querido llevar a cabo esa investigación que, aparentemente, tendría que ser fácil. ¿Por qué? Porque el comercio ilícito de armas no se toca. Ésta es la verdad. Es un comercio ilícito que proporciona grandes beneficios, que alimenta flujos financieros que, en parte, determinan esta globalización sin ética que tenemos.

Tampoco nunca se ha querido indagar en serio de donde procede el dinero de que disponen los terroristas. Porque los terroristas tienen campos de entrenamiento, gente altamente preparada, armamento sofisticado, y eso implica muchos recursos. Tras los ataques a las Torres Gemelas se planteó el problema. Hubo especulaciones financieras sospechosas en ciertas empresas, antes y después de los ataques de los terroristas, por ejemplo en el sector de la hostelería, pero nadie llevó la investigación más lejos. ¿Por qué? Porque uno acababa topándose con el capitalismo financiero, en su actual fase especulativa, y por ahí, con los intereses de los poderes hegemónicos que hoy dirigen el mundo... Una malla compleja y muy peligrosa de deslindar.

Hay un libro de un francés sobre la actual fase del capitalismo financiero que es muy interesante. Su autor, Emmanuel Todd[1], es un demógrafo que previó la caída del Imperio soviético. La tesis de este libro, editado en 2002, es que el imperio norteamericano tiene los pies de barro: aparentemente está en la cumbre, pero sin embargo se acerca una época de inevitable decadencia. La situación se deteriora, la gente pierde la confianza en el sistema, desaparece la seriedad protestante que estuvo en la base del éxito del capitalismo, en su fase de expansión. Verdaderamente, la falta de respeto por la palabra dada, por los compromisos asumidos, la impunidad de los prevaricadores, la utilización de métodos ilícitos, afecta profundamente a la vida económica, además de democrática.

Asistimos, cada vez más, desgraciadamente, a una promiscuidad sospechosa entre el poder político y el poder económico, del que el primero es subordinado del segundo. Lo que pone en causa, a no largo plazo, el buen funcionamiento de las democracias. Ejemplo de eso sería lo ocurrido con el Vicepresidente de los Estados Unidos, Dick Cheney, que siendo el número dos de la administración Bush, presidía al mismo tiempo la multinacional Halliburton, que se lucra extraordinariamente con la guerra de Irak. Y cuando esto se sabe, la gente queda perpleja y se indigna[2]...

Los alter-mundistas han denunciado todo esto, y también muchos universitarios y periodistas norte-

---

1. *La Chute Finale - Essai sur la décomposition de la sphère soviétique*, Ed. Laffont, 1976; *Après l'Impire - Essai sur la décomposition du systhème américain*, Ed. Gallimard, 2002.
2. Halliburton, multinacional relacionada con el Vicepresidente de Estados Unidos Dick Cheney.

americanos, con alto sentido de la responsabilidad, han tenido el valor de hacerlo. Tengo una biblioteca muy completa sobre el asunto. Y le digo que es reconfortante ver posiciones morales de innegable coraje en intelectuales y profesores de Estados Unidos, sobre todo, ya le digo, en universidades y en los medios intelectuales y artísticos. Incluso en películas de Hollywood se han visto ejemplos de coraje. Porque las personas se van dando cuenta de que el camino que se está llevando conduce a una catástrofe cierta. En las diversas instituciones de la Unión Europea, empezando por las universidades, por los centros de estudio y, por supuesto, en los medios políticos, se debería escribir sobre estas cuestiones, dado que tan determinantes son para nuestro futuro colectivo.

¿Cómo haremos para que la democracia, tal como la conocemos, pueda sobrevivir a tantas y tan graves perversiones? Una de ellas, típica del neoliberalismo, consiste en asimilar mercado y democracia, como si poner el mercado libre en marcha bastase para que se introdujera la democracia en los países que no la tienen. Sin embargo, por todas partes se comprueba que no es así.

China es un buen ejemplo de eso. Desde hace años viene experimentando un crecimiento enorme. Pero también muchas dificultades, algunas muy poco conocidas. Se nota un mayor calentamiento de la economía china, extremamente preocupante. Este país ha conseguido experimentar un crecimiento del 9 % al año, lo que es asombroso dadas sus dimensiones. Al mismo tiempo mantiene un régimen político totalitario, que parece haber establecido una alianza entre el capitalismo especulativo y un gobierno de partido único que domina la vida de más de mil trescientos millones de seres humanos, sin haberles preguntado nada y sin reconocerles ningún derecho político. ¿Cuánto tiempo se mantendrá así el sistema, sabiéndose como se sabe que se están construyendo grandes fortunas, elites tecnológicas y científicas y, al mismo tiempo, se están produciendo fenómenos de mega-corrupción? ¿No estarán sembrando explosiones sociales y revueltas previsibles? Es obvio que sí. Pero la gente ve a China como algo distante, un espacio ideal para hacer buenos negocios, pero que no tiene nada que ver con nuestro mundo. Y eso es un error fatal. China tiene un peso demográfico y económico tan grande, por no hablar del político y del militar, que lo que pase en China en los próximos años nos afectará a todos profundamente. Ya está afectándonos con la «invasión» pacífica y comercial de los chinos por todas partes: en Europa, en Asia, en América, hasta en Portugal...

Federico Mayor: Lo que acaba de decir es importantísimo. China está en el centro de todo análisis prospectivo. El «capitalismo comunista» está generando pingües beneficios con unas condiciones laborales deplorables... Antes de que sea demasiado tarde se deberían estudiar –ésta podría ser una gran tarea para Europa– las medidas correctoras para que el «Gran dragón» conviva pacíficamente con el resto del mundo y no se establezca como una gran amenaza.

Capítulo IX

El Estado de Derecho y la justicia

Federico Mayor: Para conseguir que muchos imposibles hoy sean posibles mañana, es imprescindible que los Estados sean Estados de derecho con leyes justas. Con frecuencia hablan del Estado de Derecho quienes se siguen amparando en leyes que conculcan, como un agravio a la humanidad en su conjunto, los fundamentos básicos de la justicia. Por ello, debe quedar muy claro que no es la legalidad sino la justicia lo que realmente importa y que es precisamente el pueblo, a través de sus representantes legítimos, quien debe modular permanentemente la transformación de legalidad en justicia, garantizar que se trate de un Estado de derecho «justo», es decir, genuinamente democrático.

Los procedimientos propios de un sistema democrático, en cualquier ámbito, deben responder permanentemente a los criterios sobre los que se asienta la auténtica democracia. Hace bien poco hemos vivido en España un período de gobierno en el que la mayoría parlamentaria podía, por su mayoría absoluta, aplicar lo que se llaman «prácticas de apisonadora o de rodillo». Estos comportamientos son contrarios a lo que durante tantos años hemos soñado, contrarios a lo que la democracia requiere para su consolidación y plenitud, porque los parlamentos, como su nombre indica, están para hablar, *parlare*, para convencer, para persuadir, para exponer... y para reflejar la voluntad de la mayoría, pero tomando buena nota de los puntos de vista de las minorías. Durante demasiado tiempo, incluso en los países democráticos, el poder, una vez establecido, suele utilizar informaciones y medios publicitarios no «democráticos», y tiene muy poco en cuenta a quienes lo votaron. Democracia significa, precisamente, contar y no sólo ser contados, ser tenidos en cuenta de forma permanente y no sólo estar pendientes de los resultados de los comicios.

Hasta ahora, la minoría poderosa ha gobernado gracias a unos supuestos «patrióticos» bien establecidos y recordados, con el silencio y la aceptación resignada de la ciudadanía. A partir de ahora, la mayoría encontrará procedimientos no violentos para «contar permanentemente». No me cabe la menor duda de que, si el neoliberalismo sigue empeñado en ahondar las diferencias en lugar de reducirlas, la mayoría dejará de ser silenciosa y no se dejará dominar por unos cuantos colosos. Ya no.

Mário Soares: De ahí que las reformas —y es importante saber cuáles, en qué dirección— se deben hacer sin tardanza, en el momento apropiado, para evitar conflictos incontrolables o incluso revoluciones, por poco violentas que sean.

Estado de Derecho, sí, como es obvio; pero con leyes justas, legitimadas y, como tal, aceptadas y comprendidas por el cuerpo electoral.

Federico Mayor: Aunque es obvio, es preciso insistir en que una democracia no puede imponerse. La democracia es un proceso de maduración, de autoestima de los ciudadanos, de capacidad de participación, de educación para poder expresarse, para que se conozca la realidad de las cosas sobre las que se va a opinar. Sobre todo, no puede imponerse a quienes antes hemos defraudado reiteradamente, a quienes viven durante años y años en condiciones deplorables, humillados, silenciados. Las mujeres, seguramente por este sentido inherente del valor de la vida que tienen, muy raramente dicen: «¡basta!». Los hombres, en cambio, después de un largo período de marginación, urden venganzas y reaccionan violentamente. Por otra parte, tenemos que esforzarnos en reconocer que las asimetrías que origina el sistema económico actual pueden producir, al porfiar en la protección de unas fórmulas que sabemos desde hace años que son radicalmente injustas, rupturas que perjudican a todos.

Recuerdo un atardecer visitando Alexandra Township, cerca de Johannesburgo. La población de este barrio, de raza negra, vivía en condiciones de pobreza extrema, excluidos, marginados. Pero un día su horizonte cambió: el Presidente de África del Sur era «de los suyos». El APARTHEID RACIAL empezaba a pasar a la historia de la ignominia... pero permanecía, invariable, el APARTHEID SOCIAL. Visité a continuación en Pretoria al Presidente Nelson Mandela, que ya llevaba más de tres años rigiendo los destinos de su gran país y que es, no cabe duda, una de las personalidades más admirables y ejemplares de la historia. Le comenté los sentimientos que acababan de transmitirme los defraudados habitantes de Alexandra Township y cómo el cansancio de la espera podría hacer saltar, de pronto, la chispa de la violencia. El Presidente Mandela me respondió contándome las enormes dificultades a que se enfrentaba para lograr obtener un mejor rendimiento en la explotación de los recursos naturales de Sudáfrica y en las transacciones comerciales. Por otra parte, el Banco Mundial, los bancos regionales y el Fondo Monetario Internacional actuaban según el mercado y no según el buen sentido, especialmente en un momento histórico en que un líder de talla mundial llevaba las riendas de un país que acababa de vencer, en buena medida gracias a él, la lacra del racismo.

Mário Soares: Yo también conocí a Nelson Mandela, un excepcionalísimo hombre de Estado. Asistí a su toma de posesión como Presidente de la República, y fue una ceremonia que no olvidaré nunca. Después lo visité y pude confirmar la impresión inicial. Mandela dio la talla en un momento de cambio decisivo para la historia de su pueblo y de África. Evitó el derramamiento de sangre y las represalias. Es, sin dudarlo, una de las grandes figuras de nuestro tiempo. Pero la lucha por la justicia, por la igualdad social posible y por la profundización de la democracia no ha acabado en África del Sur ni en el resto de África. Todo lo contrario...

Federico Mayor: Con frecuencia hablamos de los pueblos, especialmente en circunstancias de conflicto, aplicando adjetivos de «buenos», «malos», «crueles»... sin darnos cuenta de que lo perverso y lo cruel es la guerra, es la obediencia ciega que se impone a todos los contendientes, es la situación de angustia y de miedo que padecen la población y quienes combaten. Como científico, sé bien que carecen de fundamento las alegaciones que se hacen sobre tendencias genéticas, proclividades inexorables en relación al comportamiento de algunas razas. Cuando el Presidente Bush y, más tarde, el Primer Ministro Blair, con al atenuante de la indignación que, lógicamente, les embargaba en aquellos momentos, clasificaron a la gente entre «buena» y «mala», cometieron un profundo error. Situados ambos, sin duda alguna, entre los «buenos», los «otros» son los «malos». Todos los pueblos son igualmente buenos, con los lógicos comportamientos «atípicos» que se producen en grandes colectivos. Los que a veces no son tan buenos, son sus gobernantes, los que conducen a los gobernados a condiciones extremas, en un contexto de «ordeno y mando» en el cual el incumplimiento de sus voluntades significa delito de alta traición. En 1985, en la reunión de neurocientíficos que tuvo lugar en Sevilla, se dejó muy claro, en la «Declaración sobre la Violencia»[1] aprobada por unanimidad, que es científicamente incorrecto atribuir a los genes ningún tipo de tendencia innata a la «maldad», con lo que se confirmaba y realzaba lo que proclama el artículo primero de la Declaración Universal.

Al considerar cómo podríamos transformar en posibles los imposibles de hoy, surgen siempre dos grandes cuestiones: la economía, por su incidencia directa en la calidad de vida, y la información, por su impacto en la conducta ciudadana. Seguimos viviendo, como ya hemos resaltado, en una economía de guerra. Gente muriéndose de hambre, catástrofes naturales cuyo impacto podría reducirse sensiblemente, mientras más de 2.000 millones de dólares se invierten diariamente en armamento. Y siguen imperturbables organizando grandes programas espaciales, para conocer mejor otros astros cuando tan poco conocemos y atendemos la tierra y a quienes en ella viven.

1. «Declaración sobre la Violencia», Sevilla, 1985; UNESCO, 1997.

Quiero que quede muy claro, querido Mário, que como científico estoy totalmente a favor de cualquier gran programa científico, siempre que no se desatiendan simultáneamente necesidades esenciales de los seres humanos. Pero eso, preconizo que todos estos grandes proyectos se realicen conjuntamente, como proyectos de interés para la humanidad, sin excepciones. Sabiendo que, cada día, la población mundial aumenta en unos ciento cincuenta, ciento ochenta mil habitantes. Sabiendo que muchos viven en circunstancias intolerables de precariedad, de asistencia, de trato. Y esto sólo se podrá evitar si pasamos de la hegemonía al multilateralismo, de una cultura y una economía de guerra a una cultura de paz, en la que los gastos militares se reduzcan considerablemente.

Hace unos meses, la prensa anunciaba que Corea del Sur acababa de adquirir 8.000 millones de dólares de armas a los Estados Unidos. Y, hace unas semanas, Pakistán adquiría al Pentágono armas por importe de 5.400 millones... El «tributo» que tenemos que pagar todos en armarnos hasta los dientes debería ser rápidamente sustituido en el marco de unas Naciones Unidas que contaran siempre con el pleno respaldo de los países más poderosos, por grandes alianzas que garantizaran la seguridad a escala mundial e impidieran delirios, que siempre pueden producirse, y que moderara la compraventa de armas innecesarias y se iniciara de forma concertada y radical, hasta su total extinción, la reducción de armas nucleares.

Es un macabro disparate, y una irresponsabilidad increíble, que el mundo siga viviendo bajo la amenaza de 10.000 cabezas nucleares, que es la cantidad que se calcula que existe en estos momentos. Cuando se ha celebrado el 60.º aniversario de la devastación de Hiroshima y Nagasaki por dos bombas nucleares, tenemos todos que reflexionar sobre lo que significa esta amenaza para el mundo distinto que deseamos ofrecer a nuestros descendientes. Al pensar en el efecto devastador de ambas bombas, no debemos volver únicamente los ojos hacia Norteamérica. Debemos hacerlo también hacia el Imperio del Sol Naciente, cuyos gobernantes empujaron a su pueblo a unos episodios bélicos espantosos. Hablo de esta cuestión, porque las prácticas bélicas son perversas. Porque la guerra es lo abominable. No quienes se ven, como hojas al viento, arrastrados a ella. Volvemos al mismo punto de partida: los «buenos» o «malos» no son los pueblos sino quienes rigen sus destinos.

Mário Soares: La cuestión del próspero comercio (ilegal) de armas y de la proliferación de armas nucleares, que constituyen un riesgo inmenso para la humanidad, junto a la incapacidad de que la ONU y las grandes potencias nucleares han hecho gala para acabar con ese flagelo, son síntomas terribles de los inmensos peligros que pesan sobre nuestro futuro colectivo. Si existe un dominio donde la ciudadanía global debe ejercitarse es precisamente en éste. Pero hasta ahora la verdad es que todas las llamadas de atención han caído en saco roto. Y los MEDIOS DE COMUNICACIÓN SOCIAL INTERNACIONALES cubren con un manto de espeso silencio este asunto. Es un síntoma claro de hasta qué punto nuestro mundo es peligroso, muy peligroso, en este inicio de siglo...

Federico Mayor: He tenido ocasión de conocer lo que significa la paz de la seguridad: silencio, opresión, nula libertad. En 1961 viajé por primera vez a la Unión Soviética para asistir a un gran Congreso Mundial de Bioquímica. Fue la primera vez que me apercibí del temor, las miradas de soslayo, la falta de comunicación que caracterizaba a nuestros colegas soviéticos, algunos de ellos científicos de gran notoriedad, pero que se hallaban, o se lo imaginaban, que todavía es peor, bajo una vigilancia permanente. Durante años, hice todo lo que pude para que conocieran lo que había más allá del «telón de acero». Invité a algunos científicos a venir a España para ser nombrados Doctor Honoris Causa de las universidades de Granada y de Madrid. Hice buenos amigos, que me permitieron, poco a poco ir conociendo mejor cómo discurría, humana y científicamente, su vida. En 1986, el escritor de Kirguizistán Chinguiz Aimatov, autor del libro *El día que duró más de un siglo,* me invitó a participar en una reunión de intelectuales que tendría lugar a las orillas del lago Issyk-Kul y cuyos resultados, al final del inusitado e insólito evento, entregaríamos al nuevo secretario general del Partido Comunista, Mikhail Gorbachev, cuyo aperturismo hacía posible la reunión. Una docena de personas, entre ellas Arthur Miller, Alvin Töfler, Paul Simon, los hermanos Baldwin, Alexander King, Augusto Forti y otros, formábamos el grupo, del que por circunstancias muy interesantes que ahora no voy a detallar, fui nombrado presidente, de modo que preparé minuciosamente el mensaje que debía leer ante Mikhail Serguievich Gorbachev en Moscú. Nos recibió con gran puntualidad. Antes de empezar con las conclusiones del encuentro, Gorbachev nos advirtió que tenía cosas muy importantes que comunicarnos. Ni más ni menos, iba a decirnos que la Unión Soviética no podía seguir viviendo en una carrera armamentista y en un bienestar aparente; que era necesario iniciar cambios muy profundos y hacerlos de tal manera que las rupturas no se convirtieran en desgarros. Pidió que el Foro de Issyk-Kul siguiera aconsejándole en el importante proceso que iniciaba... Le cuento todo esto para que vea hasta qué punto aprecio lo que significa la libertad, la seguridad de la paz frente a la paz de la seguridad, de la opresión.

Por eso, es imprescindible que, en el contexto de un marco ético-jurídico bien establecido y consolidado a escala planetaria, el mundo pueda disfrutar de la seguridad de la paz, que es la seguridad de la democracia, de la justicia, de la resolución pacífica de los conflictos, de la conciliación. Es urgente la adopción progresiva de una economía de paz en lugar de una economía de guerra y aprender a pagar los costos de la paz como venimos pagando durante siglos el terrible costo de la guerra. Una economía de desarrollo endógeno global –de la vivienda, de la prevención y reducción de los impactos de las catástrofes naturales, de la anticipación, de los nuevos contratos a escala mundial en economía, medioambiente, cultura, ética...– es la solución basada en la construcción cotidiana de la paz en lugar de la preparación para la guerra.

A finales del año 2004 vivimos el drama terrible del maremoto que asoló los países del océano Índico. Las catástrofes naturales de esta índole no pueden evitarse, pero pueden paliarse en gran manera sus efectos devastadores. A principios de la década de los 90 se estableció, con el concurso de la UNESCO, el Observatorio Global de los Océanos, para poder advertir con cierta anticipación a los habitantes de las zonas costeras de la llegada de olas gigantescas. Incluso recuerdo que recomendamos que las escuelas se construyeran sobre pilares, y tuvieran el techo plano y reforzado para permitir el aterrizaje de helicópteros, en aquellos lugares en que los *tsunamis* son recurrentes. Del mismo modo, se fueron elaborando otras medidas preventivas y de reducción de efectos, en el Plan para la Reducción del Impacto de Catástrofes Naturales, bajo los auspicios de las Naciones Unidas, desde 1989 a 1999. La preparación que hay que tener, incluyendo detalles de distribución en el suelo urbano de los servicios que deben movilizarse en estas contingencias, para hacer frente a huracanes, terremotos, incendios, inundaciones, etcétera, etcétera. Éstas son las nuevas alianzas que, junto a las culturales, deben establecerse ahora con urgencia para que, disponiendo de los recursos humanos, financieros y técnicos adecuados, podamos evitar tantas pérdidas de vida, tantas heridas en la naturaleza y tantos sufrimientos.

Quiero decirle que hay una economía de la paz, que es la economía de la democracia, la que piensa en el ciudadano, en su seguridad, en su bienestar, en su salud... Para que la democracia revista estas características y se base en una economía social, es imprescindible que los ciudadanos estén bien informados y educados para utilizar el derecho de libre expresión y reclamar lo que estimen oportuno. La gente está preocupada y perpleja porque, con algunas excepciones, las informaciones que reciben son una retahíla de catástrofes en todo el mundo, de sucesos terroríficos que los mantienen atemorizados, porque no reciben, simultáneamente, propuestas de solución. Abraham Lincoln dijo que «entre un gobierno sin periódicos y periódicos sin gobierno, prefiero lo segundo», refiriéndose a que si hay periódicos y libertad de expresión se puede gobernar bien, mientras que la carencia de participación de los ciudadanos y las cortapisas a la libertad de expresión, encubren a líderes arbitrarios y tendenciosos que no permiten una gobernación adecuada. Tengo la esperanza de que, en ambas cuestiones fundamentales, podrá lograrse en breve plazo que los pueblos no sean sólo espectadores de lo que acontece, sino que pasen a ser actores y protagonistas. Que demuestren que, con las nuevas tecnologías de la comunicación, pueden expresar sus puntos de vista y exigir, para participar en las elecciones, por ejemplo, cambios radicales en una forma de gobernar que ya no podrá ampararse en las manipulaciones y artimañas que el pueblo, resignado, era incapaz de contestar...

Mário Soares: Exactamente. Usted sabe que normalmente yo no soy pesimista. Por el contrario. Pero, acerca de lo que dice, no comparto esa esperanza de que, sin grandes luchas, puedan producirse cambios radicales y positivos en las formas de gobernar y en la profundización democrática de los Estados. A pesar de que la ciudadanía global esté comenzando, que es cierto, a manifestarse, pienso que el mundo, justamente desde el inicio del siglo XXI, camina a pasos de gigante hacia algo mucho peor. En todos los dominios: el medio ambiente se deteriora y crecen amenazas ecológicas, las desigualdades sociales se están profundizando, la lucha contra la pobreza y contra ciertas pandemias, como el SIDA, no se lleva a cabo con la decisión que tendría que ser lógica, el acceso al conocimiento y a la cultura de la paz no es universal. Eso sin hablar de los medios de comunicación social, donde la neutralidad informativa cada vez es menor, dada, como hemos dicho varias veces, la concentración creciente de distintos soportes, como prensa, radio, televisión o Internet en manos de los grandes intereses económicos. Ojalá me equivoque, pero veo al mundo correr muchos peligros...

Federico Mayor: Usted, desde la cárcel y el exilio, conoció bien el papel central, insustituible, de la libertad. Libertad de opinión, de criterio, de acceso a la información, de conciencia, de creencia... Libertad para poder intervenir en los asuntos públicos y asegurar que, como antes indicaba, la legalidad es la mejor expresión, permanentemente actualizada y revisada, de la justicia. Parece oportuno repetir aquí que cualquier pertenencia no debe sobrepasar los límites de la propia opinión. Y nunca, repito, nunca las consecuencias del incumplimiento pueden obligar a la docilidad extrema, porque entonces se estarían destruyendo los principios básicos de la democracia. Hay veces, como en las sectas y bandas, que es la propia vida la que puede estar en juego. En otras ocasiones, es la situación económica o política la que podría variar drásticamente. En España, en febrero del año 2003, millones de personas se manifestaron pacíficamente contra la invasión de Irak. En las encuestas, más del 90% de la población estaba también en desacuerdo. Sin embargo, el grupo parlamentario que en aquel momento tenía, para su desgracia, como sucede casi siempre, la mayoría absoluta en el Congreso de los Diputados, votó a favor de las propuestas de su líder, basadas en la falsedad y en el engaño y adoptadas al margen del Consejo de Seguridad de las Naciones Unidas. Sin una sola excepción...

Es totalmente incomprensible. Por el contrario, cuando el Presidente Adolfo Suárez, siendo yo presidente de la Comisión Asesora de Investigación Científica y Técnica, me pidió que concurriera a las primeras elecciones democráticas como diputado al Parlamento por la provincia de Granada, contestó así a la pregunta que le realicé sobre los límites que podrían suponer para mi libertad de conciencia presentarme a las elecciones: «Total libertad. Mala señal si se presentan varias objeciones de conciencia: significa que, seguramente, debe modificarse la norma que las provoca».

Jacques Delors, en su informe sobre «Educación para el siglo XXI»[1] establece con precisión que para vivir juntos armoniosamente, para el aprendizaje de la convivencia, es preciso acostumbrarnos a la serenidad, a la escucha, a intentar comprender las razones de los demás... Respetar las opiniones de los otros no significa adherirse a ellas. Significa la aceptación del pluralismo, la diversidad que debe defenderse con argumentos, pero nunca debe imponerse. El dogmatismo, el fanatismo, el extremismo constituyen, como ya hemos comentado, una de las primeras cuestiones a esclarecer y a erradicar, a través de una educación que, a lo largo de toda la vida, nos permita ser nosotros mismos «con» todos los demás, dirigiendo nuestros actos según nuestras propias reflexiones y decisiones, sin actuar nunca al dictado de nadie. Actuar al dictado es la mayor vejación que puede sufrir un ciudadano en su autoestima, en su «ser él mismo», que en esto consiste la educación y conducta democrática.

A veces se hace referencia al clamor popular. Las ONG, las organizaciones cívicas de toda naturaleza, deben convertirse en los grandes catalizadores de los

---

1. Jacques Delors (Presidente de la Comisión de la UNESCO) sobre Educación para el siglo XXI en *L'éducation, un tresor caché*, 1997, Ed. UNESCO.

cambios radicales que debemos a nuestros hijos. Con frecuencia, las asociaciones civiles han realizado acciones humanitarias que, al suplir obligaciones del poder, han contribuido a consolidarlo. No quiero decir con esto que no deban hacer cuanto esté en su mano en favor de sus ideales y de la ayuda a los menesterosos. Lo que quiero decir es que ahora tienen que ser protagonistas de la irrupción pacífica de la gente en el escenario. Hasta hoy, en «los retratos de época», en los escenarios históricos, sólo se representa al poder. El pueblo, la gente, nunca estaba. Ha llegado el momento de hacer una pausa y ver de qué modo, con las posibilidades actuales, puede figurar progresivamente. Ha llegado la ocasión. Clamor popular. La gente, por fin, protagonista. La democracia, auténtica.

Mário Soares: En los regímenes democráticos suele ser así, por lo general, aunque, desgraciadamente, no siempre. En el ejemplo que ha citado, el gobierno de Aznar fue sustituido tras unas elecciones democráticas. Excelente. Pero sabe que no siempre ocurre así. Hay democracias, como la norteamericana, que se están transformando en oligarquías. El dinero manda. El poder económico paulatinamente está sobrepasando al poder político. A escala nacional, a escala europea y mundial. Y todavía no sabemos de qué medios podemos contar para que la globalización económica esté reglamentada por principios éticos. ¿Podremos dotar de fuerza a la ONU para que cumpla los Objetivos del Milenio y pueda sostener la paz?

Por otro lado, la teoría neoliberal de la laminación de los Estados para transferir a manos privadas todo lo que es rentable es, en sí misma, muy peligrosa. Porque debilita los Estados de Derecho, los priva de medios para consolidar las democracias y los sistemas sociales, que los Estados de Derecho presuponen...

Federico Mayor: Sí: creo que la situación actual, como usted indica, puede conducir a la clarificación de horizontes... Las dos últimas décadas del siglo XX representaron la aceptación por parte de Europa, con independencia de las ideologías de los gobiernos de los distintos países, de las pautas norteamericanas. Terminada la guerra fría, el mundo se encontró en 1989 con un liderazgo que rechazaba el multilateralismo y los valores de que Europa había sido principal adalid se sustituían por la «economía de la globalización». También los países socialistas europeos sucumbieron a los cantos de sirena del mercado y a las pautas políticas internacionales, o a la carencia de las mismas, originadas en la otra orilla del Atlántico.

Las débiles estructuras emergentes de la Unión Europea, que son en realidad las mismas de la Comunidad Económica Europea, con cierto maquillaje, adoptan actitudes de fuerza sin tener en cuenta a las Naciones Unidas y a su Consejo de Seguridad. La invasión de Kosovo, aún suponiendo que estuviera justificada, representó una desautorización lamentable de la ONU y creó un precedente que, como sucede siempre que se vulneran los grandes principios, ha tenido después repercusiones de gran calado. En marzo de 1999, la única institución internacional que condenó la invasión de Kosovo fue la UNESCO, por entender que se abría la caja de Pandora y que, a todos los errores que ya se habían cometido en los Balcanes, se añadía ahora otro que podría justificar acciones parecidas en el Cáucaso o en la China insular por parte de la China continental...

Mário Soares: Pues yo, modestamente, tampoco me callé. Escribí un artículo, en un diario de Lisboa, titulado «Un precedente peligroso», a propósito de la invasión de Kosovo. Entendí entonces que utilizar la OTAN en Kosovo, marginando a la ONU, fueron dos errores fatales. Transformar la OTAN, una organización defensiva occidental, creada en los tiempos de la guerra fría, en una organización impositiva de fuerza, en una región sensible de Europa, supuso un precedente inaceptable que colocó en un lugar pésimo a Occidente. Desde mi punto de vista, claro...

Federico Mayor: Que nadie se engañe: cuando se abre una hendidura en el pilar de la democracia, ya sea local, regional o mundial, las consecuencias pueden ser gravísimas, pues en lo sucesivo se carece de la fuerza moral necesaria para evitar o reprimir acciones parecidas en otras partes del mundo.

La Europa-faro no puede seguir servilmente a ninguna otra potencia, sino que debe reconocerse en relaciones fraternales con todas. No será la Europa del músculo sino la Europa de la cabeza, de la sabiduría, de la creatividad, de las patentes, de los valores, la que podrá contribuir a iluminar los caminos del mañana. Por razones estrictamente económicas, de competitividad comercial, en la cumbre de la Unión Europea, celebrada en Lisboa en el otoño del año 2000, se decidió que debían tomarse las medidas oportunas para convertirse, en diez años, en el «líder de la economía basada en el conocimiento». Un año más tarde, en la reunión de Barcelona, se concluye que, en este mismo período, deberá alcanzarse una inversión en I+D+I (investigación, desarrollo e innovación) equivalente al 3% del Producto Interno, porcentaje que es el que dedican ya para conseguir el mencionado objetivo los dos países más avanzados en ese campo, Estados Unidos de Norteamérica y Japón.

En diciembre del año 2002, al término de la presidencia semestral que correspondía a Dinamarca, el Ministro danés de Investigación y Ciencia me propuso que presidiera un grupo de expertos para establecer de qué forma podría fomentarse en la Unión Europea la investigación científica básica y la aplicación del conocimiento (patentes, licencias) para que Europa no siguiera rezagada. El 15 de diciembre del año 2003 presenté el informe solicitado[1], que contiene, en resumen, las siguientes propuestas: creación de un fondo europeo para el fomento de la investigación científica básica, en todas las disciplinas; mayor capacidad de retención de los jóvenes talentos europeos, ofreciéndoles oportunidades similares a las de Estados Unidos, lo que implica una modificación sustancial de los tradicionales mecanismos de acceso al profesorado académico e investigador en las universidades y centros europeos; una mejor relación con las empresas, no sólo para promover el aporte de nuevos conocimientos sino la mejor utilización de los mismos; procedimientos flexibles para la decisión sobre prioridades por un organismo autónomo –Consejo Europeo de Investigación– que gestionaría el fondo con total independencia y con rigurosos pero flexibles sistemas contables. Todo parece indicar que en el séptimo Programa Marco de la Unión Europea, que se iniciará el primero de enero del año 2007, se pondrá en marcha el mencionado fondo, ingrediente indispensable de la Europa-faro.

---

1. «European Research Council», para la «Economía basada en el Conocimiento», diciembre de 2003, Unión Europea.

Otras amenazas, pues, pesan sobre el mundo y los países europeos deben jugar un papel particularmente relevante. Frente a éstas, es esencial, como ya hemos comentado ambos en diversas ocasiones, proteger la diversidad cultural, la identidad de personas y de pueblos que deben vivir integrados pero nunca asimilados. Imperceptiblemente, nos estamos transformando en espectadores pasivos, y el gran poder mediático va uniformizando nuestros hábitos, costumbres, actitudes. Cada ser humano es el mayor monumento cultural que debemos proteger. Cada ser humano es único, un misterio capaz de imaginar, de innovar, de rebelarse, de asentir, de elevarse, de sumergirse. Es, por todo lo que antecede, imprescindible respetar y fomentar las culturas de cada pueblo, la identidad cultural individual y colectiva. La «Europa de una nueva mirada» capaz de distinguir y conservar la diversidad, nuestra riqueza, unida por principios que aseguran nuestra igualdad ante un destino común.

Mário Soares: Veremos si sucede así. Ojala que sí. El problema, como siempre, en la Unión Europea, resulta de las contradicciones políticas vividas por cada país miembro, que difícilmente se ajustan entre sí, y de una cierta ausencia de rumbo estratégico a seguir, sobre todo tras la no ratificación del proyecto constitucional por Francia, que vive una crisis político-institucional aguda, y Holanda. La digestión de la ampliación de la Unión a 25 países miembros tampoco está resultando fácil. Y otros más llaman a la puerta... Pese a todo, tengo esperanzas de que se encuentre, en tiempo útil, la buena dirección. El proyecto político europeo es de tal modo importante, para la propia Europa y para el mundo, que es impensable aceptar que pueda llegar a desagregarse.

Capítulo X

Países emergentes

Federico Mayor: Hay cuatro países que por su magnitud, su historia, su población, su potencial futuro, ocupan un primer lugar: Brasil, Rusia, India, China (BRIC).

Hablemos primero de China. Es cierto que no puede pretenderse que, de la noche a la mañana, el «Gran dragón» se convierta en interlocutor dotado de las características propias de la civilización «europea» que, en medio de grandes diferencias y hasta de contradicciones, retiene algunos valores fundamentales como trazos de su semblante. Todo esto es cierto. Y es prudente. Lo que es insensato además de injusto es que la avidez que sienten los países industrializados por el mercado chino sea tal que ignoren las condiciones, en tantos órdenes, en que vive la mayor parte de los 1.300 millones de habitantes de ese país.

«Cuando China despierte, todo el mundo temblará», advirtió Napoleón Bonaparte. Para que este «despertar» sea beneficioso para todos, es necesario, debo subrayarlo de nuevo, que todos los países, y en primer lugar los que deben asumir mayores responsabilidades en estas circunstancias históricas, empezando por la Unión Europea, supediten el mercado a los valores universales, los intereses de unos cuantos a los de la humanidad. Parece imposible, pero no lo es: China puede tener una evolución que paulatinamente haga transparente lo que hoy es opaco, que China sea compañero de viaje dialogante, comprometido, con la sonrisa proverbial... aunque menos enigmática que en la actualidad.

Mário Soares: Ya lo he dicho antes, pero quiero repetirlo: China ha experimentado un crecimiento asombroso en los últimos años. Es una potencia mundial de primer orden que está invirtiendo y «exportando» chinos por todos los continentes. Dentro de diez años, creo, será un gran problema mundial. Pero Europa y Estados Unidos sólo atienden al corto plazo, se limitan a los negocios más o menos inmediatos, sin querer ver las consecuencias de estas políticas. Que podrán llegar a ser una tragedia. El interior de China, todos los comentaristas avisados lo dicen, está en ebullición. Imparable. Pero esa situación que, si fuese pacífica, podría ser un rayo de esperanza, porque significaría que China acabaría libertándose del régimen comunista totalitario, no es muy probable. No es imposible que suceda así, claro, pero, dadas las tremendas contradicciones internas, repito, no es muy probable. El capitalismo especulativo más agresivo coexiste en China con una *nomenklatura* político-económica bien estructurada en términos políticos, y con un régimen totalitario, comunista, puro y duro, aunque de una considerable maleabilidad táctica. China es una potencia político-militar de primer orden, con la mayor población del planeta, de la cual el 80% vive como si perteneciera al Tercer Mundo.

Dueña de una considerable cantidad de Títulos del Tesoro norteamericanos, con una población «invasora», por decirlo en términos risueños y pacíficos, en los cinco continentes, disciplinada, abnegada, trabajadora y siempre ligada al «Imperio del Medio», la República Popular de China sigue siendo la mayor incógnita para el mundo en los próximos diez años.

América del Norte y la Unión Europea tienen plena conciencia de que es así, como Japón, la India, Indonesia y, naturalmente, Formosa, o sea Taiwán. Pero los negocios boyantes de hoy están por encima de cualquier otra consideración. Pese a sus riquezas, China parece que no tiene petróleo ni gas natural. Hu Jitao, Presidente de la República y Wen Jiabao, Primer Ministro, dominan el partido, el Estado y las cuestiones militares. Al frente del «bureau» político, han procurado luchar contra la corrupción y las gravísimas desigualdades sociales, males endémicos que acechan a la *nomenklatura* y al pueblo chino[1]. La emergencia de una sociedad civil y de una eventual liberalización política son muy problemáticas a corto plazo. Además Hu Jitao dijo que «la democracia de modelo occidental sería un impasse para China».

La turbulencia del sector agrícola, que fue un factor de inquietud durante el año 2003, ha ido mejorando en la medida que el Gobierno ha permitido el pase, gradual y lento, de las propiedades del Estado a manos privadas. Las relaciones entre la China continental y Taiwán también han mejorado tras las visitas de los líderes de los dos partidos de la oposición de Taiwán a Pekín...

Federico Mayor: Una de las consecuencias más graves de la globalización neoconservadora es que ha restado perspectiva a la mayor parte de las cuestiones, favoreciendo en cambio los rendimientos económicos, los resultados, los éxitos a corto plazo. Todos se afanan en

---

[1]. Ver: IFRI. *Ramsès*. 2006, págs. 185 y siguientes.

procurar que China forme parte de su mercado, que compre, que invierta... Pero China tiene derecho a despertar de su largo letargo e incorporarse a una comunidad de naciones que, quiérase o no, comparten el mismo destino. Y, sobre todo, los ciudadanos de China tienen derecho a que, por fin, se amplíen los reducidísimos espacios en los que hasta ahora nacían, vivían y desaparecían. «Todos los seres humanos son libres e iguales en dignidad.» Por ello, no podemos dejarnos impresionar por las cifras de los beneficios y recompensas inmediatas. Juntos debemos estudiar los escenarios de futuro, teniendo en cuenta, por ejemplo, que hoy en China se gradúan 600.000 ingenieros cada año. O que la India se está convirtiendo en el mejor semillero de informáticos y matemáticos de todo el mundo.

La India, por cierto, constituye, a mi modo de ver, uno de los grandes puntos de referencia cuyo brillo se halla injustamente atenuado. Olvidamos la existencia de más de 1.100 millones de personas que viven en una democracia que les permite superar sigilosamente, sin estruendo, grandes retos procedentes de su heterogeneidad, de un lado, y de supuestos ancestrales, muy compartimentados, por otra. Cuando hace unos 10 años vi llegar a la presidencia de la India a un «intocable», el Presidente K. R. Narayanan, personaje de exquisita sensibilidad y de gran preparación, a quien conocí siendo él Ministro de Agricultura, pensé que, poco a poco, habían conseguido dar un paso de gigante en la evolución de este gran país. El Primer Ministro, Indar Kumar Gujral, ha sido uno de los gobernantes mejor preparados de las últimas décadas del siglo XX.

Mário Soares: Lo conozco bien. Pertenecemos, desde el final de los años 90, a una comisión creada por Kofi Annan para la observación de Argelia antes de que Bouteflika fuera presidente. Es, efectivamente, una persona excepcional.

Federico Mayor: La India ha disminuido su demografía en los últimos 15 años. Como en China, se ha logrado reducir la natalidad, pero usando modos y maneras muy distintas. En China ha sido el resultado de métodos coercitivos, mediante instrucciones emanadas de un poder absoluto, que imponía a los ciudadanos un número máximo de hijos. En la India, en cambio, la disminución de la demografía es el resultado de la adopción de medidas adecuadas, relacionadas especialmente con la educación. Nunca olvidaré, cuando, con aquel gigante de la cooperación y del sentido internacional que era Jim Grant, administrador de UNICEF, decidimos concentrar buena parte de nuestras actividades educativas en los 9 países más poblados de la Tierra[1], porque de ello dependía, en buena medida, el éxito o el fracaso de nuestra iniciativa «Educación para todos a lo largo de toda la vida». Tampoco olvidaré mi entrevista con el Primer Ministro de la India, Narashima Rao: me recibió en su despacho del Congreso en Nueva Delhi, y mientras le hablaba de la necesidad de que se contuviera el crecimiento demográfico a través de la educación y de que fuera la población educada la que tomara en sus manos el destino de su gran país, el Primer Ministro se levantó, se dirigió hacia un gran mapa de la India y señalando la provincia

---

1. Los E-9: China, India, Indonesia, Pakistán, Bangladesh, Egipto, Nigeria, Brasil y México.

de Kerala me dijo: «Cuente conmigo. Seremos los primeros en fomentar la educación para todos. La educación es la solución para la India y para el mundo entero». Con personajes de la talla de Anil Bodria, Director General de Recursos Humanos, dedicado después exclusivamente al fomento de la educación, recorriendo casa por casa para estudiar con cada familia la mejor manera de garantizar el acceso al sistema educativo, la India dio un paso gigantesco hacia delante.

A medida que aumenta el acceso a la educación disminuye, de manera inversamente proporcional, el crecimiento demográfico. Sería una extraordinaria adversidad, a escala planetaria, que un país como la India que ha caminado hasta ahora por senderos de mayorías democráticas y de progresivo reconocimiento de la igual dignidad del prójimo, cayera en la tentación de abandonar normas tan importantes para la humanidad en su conjunto, que se alejara del ejemplo inigualable de Gandhi. He tenido ocasión de conocer el desarrollo científico y tecnológico en ese país y pienso que todos, en particular los países más avanzados del mundo, deberían contribuir a que la India se afiance como una de las vigas maestras de la nueva democracia que pretendemos edificar.

En una de mis visitas a Indira Gandhi, que tan fielmente representaba a su país, cuando le comuniqué –era 1977– que iba a presidir una reunión en Madrás sobre investigación científica y necesidades básicas, me contestó: «Vuelva a verme después de la reunión, con dos o tres soluciones para nuestros problemas. Procuren descubrir formas de hacer frente a los grandes desafíos que hoy enfrentamos. No hagan, como es tan frecuente en la comunidad científica, grandes esfuerzos para identificar nuevos retos. Ya tengo bastantes». La acompañé mientras se mezclaba con su pueblo alrededor de su residencia, mujeres y hombres entregándole, con una sonrisa, sus peticiones manuscritas. Ella los trasladaba a sus asistentes, dando la impresión –yo pienso que era realidad– de que alguien los leería y ella procuraría atenderlos. Un día, como el Mahatma Gandhi, como su hijo Rajiv, fue asesinada. Pero la magia de su nombre quedará unida para siempre a los destinos de la India.

Y un dato más: la India, según comunicaba la prensa, concretamente *El País* del 23 de junio pasado, se ha convertido en uno de los países del mundo con mayor acceso a la electrónica y a todas las tecnologías relacionadas con la información y la comunicación. Y en el uso de ordenadores para la educación, es un país pionero.

Mário Soares: Pues sí, la India es otro de los países emergentes que ha llevado a cabo grandes progresos en materia tecnológica e informática. En lo que se refiere a la situación demográfica, es el segundo país más populoso del mundo, después de China, su gran rival, pero desde 2004, con una considerable mejoría en sus relaciones bilaterales con China, tanto en el ámbito político como en el económico.

La vieja rivalidad con Pakistán, complicada con el problema de Cachemira, también ha sido atemperada. Heredera de una grande y antiquísima civilización, la India, que los portugueses fueron los primeros europeos en conocer en profundidad, a partir de finales del siglo XV, es desde su independencia en 1947, un país democrático, debido en parte a la herencia británica, aunque no haya sido capaz de liberarse del régimen de las castas. Sin embargo, y como usted destaca, ese régimen viene suavizándose. Pero sigue existiendo y es grave en lo que se refiere a Derechos Humanos.

Durante la guerra fría, la India, gobernada largo tiempo por el Partido del Congreso, primero con Nehru y después con la señora Gandhi, estuvo siempre próxima de la ex URSS, aunque perteneciera al grupo de los países llamados no alineados.

No sé si sabe que después de la Revolución de los Claveles, como Ministro de Asuntos Exteriores, me tocó restablecer las relaciones diplomáticas de Portugal con la India, que hoy son excelentes. Quizá recuerde que Salazar nunca quiso negociar el estatuto de las posesiones portuguesas en la India, Goa, Damão y Diu, a las que llamaba pomposamente el «Estado portugués de la India». Esa intransigencia, que se repetiría con las colonias portuguesas en África, los llamados «territorios ultramarinos», constituyó un error fatal. En aquellos momentos los independentistas indios sólo reclamaban un estatuto de autonomía con Portugal y la misma relación con el estado de la India, independiente desde 1947. De ahí la invasión de Goa, que casi no tuvo resistencia, en 1961[1]. Antonio Sérgio, uno de los más notables pensadores portugueses del siglo pasado, que además había nacido en Damão, donde su padre ejercía un cargo oficial, cuando la monarquía, escribió un famoso texto, que la censura de la época prohibió, criticando la ceguera y la testarudez de Salazar con la India, que afortunadamente el Portugal democrático no repitió

---

1. Estuve preso, en Portugal, a la vez que el jefe del movimiento independentista de Goa, el doctor Tristão Bragança da Cunha y varios de sus amigos, gente muy inteligente y moderada.

con la China, cuatro décadas después, en el caso de Macao[1].

Pero sigamos con la India. Teniendo como tienen la bomba atómica, igual que Pakistán, su rival y hermano, la India es hoy uno de los más poderosos entre los llamados «países emergentes», candidato, y con justicia, a miembro permanente del Consejo de Seguridad de la ONU. Sus relaciones con los Estados Unidos han mejorado y se han intensificado en los últimos años, como la visita reciente del Presidente George W. Bush a Nueva Delhi, en marzo de 2006, hizo patente.

La India es un país pionero de enorme influencia en el Sudeste Asiático. Tiene problemas internos complejos de región a región, está unida por la lengua inglesa, por su estructura política y por la excelente red ferroviaria que dejaron los ingleses. Tras las elecciones de mayo de 2004, Sonia Gandhi, viuda del hijo de Indira Gandhi, Rajiv Gandhi y dirigente del Partido del Congreso, formó la coalición de izquierda moderada que hoy gobierna el país. El Primer Ministro, Manmohan Singh, es un excelente economista. El Partido principal de la oposición es el Partido del Pueblo Indio. La gran apuesta de la coalición en el poder consiste en combinar las reformas económicas necesarias en un mundo globalizado, con los imperativos sociales y con la enorme transformación, anunciada, del mundo rural.

Federico Mayor: Nunca olvidaré cuando, hace muchos años, en un vuelo desde Frankfurt a Tokio, la

---

[1]. El territorio de Macao fue transferido, pacíficamente, de Portugal a China, como un «territorio especial» chino, a finales de 1999, dos años después de Hong Kong.

azafata nos informó, en el momento en que abandonábamos el espacio continental ruso, que lo habíamos sobrevolado nada más y nada menos que durante ocho horas. ¿Cómo se entiende que un mundo de esta vastedad y complejidad, con 59 estados asociados, repúblicas, etcétera, sea evaluado, con excesiva frecuencia, únicamente en virtud de su poder económico? Aparte de su capacidad militar y nuclear, de su tecnología espacial, ¿puede la sombra del régimen soviético, por más densa que sea, ocultar la formidable capacidad artística y creativa de este pueblo, la cuantía de bienes naturales conocidos y, sobre todo, la de los todavía inexplorados? ¿Cómo entender que cuando Mikhail Gorbachev logró, con casi la única ayuda de los medios de comunicación, que aquel inmenso espacio de silencio y opresión de la Unión Soviética se desmoronara, sin una sola gota de sangre, fuera recibido con tanta frialdad por los norteamericanos y europeos? No encuentro respuestas para estas cuestiones.

En la reunión de Reykiavik, en Islandia, entre Gorbachev y Reagan, en 1988, se decidió, con la reducción de los efectivos nucleares por ambas partes, iniciar una nueva etapa en el curso de la guerra fría. Empecé a escribir en aquel momento un libro titulado *La nueva página*, porque pensé que los dos grandes líderes del mundo de entonces habían acordado que todo puede resolverse, por fin, sin necesidad de usar las armas. Allí decidieron dar un frenazo considerable en la producción de armas de destrucción masiva, lo que implicaba un cambio muy sensible en la actitud de la Unión Soviética. Tanto es así que, en noviembre de 1989, tuvo lugar el desmoronamiento del muro de Berlín. Más tarde, cuando se celebró una gran reunión para la firma de la Carta de París[1], la decepción de Gorbachev fue inmensa. La respuesta de Norteamérica y de Europa se expresaba en severos términos de competitividad industrial y de economía de mercado. Lo que parecía imposible estaba ocurriendo, el inmenso Imperio soviético, que abarcaba casi el 60% de la superficie del planeta, iniciaba, no por la fuerza de las armas, sino por las de la imaginación, el camino de la independencia, de la libertad y de la democracia... De nuevo, la Unión Europea hubiera podido desempeñar un papel relevante en favor de la plena articulación de la Federación Rusa con todos sus vecinos y con la humanidad en su conjunto... Hoy Rusia se ha convertido en el primer suministrador de petróleo y gas (por encima de Arabia Saudita) y está entrando decididamente en el espacio financiero...

Mário Soares: La transformación política de la URSS en la Confederación Rusa, sin derramamiento de sangre, es un hecho extraordinario de la historia de la Humanidad. Por eso la figura de Mikhail Gorbachev compite, en importancia, con la de Gandhi, Nelson Mandela o, más discretamente, con la de Deng Xiao-Ping, el verdadero impulsor de la China moderna.

Pese a todo, los países emergentes son, en muchos aspectos, imprevisibles en su evolución. Y no veo que Estados Unidos y la Unión Europea tengan una visión estratégica común para ayudarlos a medio plazo tanto políticamente como en asuntos sociales y de medio ambiente, como me parece indispensable.

Obviamente estos países, Brasil, Rusia, la India y China (BRIC), a los que llamamos emergentes, tienen

---

1. Carta de París, mayo de 1993.

problemáticas muy diferentes, que debemos examinar caso a caso. ¿Cómo podrán integrarse, dentro de 10 años, en el nuevo orden internacional de paz que procuramos establecer, con la reforma de las Naciones Unidas y un esbozo de gobernación mundial?

Comencemos valorando francamente los regímenes en vigor en los cuatro países emergentes: China no puede ser considerada, obviamente, una democracia. No reconoce la universalidad de los Derechos Humanos ni el concepto de democracia. No acepta el pluralismo partidista ni el informativo y está gobernada por una *nomenklatura* que se permite gozar de una situación completamente distinta a la del resto del país. La India es una democracia formal y en progreso, a la que las desigualdades económicas terribles y el peso del régimen de castas, aunque cada vez con menos fuerza, le hacen perder valor. Rusia es una democracia articulada que nadie puede predecir si camina hacia una democracia normalizada o hacia una regresión autoritaria. Brasil es un país continente, líder de Iberoamérica, con gran futuro[1], y con una democracia que funciona aunque se ha visto disminuida por casos gravísimos de corrupción.

Ahora bien, la cuestión que estas situaciones diferentes plantean a los Estados Unidos, a la Unión Europea y a Japón es la de saber cómo convivir (y si es posible influir) con estos cuatro casos tan distintos. Es obvio que no puede existir una estrategia conjunta para casos tan diferentes entre sí. En todo caso tienen en común el hecho de haber estado en la actualidad de nuestros días y permanecer e influir en ella decisiva-

---

1. *Brasil, país do futuro* es el título del célebre libro de Stefan Zweig, publicado en 1945, pero aún hoy de gran actualidad.

mente, lo que es uno de los signos más consistentes de que estamos entrando en una nueva época. En un nuevo orden político mundial, dadas las recomposiciones que se están produciendo ante nuestros ojos...

Es más grave, me parece, que haya motivo para pensar con alguna legitimidad que el comportamiento de los tres polos más desarrollados del mundo, Estados Unidos, la Unión Europea y Japón, sea de enfrentar la situación creada por los países emergentes desde la perspectiva unilateral de sus intereses económicos inmediatos. No los veo ponderar a medio y a más largo plazo el futuro de sus relaciones, porque eso implicaría de algún modo introducir reformas estructurales en sus propios modelos políticos, sociales, económicos y, desde ese punto de vista, quizá también culturales, lo que, estando, como están, centrados en lo inmediato, se niegan por el momento a admitir.

Usted habló de Rusia y elogió a Mikhail Gorbachev. Comparto sus puntos de vista. Rusia no puede considerarse un país emergente, ya que durante la guerra fría fue una de las dos superpotencias y uno de los grandes vencedores de la Segunda Guerra Mundial.

Con todo, el año 2005 marcó el 20.º aniversario de la *Perestroika* y de la *Glasnost*, palabras lanzadas por Gorbachev para asegurar la transición de la URSS hacia una Rusia moderna, democrática, desarrollada y descentralizada. Gorbachev, héroe en occidente, nunca fue comprendido en Rusia. Tal vez tengan que pasar 20 años más para que eso suceda.

Asistí, con apasionada atención, a la transición democrática rusa. Establecí relaciones de amistad con Gorbachev, al que visité en el auge de su poder, cuando era secretario general del PCUS (Partido Comunista Soviético), y Sakharov todavía no tenía estatuto de ciudadanía. Sakharov fue autorizado a entrevistarse conmigo en la embajada portuguesa, rodeado de un aparato policial impresionante y ostensivo. Luego estuve varias veces con Gorbachev en plena transición, y más tarde, en tiempos de Yeltsin, o ahora, en la era de Putin. Ambos formamos parte de diferentes clubes de reflexión política[1].

Hoy algunos comentaristas se preguntan, con alguna razón, si no estaremos asistiendo, con Putin, a una contra-perestroika[2]. No creo que una regresión así sea posible. Existe una opinión pública fuerte e ilustrada en Rusia, que no lo permitirá. Pero tenemos que reconocer que Rusia, después de Gorbachev y en el tiempo de Yeltsin, fue muy humillada por Occidente, con el auxilio que prestaron las grandes mafias rusas. Rusia es una gran potencia. Es miembro permanente del Consejo de Seguridad, con derecho a veto. Es, además, entre los países emergentes, si nos empeñamos en llamarlo así, el único que tiene petróleo y gas natural para dar y para vender, aparte de otros muchos minerales. Por estas razones, es comprensible que Putin haya querido asegurarle a Rusia el papel de gran potencia, que a todo título merece, y restituirle a la población rusa el orgullo perdido. Lo que puede explicar, en parte, el juego cuando la «Revolución Naranja» en Ucrania...

Y por fin, hablemos de Brasil, ese país maravilloso, con una creatividad extraordinaria y las puertas del futuro abiertas de par en par. Dicen los brasileños, con

---

1. Tales como: World Political Forum; Green Cross International; Club de Madrid; Mont Blanc Forum; The Peres Center For Peace.
2. Ver libro del IFRI (Instituto Francés de Relaciones Internacionales), *Ramsès*, 2006, págs. 76-94.

el sentido de auto-humor y el optimismo que los caracteriza que Brasil está siempre a la vera del abismo, pero como es enorme, no cabe...

Para Portugal, Brasil es un país hermano, sentimiento muy compartido por los dos pueblos, independientemente de tener o no regímenes políticos coincidentes, como es el caso ahora mismo. Miembro fundador de la Comunidad de Países de Lengua Portuguesa, la CPLP, Brasil tiene una democracia con pruebas dadas y atraviesa una fase de indiscutible expansión económica. Con la dimensión de un continente, es uno de los países de mayor dimensión territorial del mundo, y posee fuentes de riquezas[1] en todos los dominios: tiene una red hidrográfica excepcional, con uno de los mayores ríos del mundo, el Amazonas, que corre entre una selva inmensa, que está considerada uno de los pulmones de la Tierra. Tiene petróleo, bosques, una biodiversidad única, tanto en el plano animal como vegetal y, en el plano político administrativo, pese a ser una República Federal, posee una unidad política, lingüista y cultural muy fuerte. Pero es un estado dual: junto a élites artísticas, científicas y culturales de excepción, técnicas, financieras y enormes fortunas, se dan grandes espacios de auténtica miseria.

La transición hacia la democracia fue accidentada, con algunos sucesos dramáticos, como el inesperado fallecimiento del primer presidente electo tras la dictadura militar, Tancredo Neves y el *impeachment* del Presidente Collor de Melo, acusado de corrupción, aunque después la situación se estabilizara con los presidentes José Sarney –que es también un escritor de

---

1. Brasil también tiene petróleo para consumo interno y hay razones sólidas para pensar que tendrá mucho más.

gran talento–, Itamar Franco y Fernando Henrique Cardoso. El sistema partidista brasileño es frágil y sin gran tradición.

El actual Presidente, Luis Inácio Lula da Silva, fue elegido por 53 millones de brasileños, una verdadera consagración para un modesto sindicalista y jefe del Partido de los Trabajadores, que está considerado el más a la izquierda del abanico político brasileño. Su elección despertó un gran entusiasmo en la izquierda mundial, en tiempos de globalización y del neoliberalismo triunfante.

En política externa, la actuación de Lula, y de sus Gobiernos, ha sido recibida con entusiasmo, tanto en Iberoamérica como entre los países emergentes, asociados en Cancún, e incluso en la Unión Europea. Sin embargo, en el aspecto interior, su gestión, con razón o sin ella, parece haber favorecido la corrupción. Antes hicimos referencia al *mensalao* y quizá convendría aclarar que este célebre caso de corrupción, los *mensalões*, eran mensualidades que se entregaban a diputados y senadores a cambio de sus votos en asuntos claves.

Es cierto que está aproximándose el final de su primer mandato y que los ataques que recibe tratan de impedir que vuelva a ser candidato, porque Lula conserva una enorme popularidad entre las clases más pobres de Brasil. Por eso tiene muchas condiciones para ser reelegido, me parece. Y el principal problema que se pondrá sobre la mesa, en caso de que se concrete esta posibilidad favorable, es qué hará en un segundo mandato. Esperemos que sea mejor que el primero, dada la dura experiencia adquirida...

Capítulo XI

El Mediterráneo

Federico Mayor: El Mediterráneo es extraordinariamente importante. A su alrededor, hay grandes países en territorios relativamente pequeños. Quiero decir con esto que la importancia no se mide en kilómetros cuadrados sino por el papel que se ha jugado en la historia y, en particular, por el que se puede desempeñar en el futuro en virtud de las cualidades que les han distinguido. Recuerdo que, siendo Director General de la UNESCO, cuando algunos embajadores me decían, humildemente, que representaban a países muy «pequeños», les contaba una anécdota magnífica de John Fitzgerald Kennedy. Al poco tiempo de su nombramiento, convocó en la Casa Blanca a todos los premios Nobel de los Estados Unidos. Y en el brindis dijo: «Señoras y señores: seguramente nunca ha habido en este comedor de la Casa Blanca tanto talento por metro cuadrado como esta noche»... y, haciendo una pausa para que resonara bien en sus oídos el halago que les acababa de hacer, añadió: «excepto, seguramente, cuando Thomas Jefferson cenaba solo». Sí: «pequeños países», o países periféricos geográficamente, pueden ser los que confieren importancia y relieve a un gran conjunto.

Mário Soares: Absolutamente de acuerdo. Portugal, con su historia, es un ejemplo de eso... Tenía poco más de un millón de habitantes en la primera mitad del siglo XVI cuando los portugueses llegaron a China y a Japón, crearon un imperio con base en la costa occidental india y en la costa oriental de África y construyeron fortalezas a la entrada del mar Rojo, con Afonso de Alburquerque. Por no hablar del descubrimiento y conquista de Brasil y del hecho de que fuera un portugués, Fernando de Magallanes, que hizo la primera navegación alrededor de la Tierra, descubriendo en el extremo sur de Chile el paso entre el Atlántico y el Pacífico... que navegó hasta Filipinas donde fue muerto...

Federico Mayor: *¡Mare Nostrum!* Nací en Barcelona, mirando al Mediterráneo. Luego, crecí reflexionando sobre el Mediterráneo. Tiene usted toda la razón: muchos de los desafíos presentes se solucionarían si Europa estableciera como uno de sus objetivos más apremiantes construir o restablecer puentes entre el norte y el sur del «Mare Nostrum» que hoy, para los que miran desde el sur, es en realidad un «Mare Vostrum». Porque la parte norte, «europea», no tiende la mano como debería hacerlo hacia el sur.

Cuando hablamos de Marruecos o de Mauritania –que significa «tierra de moros»– tenemos que pensar que los «moros» permanecieron en la península Ibérica durante casi ocho siglos y que, por tanto, «ellos» son en buena medida «nosotros», y viceversa. Su influencia biológica y cultural es incontestable. Durante siglos, convivieron cristianos, judíos y mahometanos. Averroes, Maimónides, la Escuela de Traductores de Toledo, las juderías... son ejemplos que hoy debemos contemplar como solución. Sin subestimar a ninguna cultura americana, africana, asiática, de Oceanía... alrededor del Mediterráneo florecieron culturas egipcias, griegas, helénicas, romanas, cartaginesas, ibéricas, árabes... Tenemos ahora que unirnos por lazos hídricos, que son más fuertes que los terrenos. La palabra Mediterráneo significa «media-terránea», es decir, lo que está entre dos tierras... y el mar que media entre las dos riberas las ha separado en vez de unirlas. Ahora tenemos que hacer lo contrario: conseguir que el Mediterráneo sea un lugar de encuentro, un foro permanente, un diálogo constante entre los pueblos y las culturas de todo su contorno.

Mário Soares: La mejor introducción al Mediterráneo es el libro clásico de Fernand Braudel, gran historiador de los *Annales*, la revista de Marc Block y Lucien Febvre, titulado *El Mediterráneo y el mundo mediterráneo en la época de Felipe II*. El Mediterráneo, que llegó a ser el centro de la llamada civilización occidental, perdió tras la Segunda Guerra Mundial mucha de su importancia. Esa centralidad pasó al Atlántico, dada la hegemonía de Norteamérica y de Canadá en la posguerra, como ahora está, por ventura, pasando hacia el Pacífico...

Se trata de una zona del mundo de extrema complejidad, donde nacieron, y se enfrentaron y enfrentan, las tres grandes religiones monoteístas: el judaísmo, el cristianismo y el islamismo. A lo largo de los siglos hubo siempre una gran diferencia de civilización entre el norte, más desarrollado y rico, y el sur, menos desarrollado y frecuentemente colonizado por el norte; y entre el Mediterráneo Occidental (compuesto, al norte, por la península Ibérica e Italia; y al sur, por los países del Magreb) y el Mediterráneo Oriental (al norte por la península griega y Turquía; al este, por Siria y el Líbano; y al sur Israel y Egipto). En esta zona del

Mediterráneo Oriental, más hacia el este, se sitúa el llamado Oriente Próximo que, desde que acabó la Segunda Guerra mundial y tras la creación del Estado de Israel en 1948, se convirtió en un verdadero barril de pólvora. No sólo debido a los sucesivos conflictos entre israelíes y palestinos, sino también porque es una zona rica en petróleo. Los principales países productores de petróleo se sitúan en Arabia Saudita, en Kuwait, en Irak y en Irán. Sin embargo, Irán, tal como Turquía, son países musulmanes, pero no se consideran países árabes, dada la antiquísima civilización de que descienden.

No es fácil, hoy, predecir el futuro de esta región del planeta, el Mediterráneo, dados los conflictos y las contradicciones con que se confronta: exacerbación de los fanatismos religiosos, lucha por el petróleo, tan importante para el resto del mundo, pobreza de las poblaciones, en violento contraste con la riqueza de los monarcas, de los emires y de los dictadores de la región. A esto hay que añadir las intervenciones exteriores procedentes tanto de Occidente (América y Europa) como del Este (Rusia, China y la India), para quienes la riqueza del petróleo les azuza el apetito.

En este marco falta mencionar el caso de Egipto, heredero de una antiquísima civilización y, demográficamente, uno de los países mayores del Oriente Próximo. Dirigido, después de Nasser y de Sadat, por un general con mano de hierro, Mubarak, moderado y sagaz, Egipto, miembro de la liga árabe y país musulmán, representa un caso *sui generis* en el mundo islámico.

La guerra de Irak y la situación tan inestable que produjo creó un embrollo extremadamente complejo, que obliga a los norteamericanos a mantener una presencia (indeseada) en la zona sin fin a la vista.

Federico Mayor: Las cumbres Euro-mediterráneas, celebradas en Barcelona en 1995 y 2005, con la participación de Portugal, han intentado, con poca capacidad de acción de la Unión Europea y discreto entusiasmo de muchos de sus miembros, todo hay que decirlo, sentar las bases de una cooperación que es absolutamente imprescindible para zanjar, en términos humanos y democráticos, los grandes desafíos que representan los flujos emigratorios y las asimetrías sociales y económicas entre la ribera norte y la ribera sur. He tenido ocasión de conocer muy directamente Marruecos, Libia, Túnez, Argelia, Egipto... y siempre me he ido con la impresión de que los comerciantes pueden contribuir al éxito de la voluntad política pero no sustituirla. Hay que reconocer que, salvo excepciones, hemos incumplido las promesas de ayuda y hemos impuesto unas condiciones tales para los préstamos e inversiones que, en pocos años, se ha producido la paradoja –y la vergüenza– de que fueran los países sureños, cada vez más pobres, quienes financiaran a los norteños, cada vez más ricos. Nosotros no fuimos hacia ellos, como aseguramos tantas veces... ellos se han visto obligados, incluso con riesgo de sus vidas, a venir hacia nosotros.

Por eso, con la iniciativa de la Alianza de Civilizaciones, se pretende acompañar los discursos con la acción, poner de manifiesto que existe una auténtica voluntad de resolver los problemas, tan acuciantes, que se han acumulado, por ineficacia resolutiva, a lo largo de tantos años. Una vez más, hay una palabra clave: compartir. Y debe ser una política europea, consciente de que estos países forman parte importante de nuestro futuro. ¿Podríamos mirar, de una vez por todas, a los ojos de esos magrebíes desesperanzados que alcanzan nuestras costas (las de Europa, no las de la península Ibérica) en las patéticas embarcaciones rudimentarias, poniendo en riesgo sus vidas? Hay que devolverles lo que ya les sustrajimos: la esperanza. La amistad. Porque, sobre todo en nuestro caso, después de tantos siglos de vivir juntos, nosotros somos ellos y ellos son, en muy buena medida, nosotros mismos.

Mário Soares: Las Cumbres de Barcelona fueron muy interesantes, conceptualmente, en cuanto a los asuntos tratados, pero avanzaron poco en medidas concretas para estimular lazos de solidaridad y cooperación entre los dos lados del Mediterráneo: el norte y el sur. Por diversas razones, que tienen que ver con los problemas internos europeos, no ha sido fácil convencer a la Unión Europea en el plano institucional, de la importancia política, económica, social y cultural que tiene el Mediterráneo para la propia Unión. Y eso debería obligar a actuar en su momento, lo que no ha sido el caso.

Pues bien, es desde el Magreb de donde llegan sucesivas olas de inmigrantes clandestinos hasta Europa. Como se sabe la inmigración es uno de los problemas más complejos que tiene hoy la Unión. Por un lado, porque Europa carece vitalmente de mano de obra cualificada para que su economía funcione plenamente y, por otro, porque para que eso suceda, es necesario que los inmigrantes tengan un estatuto (si fuera posible común y obligatorio en todos los países miembros de la Unión) que les reconozca la dignidad de que son merecedores, sus derechos y deberes como residentes en el espacio europeo, sus lenguas y culturas diferenciadas y los servicios que prestan a la comunidad. Sólo así, pienso yo, es posible evitar conflictos y asegurar una buena integración de los emigrantes que la Unión necesita y que, como es sabido, no viene sólo del sur del Mediterráneo, también proceden del este, del África negra y de Iberoamérica.

El Mediterráneo Oriental, además del gran problema con el antagonismo entre Grecia y Turquía, hoy en vías de superación, sufre, como vimos, de las fragilidades propias de los conflictos que perturban todo el Oriente Próximo, agravados ahora con las consecuencias de guerras persistentes en Afganistán y en Irak y con el recrudecimiento del viejo conflicto entre israelíes y palestinos y la nueva invasión del Líbano. Por no hablar del problema gravísimo de Irán. Se trata, obviamente, como paño de fondo, de la lucha por el dominio del petróleo y del gas, a nivel mundial, que interesa vitalmente a Estados Unidos y a la Unión Europea, y también a Rusia, a China y hasta la India, pero no sólo eso. Hay también otros conflictos agravados por tensiones de tipo cultural y religioso.

Todo esto se refleja hoy en un país clave, por su posición geoestratégica, en el Mediterráneo, que no tiene petróleo ni gas ni riquezas minerales apreciables pero representa una antiquísima civilización y tiene un peso demográfico y político enorme: Egipto, un Estado moderado y tolerante pese a ser mayoritariamente islámico, aunque dadas las contradicciones internas, que últimamente han aparecido a la luz pública, ¿por cuánto tiempo más lo será? He aquí un problema de difícil respuesta al cual la Unión Europea, a mi entender, debería dar atención preferente.

Capítulo XII

El Atlántico y la OTAN

Mário Soares: El Atlántico, que los portugueses consideran, con alguna razón, un «mar portugués» fue descubierto, casi todo, por navegadores portugueses. Fernando Pessoa, refiriéndose al Atlántico, exclamaba en su obra *Mensagem:* «Oh Mar salgado, quanto do teu sal / são lágrimas de Portugal?...».

En efecto, desde el siglo XII, los portugueses, con la ayuda de los conocimientos náuticos de los catalanes, de los genoveses y de los gallegos, comenzaron a navegar el Atlántico norte, primero por la pesca (del famoso bacalao, todavía hoy un plato predilecto de los portugueses) y, después, con la voluntad de descubrir nuevas tierras. Así fue como se toparon con los archipiélagos llamados de la Macronesia, que son, como antes dijimos, de norte a sur, Azores, Madeira, Canarias y Cabo Verde. Después llegaron al norte de las tierras del Labrador, los hermanos Corte Real, y también, según parece a la costa norte de Estados Unidos. Pero esta última aserción, basada en una piedra que lleva una inscripción en portugués, todavía no ha sido confirmada por fuentes científicas.

El descubrimiento oficial de Brasil por Pedro Álvares Cabral, un navegador portugués próximo a Vasco da Gama, en 1500, ocurrió, según consta, porque los vientos alisios[1] lo desviaron de la ruta de la India. Fue-

---

1. El historiador Jaime Cortesão y después Gago Coutinho, en es-

se como fuese, la verdad es que a partir del siglo XVI, la navegación en el Atlántico no tenía ya secretos para los portugueses.

Sin embargo, tuvimos que esperar al siglo XX para que el Atlántico adquiriera una influencia política mayor, dada la emergencia de Estados Unidos como gran potencia y el auxilio que prestaron a los aliados en las dos guerras mundiales. La Carta del Atlántico, del 14 de agosto de 1941, suscrita por el Presidente Franklin Roosevelt y por el Primer Ministro Winston Churchill, representa el primer esbozo de la «Gran Alianza», establecida primero entre Estados Unidos y el Reino Unido, en la que declaraban, contra las potencias del Eje, la Alemania nazi y la Italia fascista, los principios de Libertad, de Democracia y los Derechos Humanos. La derrota de los países del Eje y, más tarde de Japón, hacen que Estados Unidos y el Reino Unido, con la Francia libre de De Gaulle, la China de Chiang Kai-Chek y la URSS de Stalin promuevan un nuevo orden mundial, basado en la creación de las Naciones Unidas, la ONU, en la reunión de San Francisco, del 25 de abril al 26 de junio de 1945.

A partir de entonces el centro del mundo deja de estar en el Mediterráneo y pasa al Atlántico. En esos tiempos, nuestros dos Estados ibéricos, dos dictaduras de inspiración fascista, se quedaron al margen de la

---

tudios realizados en el siglo pasado, probaron que eso no era posible porque los vientos soplan siempre para la costa africana y no en dirección a Brasil. De ahí la tesis de sigilo impuesta a los navegantes para no atraer a la competencia. El descubrimiento oficial de Brasil fue anunciado sólo en 1500. Gago Coutinho con Sacadura Cabral realizaron la 1.ª travesía aérea del Atlántico de Portugal a Brasil, en 1922.

construcción del mundo de la posguerra. Fue un golpe duro para el futuro de nuestros pueblos, sobre todo porque los aliados occidentales, por el miedo al comunismo, traicionaron a las resistencias española y portuguesa que combatieron a su lado. Un error político sin justificación, como ya dije.

El Pacto del Atlántico, o la Organización del Atlántico Norte, creada en 1949 nació como una alianza defensiva contra la URSS y sus aliados y satélites. Era, como se decía entonces, una alianza a favor de la libertad. Sin embargo, incluyó como miembro fundador a un país, Portugal, que desde hacía 23 años padecía una dictadura oscurantista de inspiración mussoliniana. La España de Franco no fue admitida en la OTAN. La Guerra Civil de España estaba todavía suficientemente viva para que los aliados occidentales, cuya bandera de la victoria, como decían, ondeaba al viento de la libertad, pudiesen «vender» ante la opinión pública una Organización de Defensa de la Libertad que incluyera la España de Franco, aliado de Hitler.

Federico Mayor: Con la OTAN se pretendía, efectivamente, que los países del Atlántico norte, capitaneados por Estados Unidos, constituyeran un sistema defensivo –entonces Bush no había inventado «las guerras preventivas»– bajo la bandera de la libertad frente al gran enemigo, el comunismo soviético, que ampliaba progresivamente su campo de acción. Desde Pearl Harbor, la paz americana se extendía ya por todo el Pacífico.

Incorpora usted ahora a la conversación algo que considero de gran interés: el cambio de «ejes oceánicos» de la estabilidad global.

Creo que ésta es una cuestión fundamental. Imperceptiblemente se están cambiando los raíles por los que discurrirán la mayoría de los trenes del futuro. Lo ideal sería que, descubiertos a tiempo, pudieran equilibrarse los factores que conducirían a un predominio del Pacífico sobre el Atlántico, que podrían sumir al mundo en una gran turbulencia económica, social y conceptual. De las tres, la que más me asusta es la última: los Estados están delegando sus responsabilidades políticas y morales, superponiendo los valores comerciales a los principios éticos... Europa tiene que ayudar al mundo a despertar de su somnolencia, de su pasividad, de este «ver qué pasa»... Por el bien de las generaciones futuras, debemos trabajar incansablemente para que no haya sobresaltos difícilmente reversibles.

Mário Soares: Con el fin de la guerra fría y la emergencia de China y de la India –de manera general Asia, sin excluir a Japón– el Atlántico comienza a perder su centralidad y la OTAN, posiblemente, su razón de ser. No obstante las relaciones euro-atlánticas siguen teniendo una enorme importancia, tanto económica como política.

La OTAN, de organización defensiva para la protección del llamado mundo libre, ha pasado a ser una organización militar de imposición de paz, como ocurrió en el caso de la intervención de Kosovo, el 12 de junio de 1999. Fue un precedente peligroso, insisto en ello, en la medida en que la OTAN se transformó en el brazo armado de Estados Unidos y al servicio de sus intereses y designios geoestratégicos.

Con el peso que China tiene hoy en la recomposición del mundo tras el colapso del comunismo, el fin de la guerra fría y el desarrollo acelerado de Asia, es probable que la centralidad del mundo pase, como decíamos antes, al Pacífico, incluso por el ritmo de progreso que tiene hoy la costa oeste de los Estados Unidos. Sin embargo, dada la importancia de las relaciones entre América y la Unión Europea –los dos mayores gigantes económicos del planeta– es probable que la próxima década esté todavía dominada por el Atlántico. El tiempo lo dirá...

La OTAN a la que Cabo Verde, dada su importancia geoestratégica en el sur del Atlántico norte, pretende adherirse, es hoy una organización político militar que no tiene demasiado sentido. Incluso puede convertirse, si es utilizada para otros fines, no defensivos, en un obstáculo internacional. En los casos de Afganistán y de Kosovo se generaron precedentes peligrosos. Puede, transitoriamente, prestarles algún servicio a Estados Unidos y a Europa en la lucha contra el terrorismo, y también a países de Occidente como Turquía, pero puede ser una desventaja si se considera un «brazo armado» de Occidente, o si la Alianza de Civilizaciones llega a tener éxito o en el caso de que se establezca el entendimiento económico entre la Unión Europea y Rusia que los alemanes desean impulsar...

Capítulo XIII

Iberoamérica

Federico Mayor: Como ibéricos y europeos tenemos, es cierto, una especial querencia hacia América Latina y África. Y a mí no me cabe la menor duda, una responsabilidad muy especial. Ya hemos esbozado la importancia que revestiría contribuir al apaciguamiento y buenas relaciones entre los Estados Unidos y América Latina. La estabilidad del mundo depende en buena medida de la capacidad que tengan los Estados Unidos para remodelar sus relaciones con los vecinos del sur. Si consiguen la amistad y colaboración de América Latina, si, en lugar de pretender ser ellos siempre máquina inaccesible y los demás vagones amordazados, deciden ser compañeros de viaje, si se establece una relación de respeto mutuo con el coloso del norte... se habrá progresado de manera firme en favor de la estabilidad y bienestar a escala mundial.

Mário Soares: La península Ibérica, España (las nacionalidades que hoy la configuran) y Portugal tienen que cambiar su relación con Iberoamérica si quieren ser aceptados como abogados diligentes de los intereses de esta zona del mundo en la Unión Europea. Es necesario que se abandonen los complejos paternalistas que todavía se mantienen en nuestra parte y se establezca con todo el continente iberoamericano la relación entre iguales, de verdadera hermandad, que nuestras historias y culturas justifican.

Ahora bien, todo el continente iberoamericano está en acelerado proceso de cambio. Los Estados que lo integran, con idiosincrasias culturales y étnicas diferenciadas, esbozan hoy un interesante movimiento de resistencia y de autonomía para con el gran vecino del norte –Estados Unidos– que de alguna forma siempre existió, aunque de manera latente. Pero ahora, por las más diversas y sutiles formas, se ha intensificado en el plano económico, político, militar y cultural. Con un inesperado radicalismo, por parte de la Venezuela de Hugo Chávez y de la Bolivia de Evo Morales... Pero moderadamente de Brasil, Uruguay, Chile, Argentina, Perú y Ecuador. Y en el caso de México, dado el conflicto fronterizo, puesto que Estados Unidos intenta impedir la ola incontrolable de emigrantes «hispanos», que tanto les preocupa. Tienen miedo de la hispanización de América del Norte. Los americanos, «blancos, anglosajones y protestantes», claro.

Desde la invasión de Irak, los Estados Unidos, ocupados en el Oriente Próximo, se han desinteresado de América Latina aunque en el año 2005 Washington haya propuesto una nueva agenda, para reducir lo que llaman las «tentaciones populistas» de Venezuela y Bolivia, «aliadas» de Fidel Castro.

La verdad es que el Tratado del Libre Comercio, que une los Estados Unidos, Canadá y México, y que Washington pretendía extender al conjunto de América Latina es cada vez más impopular entre los iberoamericanos. Brasil, a finales de 2004, propuso en Cuzco la Comunidad Sur-Americana de Naciones (CSN), que se proponía asociar los países del Mercosur, un poco estancados (Brasil, Argentina, Uruguay y Paraguay), a Chile y a los cinco miembros de la Comunidad Andina de Naciones (CAN), o sea, Perú, Venezuela, Ecuador, Bolivia y Colombia, que tampoco hace grandes progresos. Hay, no obstante, un movimiento en marcha de integración que la opinión iberoamericana impulsa. La Unión Europea, y especialmente los dos Estados ibéricos, tienen el mayor interés en seguir ese movimiento estableciendo lazos solidarios, de cuyos intereses y recíprocas ventajas no es posible dudar.

Federico Mayor: México es un paradigma de la pobre imagen que ofrecen los medios de comunicación sobre América Latina. Emigrantes acosados, traficantes... hacen olvidar las importantes conquistas que ha logrado México en campos como la salud (Instituto de Cardiología de Chávez, Instituto de Nutrición de Craviotto...), bioquímica (captación de nitrógeno), genética, electrónica (Universidad de Colima), desarrollo tecnológico (Politécnico de Monterrey)... por no citar más que algunos ejemplos que acuden a mi mente. Grandes literatos (Octavio Paz, Carlos Fuentes...), lingüistas, intelectuales de reconocido nivel mundial, artistas... que han hecho de México una gran nación, a pesar del contexto continental y global en el que el proceso ha tenido lugar y a pesar también de la influencia negativa de algunos de sus gobernantes.

En momentos particularmente críticos, España encontró en México una tierra de acogida, de amparo, de amistad. Cuando el «crac» financiero de la década de los 90, llegué a México en medio de un torbellino de informaciones, con frecuencia contradictorias, declaré a los periodistas que conservaran la calma porque México es un país mucho más fuerte, con unas raíces mucho más profundas y asentadas de lo que parece, con una gran capacidad de reacción empresarial, productiva, económica, intelectual, científica, universitaria... «Lo van a notar poco», dije. «Las ramas se moverán, en algunos casos agitadas a propósito. Y algunos frutos caerán. Comprobarán que, en su mayoría, es mejor que se desprendan de este modo del gran árbol de México.»

Mário Soares: México es uno de los países más originales y con mayor fuerza anímica de Iberoamérica. Lo visité por primera vez en 1970. El gobierno republicano español en el exilio todavía tenía sede en México, siempre fiel a la España republicana, y tuve ocasión de conocer y conversar con el entonces Presidente José Maldonado. Es más, en Francia conocí al Ministro de Asuntos Exteriores del mismo gobierno español en el exilio, Fernando de Valera y otros españoles exiliados, valientes y simpatiquísimos, como Álvarez del Vayo y Rodolfo Llopis que me dieron carta de presentación para el presidente exiliado en México y para otros españoles eminentes que vivían allí. Fue una excelente introducción para mi conocimiento de México.

La saga de los republicanos en el exilio, desde que acabó la Guerra Civil de España en 1939 hasta el comienzo de la transición democrática en 1976 espera todavía un gran escritor, o un gran novelista, para escribirla.

En todo caso México fue de los Estados más solidarios con la España republicana. De ahí también mi gran admiración por México que es un gran país laico y progresista. Zapata dejó una inmensa marca sobre todo en materia de política externa.

Conocí bien el PRI (Partido Revolucionario Institucional, una contradicción en los propios términos), con cuyos presidentes me relacioné personalmente desde Echevarría. El PRI estuvo siempre muy próximo de la Internacional Socialista. En 1976, bajo la presidencia de Billy Brandt se creó un comité para ayudar a la transición democrática en los países de América Latina, todavía dictaduras, compuesto por dos latinoamericanos (dos países democráticos) y dos europeos. A saber: Porfirio Muñoz Ledo, mexicano, hoy un querido amigo, y el presidente de Acción Democrática, el venezolano Gonzalo Barrios, infelizmente ya desaparecido; por Billy Brandt y por mí. Dimos un paso significativo en ese proceso, que seguí de cerca. Cuando comenzamos la Internacional Socialista apenas era conocida y tenía poco crédito en Iberoamérica. Hoy hay partidos prácticamente en todos los países iberoamericanos afiliados a la Internacional Socialista.

En ese tiempo había en México muchos exiliados. Además de los españoles, había chilenos (recuerdo al Jefe del Partido Radical de Chile Anselmo Sule), portorriqueños, salvadoreños, argentinos, etc... México era una tierra de asilo. Pese a ser una democracia presidencialista, dura para la oposición, tenía una política externa bastante progresista y abierta. Fidel Castro puede testificarlo.

Federico Mayor: En cuanto a América Central, ya he comentado que por sus particulares características naturales y culturales, por la bondad de sus gentes, podría convertirse en el gran destino turístico de América del Norte. Sería la mejor manera para, de una vez por todas, apreciarse mutuamente y convivir. En muchos casos, podría ser lugar idóneo para la segunda residencia de muchos norteamericanos. ¡Hay tantas maravillas, tantos recursos de toda índole en América Central! Sin embargo, hasta este momento, guardamos en la retina las imágenes de la pobreza, de la opresión y explotación de Nicaragua, Guatemala, El Salvador... de las múltiples amarguras de los procesos de liberación y de paz y hoy, junto a la esperanza que nos proporcionan los adelantos alcanzados en múltiples dimensiones, nos aterra el efecto devastador que puede tener, como antes indicaba, una sola noticia malintencionada en uno de los rotativos de mayor alcance internacional...

Mário Soares: América Central tiene características propias que le distinguen del gran vecino del norte, México, y de los países de América del Sur, algunos de gran dimensión y riqueza, como Colombia, Ecuador, Perú, Venezuela, Brasil, el mayor de todos, Argentina y Chile. América Central está compuesta por países de menor dimensión, de menos recursos y con alguna inestabilidad política, salvo Costa Rica, una antigua democracia estabilizada y con la particularidad de no tener Fuerzas Armadas desde la presidencia de Pepe Figueres. Muchos de estos países han sufrido intervenciones directas o indirectas de Estados Unidos, como Guatemala, Nicaragua, El Salvador, Panamá y Honduras.

América Central tiene lazos de proximidad con las islas del Caribe de habla española como Santo Domingo. Territorios con grandes condiciones para el turismo y una presencia evidente norteamericana, directa en términos políticos e indirecta a través de las grandes multinacionales que dominan la explotación de las riquezas locales.

Presidí una comisión de observadores en Nicaragua tras la caída del dictador Somoza organizada por la Internacional Socialista. Presencié una cierta deriva de la Revolución Sandinista bajo la influencia del castrismo todavía en la época de la guerra fría. Curiosamente, la Revolución Sandinista, que derribó, por sus medios y sin influencia externa, una dictadura obsoleta y corrupta, tiene bastante semejanza con la Revolución de los Claveles. Y acabó por tener también una cierta normalización democrática bajo la valiente presidencia de Violeta Chamorro.

Pero los tiempos han cambiado. La aventura de Bush en Irak y la ya mencionada desatención de América del Norte con los vecinos del sur ha permitido el regreso de soluciones políticas de izquierda, a veces, quizá, demasiado populistas y, que están produciéndose simultáneamente en varios Estados de la América de habla española. De Venezuela a Bolivia y con más moderación de Uruguay a Argentina, a Chile y a Brasil. En Nicaragua, el sandinista Ortega puede probablemente ser el futuro presidente.

En las últimas semanas de julio de 2006 se dieron algunos pasos significativos para la integración iberoamericana: la adhesión de Venezuela y de Bolivia al Mercosur y la inauguración del «gaseoducto caribeño» (que conduce el gas de Venezuela a Colombia y Panamá) en una ceremonia en la que estuvieron los tres presidentes: Hugo Chávez, Uribe y Torrijos.

Federico Mayor: Unas palabras sobre un caso especial y paradigmático: Colombia. He tenido ocasión de conocer directamente junto a distintos presidentes la situación en Colombia y los diseños políticos y estratégicos, los esfuerzos innovadores y perseverantes que se han realizado en los últimos 35 años. El problema es muy distinto de El Salvador, Nicaragua o Guatemala, en donde existían dos contendientes. En el caso de Colombia, los «adversarios» del Gobierno son cuatro: las FARC[1], el MLN[2], los paramilitares y los narcotraficantes. Punto de convergencia: la droga. Los Estados Unidos consideran que la solución se alcanzará por la fuerza, sin querer rendirse a la evidencia de que el narcotráfico depende mucho más de la demanda que de la oferta. Mientras no se logre la reducción drástica del consumo de droga, la oferta no cesará. Vendrá de Colombia o de Afganistán, que vuelve a ser el primer país del mundo en el suministro de droga...

Mário Soares: Obviamente. La droga no es una fatalidad, es un flagelo que tiene que ser combatido a nivel internacional, concertadamente, en los lugares de producción y consumo. Ha faltado voluntad política para eso. Como para el combate a los tráficos ilegales de armas, de prostitución y de órganos humanos... sobre los que ya conversamos. Y si buscamos bien llegamos siempre a los mismos orígenes: el negocio desenfrenado, sin frenos éticos y con extrañas complicidades...

Federico Mayor: La droga y sus nefastas consecuencias son otro de los imposibles hoy que, con la colaboración de todos, debemos hacer posible mañana: eliminar una auténtica lacra que desgarra tantas vidas, tantas familias, que destroza tantas trayectorias humanas. Al tiempo que se acentúa todo tipo de acción para la identificación y puesta a disposición de los tribunales de los transgresores, debemos atender y tratar con particular atención a los adictos, y adoptar las medidas preventivas correspondientes. Una vez más, es impres-

1. FARC (Fuerzas Armadas Revolucionarias de Colombia).
2. MLN (Movimiento de Liberación Nacional).

cindible para ello contar con unas Naciones Unidas fuertes y con autoridad internacional y con la inaplazable decisión de erradicar los paraísos fiscales en los que se resguardan las mafias que practican tráficos aborrecibles.

Éstos son los problemas de la Tierra, Presidente Bush y Presidentes de los países más prósperos y poderosos y, por tanto, más responsables. Éstos son los grandes problemas. Es aquí donde debemos invertir y, en una acción conjunta –otra alianza imprescindible–, actuar hasta alcanzar la victoria. Éstas son las «guerras» que importan para que dejemos a nuestros descendientes –incluidos los de los líderes– un mundo menos turbulento y sombrío...

No pararía de hablar, querido Mário, de América Latina. La conozco bien, la he vivido muy de cerca. Ecuador, Perú, Chile y Argentina... uno de los grandes pilares, culturalmente, científicamente, económicamente, de América.

Mário Soares: Yo también conozco bien América Latina, incluso soy un enamorado de esa región del mundo tan rica y creativa, de energías candentes y en acelerada mudanza. Estoy convencido de que en los próximos años asistiremos a grandes transformaciones positivas en la Iberoamérica de habla española y portuguesa. Por eso insisto siempre que la Unión Europea debería mirar, con más atención y espíritu solidario, a esa región tan original de nuestro planeta, que va a pesar muchísimo, no tengo ninguna duda, en el mundo actual, que está en rápida recomposición. En ese sentido, nuestra responsabilidad de ibéricos y nuestra acción, que deberá ser concertada, no pueden ser menospreciadas.

Federico Mayor: Pero vamos a detenernos unos instantes en un país que usted aprecia particularmente y que, como ya vimos, está llamado a ser uno de los líderes mundiales: Brasil. Se decía que Brasil era un «país de futuro» y que por esto siempre se hallaba en un presente imperfecto. Ahora no: en muy pocos años el futuro de Brasil se está haciendo presente. A contracorriente, realizando grandes esfuerzos para contrarrestar la inercia de los supuestos establecidos por el actual sistema a escala mundial, Brasil se está acreditando como uno de los países-clave de nuestro destino común. El «sueño bolivariano» de la Unión Iberoamericana podría convertirse en realidad. El Pacto Andino, el Mercosur, el Parlacen[1]... son ya componentes de lo que podría en pocos años devenir un gran pacto regional. El liderazgo brasileño podría establecer o confirmar buenas relaciones entre todos los países de América Latina y del Caribe. La inclusión de Venezuela y Cuba en este acuerdo facilitaría mucho las cosas y ofrecería nuevas modalidades para la interacción con Washington. Aquí, de nuevo, para que estas transformaciones tan esperadas, tan necesarias, tan apremiantes, tengan lugar es necesario que, con toda serenidad, analicemos en profundidad la situación actual y conozcamos con la mayor exactitud el diagnóstico que permita un tratamiento adecuado.

Mário Soares: En cuanto a Cuba, tendremos que esperar, confiando en el orden natural de las cosas, la sucesión de Fidel. Puesto que no ha tenido el buen sentido de permitir una gradual apertura del régimen hacia la democracia preparándolo, como debía, para el futuro...

1. Parlamento Centroamericano.

Curiosamente, hay un elemento nuevo que está creciendo y concretándose en Iberoamérica: una resistencia generalizada, y por vez primera consistente, «al imperio norteamericano» que tantas veces ha actuado en la región central y en el sur como si se tratasen de colonias. Durante décadas, Fidel Castro, en Cuba, era el único resistente. Una voz aislada pero con eco incontestable a pesar de ser un dictador. Pero ahora no: Hugo Chávez, en Venezuela, osa hablar en grueso contra el vecino norteamericano y tiene una visión geopolítica global e integrada para Iberoamérica. Tiene petróleo para dar y vender. Lo mismo hace el representante del mundo indígena en Bolivia, Evo Morales. La resistencia a la hegemonía imperial, más o menos clara, se expande desde Ecuador a Colombia y desde Brasil a Uruguay sin olvidar dos países importantísimos, Argentina, que sale de una crisis terrible, y Chile, en una posición de gran equilibrio y con una sucesión presidencial ejemplar.

Federico Mayor: En cuanto a Cuba, Fidel Castro, con quien he conversado en múltiples ocasiones, ha mantenido a su pueblo en pie. No haberse puesto de rodillas frente a su gran vecino es un mérito incontestable. Con una revolución personalmente cuidada en todos los detalles, ha conseguido éxitos relevantes en educación, salud, solidaridad internacional (médicos y educadores siempre dispuestos, por miles...). Compare la situación de Cuba con la de tantos países de la zona (pienso especialmente en Ecuador) endeudados hasta el cuello, con índice rampante de analfabetismo, con flujo migratorio de centenares de miles de ciudadanos «expulsados» de sus ricos países empobrecidos por las grandes corporaciones supranacionales... Desde el punto de vista de la política y de la sociología, «el fenómeno Fidel» debe considerarse minuciosamente, en el contexto de los otros países del continente sujetos a las injerencias norteamericanas de la que ya hemos hablado, esperando que en el siglo que estamos empezando cambie de la estrategia de la dominación a la de la amistad y cooperación.

Ahora, con una importante dolencia, Fidel Castro ha delegado todo el poder en su hermano Raúl... Espero que cumpla los ochenta años y que lidere una transición «a su manera». Con el triste espectáculo de Guantánamo en su propia isla es el momento más oportuno para una amnistía política general y para anunciar una moratoria «sine die» de la pena capital... Hay que aprovechar las oportunidades históricas... Y, una vez más, hay que conocer la realidad: preguntar a los *pueblos* de América qué piensan de Cuba y de Fidel. Sólo así se establecen los perfiles de los que pueden extraerse lecciones para un mejor diseño futuro de auténticas democracias con libertad, justicia e igualdad disfrutadas por *todos* los ciudadanos.

Mário Soares: De Brasil ya hablamos, cuando hicimos referencia a los países emergentes. Es un Estado en gran expansión, con recursos inmensos y una posición de prestigio en el mundo incontestable. Pero tiene problemas sociales y políticos que deben ser resueltos a corto plazo para dar el salto adelante que esperamos los brasilófilos, como yo. Me refiero al problema gravísimo de la criminalidad organizada, que se ha manifestado en las cárceles de Sao Paulo, de las brutales desigualdades económicas, imposibles de mantener, que, en parte explican la criminalidad y la corrupción, expresada en el tan desagradable episodio, ya referido, de los *mensalões*, que tanto afectaron al prestigio del presidente Lula, que hubiera merecido que le evitaran ataques no probados...

Iberoamérica, o América Latina, es un subcontinente de una enorme riqueza: por el genio y la creatividad de los pueblos mestizos que lo habitan, por sus inmensas reservas minerales, petrolíferas, agrícolas, forestales, hidráulicas, marítimas, piscícolas, bañada por dos océanos, hoy comunicados, y, sobre todo, por las culturas que ha desarrollado, donde se evidencian las raíces ibéricas mezcladas con las de las interesantísimas civilizaciones autóctonas. Las elites iberoamericanas son de una cualidad excepcional en todos los campos de actividad.

Es realmente asombroso, repito, cómo la Unión Europea ha ignorado y menospreciado el universo iberoamericano, que sólo espera que le tiendan la mano, para convertirse en un poderoso aliado. Aquí, españoles y portugueses, tenemos grandes responsabilidades porque nunca supimos desarrollar, con una estrategia convergente, ese filón tan importante de una sólida relación entre la Unión Europea y América Latina, tan ventajosa para ambas partes.

Federico Mayor: La política de Estados Unidos en América Latina ha sido –¿con la excepción de Colombia?– menos intervencionista en los últimos años, pero nunca ha pensado en los pueblos americanos sino en el pueblo estadounidense. El Área de Libre Comercio de las Américas (ALCA) es una estrategia excesivamente unilateral, con los ojos puestos más en los grandes recursos naturales del continente que en sus pueblos y pluralismo político y cultural.

A los regímenes emergentes que buscan poner, de

una vez, a todos los ciudadanos en pie de igualdad, se les rodea sin contemplaciones de una neblina informativa que ironiza sobre el «populismo» y las nuevas formas de gobernación. Por otra parte, Japón y China no están en condiciones de ofrecer otras fórmulas que no se basen casi monográficamente en las transacciones comerciales, cuyos beneficios procuran compartir lo menos posible.

Está pues claro cuál es el papel de Europa: ser el faro multicultural, con gran experiencia histórica de futuro para ayudar a América Latina a ayudarse a sí misma. Porque sólo desde los pueblos de América, con la imaginación que proporcionan tantas convulsiones, turbulencias, torbellinos, podrán tejerse los nuevos lazos, podrán construirse los nuevos puentes, podrán ser una comunidad diversa, plural, un mosaico formidable, bien articulado y ensamblado pero de piezas diversas. Este crisol es el que puede vislumbrar horizontes menos sombríos, el que puede desbrozar el huerto iberoamericano de la cizaña semántica propia del neoliberalismo y de la macroeconomía. Y, con la ayuda, aquí sí, en esto sí, de Europa y, en particular, de la península Ibérica, se conseguirá un conjunto tan heterogéneo como sólido y cohesionado de democracias orientadas por los principios universales de la igualdad, la justicia, la libertad y la solidaridad. Éstos y no otros son los principios integradores, los que dan cohesión, los que establecen perspectivas de equidad en el reparto, en la calidad de vida.

MERCOSUR, la Comunidad Andina de Naciones, la de América Central, la OEA... tienen que revisar y, en algunos aspectos, refundar su acción, que deberá basarse desde ahora en la amistad, en la interacción, en el debate en lugar del predominio, la imposición, la amenaza. Es inadmisible que países ricos en tantas dimensiones, se hallen hundidos, endeudados, empobrecidos y tengan que abandonar por millares, por millones, su espléndida patria para ir, como precio humano de una globalización inadmisible, de una gran rapiña, a acrecentar con sus manos el progreso de los afortunados.

Cifras cantan: el libre comercio, que tanto invocan los países más ricos y poderosos de la tierra, no ha reducido la pobreza, han permanecido los latifundios y se han incrementado las dependencias. Carentes de unas Naciones Unidas dotadas de la autoridad necesaria, las compañías transnacionales campan a sus anchas con una codicia y carencia de normas sociales y medioambientales que merecen el rechazo popular y, en especial, de quienes siguen viviendo en condiciones precarias después de tantas promesas incumplidas. Lo primero que hay que conocer y reconocer es cómo vive la gente... Ya verá usted cómo el siglo XXI será aquel en que aparezcan en el escenario los tradicionalmente excluidos. Y entonces, pacíficamente, se habrá consumado la democracia soñada, la gran revolución. «Conjugar con eficacia la libertad e igualdad ha sido siempre la gran cuestión de la democracia», ha escrito Raúl Morodo, nuestro buen amigo[1]. Son necesarios espacios de mediación y de conciliación: las instituciones de enseñanza superior pueden jugar, desde su conocimiento científico e imparcialidad, un papel relevante como espacio de encuentro y diálogo.

Mário Soares: El gran problema de América Latina no diverge mucho del que preocupa en otras regiones de

[1]. Raúl Morodo. «Venezuela, ¿hacia una democracia avanzada?», *El País*, 6 de enero de 2006.

este nuestro mundo económicamente sujeto a una globalización salvaje. Consiste en la contradicción, difícil de superar, entre las tremendas desigualdades sociales existentes, que de mantenerse conducirán a grandes explosiones, con el peso de los constreñimientos financieros y del modelo de desarrollo neoliberal que simultáneamente se les pretende imponer. Y que cada vez se presenta como más agotado.

Los países latinoamericanos tienen una población joven, plenos de energía, pero viven en sociedades dualistas en que la ostentación de la riqueza, difundida sin pudor por los medios de comunicación, contrasta, de forma violenta, con las condiciones de extrema miseria en que viven numerosas poblaciones suburbanas, en auténticos guetos, sin ningún horizonte de esperanza.

Es una situación explosiva, salta a los ojos y no podrá pervivir mucho más tiempo. Los países desarrollados y la Unión Europea en especial, tienen que ayudar a modificarla a través de auténticas reformas sociales y ecológicas progresistas, y no con pseudo-reformas economicistas, que los norteamericanos llaman de buena gobernación, que sólo agravan la situación de los más pobres, engordando a los más ricos y poderosos. Porque si no, como se dice popularmente, quien siembra viento recoge tempestades...

Capítulo XIV
África a la deriva

Mário Soares: África es un continente fabuloso pero, desgraciadamente, tras el movimiento de descolonización, en los años 60 del siglo pasado, no consiguió el nivel de desarrollo económico o social que se esperaba y sigue siendo, para la abrumadora mayoría de la población africana, un continente a la deriva. Donde persisten formas endémicas de subdesarrollo: hambre, falta de acceso al agua potable, ausencia de escolaridad, conflictos étnicos interminables, grandes genocidios, pandemias terribles, como el SIDA, que están lejos de ser controladas, gobiernos despóticos, corrupción generalizada, etc.

Las grandes multinacionales se interesan por las materias primas, pero con el objetivo exclusivo de explotarlas en provecho propio. Apadrinan gobiernos despóticos, ignoran la situación real de la gente y su interés se basa únicamente en los lucros obtenidos. En cuanto a las ONG que intentan realizar un trabajo humanitario, el balance de su actividad no siempre es positivo. Véase la película *El jardinero fiel*[1].

Obviamente África no puede ser vista como un todo. Está el África del norte, con los países del Magreb

---

1. Realizada por Fernando Meyreles, con los actores principales Ralph Fiennes y Rachel Weisz, e inspirada en la novela de John Le Carré.

y Egipto, donde el nivel de vida, las herencias culturales y las realizaciones conseguidas son diferentes del resto. Está el África subsahariana occidental, francófana, anglófona y lusófana (Guinea Bissau, Cabo Verde, Santo Tomé y Príncipe). Está el África central y el África oriental de mayoría anglófona. El llamado «cuerno de África» y África del Sur, liberada hoy del *apartheid,* pero con problemas económicos y sociales inmensos. Y están todavía los grandes países que la rodean: Angola, Namibia, Zambia, Mozambique, Tanzania, Zimbabwe y Malawi...

Claro que las fronteras existentes en estos países proceden del siglo XIX y del reparto colonial de África que se hizo en la Conferencia de Berlín, bajo la égida de Bismark. Son fronteras artificiales que no respetan la personalidad étnica y lingüística de las poblaciones. Los descolonizadores no quisieron alterar las fronteras de las colonias y probablemente asumieron una posición sensata. Pero no por eso el problema dejó de existir. La verdad es que existe.

También en el plano religioso, África acogió y acoge todas las religiones que la buscan. En líneas generales se podría decir que son animistas, pero también hay católicos, protestantes, islámicos de varios ritos, coptos, judíos y en los últimos años se observa una penetración importante de sectas evangélicas...

Sería fácil ayudar, seriamente, al desarrollo de África. La Unión Europea y Norteamérica sólo tendrían ganancias. Pero desde el movimiento de descolonización no se mueve nada. No hay voluntad política. El egoísmo de los poderosos no es capaz de cambiar la venta de armas por medicinas o, simplemente, por pan. El último intento, por cierto frustrado, como los anteriores. fue el muy publicitado de Blair, que tuvo lugar en el 2005.

Federico Mayor: Como en el caso de América Latina, ¿a quién pertenece África en realidad? ¿A quiénes van a parar los beneficios de la explotación de sus recursos naturales? ¿Cuál es la situación de endeudamiento de los distintos países de ese Continente?

La Unión Europea puede jugar un gran papel en esta misión de «conocimiento transparente de la realidad» para poder abordar los tratamientos correctores con conocimiento de causa. No podemos seguir perdiendo tiempo. No podemos seguir «mirando al otro lado». No podemos seguir confiando de nuevo en la infinita bondad de los ciudadanos conmovidos por las dramáticas informaciones que reciben a través de los medios de comunicación para obtener ayudas excepcionales de naturaleza humanitaria.

En el mes de julio del año 2005 se generó una gran expectativa –¡una vez más!– acerca de las medidas que iban a adoptar los países ricos del G-8 para remediar las necesidades más perentorias del continente africano y cancelar la deuda de los más rezagados. Dos meses después, las escenas tétricas de niños muriendo de hambre en Níger eran aldabonazos en nuestra conciencia: «¡No les creáis más! ¡Actuar de una vez!»... A la cuarta va la vencida: si no cumplen sus promesas, si no dejan de persistir en fórmulas que ya se ha demostrado que amplían las asimetrías del mundo actual en lugar de reducirlas... la voz de los pueblos, cada vez más clamorosa, pacífica pero cada vez menos resignada, les apremiará al cambio o les desplazará de sus posiciones de mando.

Me impresionó tanto, en plena guerra civil del Congo, en Brazzaville, ver morir en sangrientos enfrentamientos a los soldados «cobra» y republicanos mientras que a unos 70 km, en Pointe Noire, seguían saliendo puntualmente 260.000 barriles de petróleo todos los días como si de otro país se tratara. ¿Es el mismo país o no? ¿A quién beneficia el petróleo que se extrae de Pointe Noire? ¿A quiénes benefician los yacimientos de Nigeria y de Angola? Si no conocemos la realidad, no podremos contribuir al cambio. ¿Quiénes se benefician del gas, y de los diamantes, y del oro, y del níquel, y del plutonio...? Es necesario un gran pacto de futuro, bajo la supervisión de las Naciones Unidas.

Puede parecer una pretensión excesiva, pero no es así: me gusta recordar –y es muy bueno releer estos momentos históricos– que fueron dos presidentes norteamericanos, Woodrow Wilson y Franklin Delano Roosevelt, los promotores, respectivamente, de la Sociedad de las Naciones, la SDN, y del sistema de las Naciones Unidas, la ONU, para que, todos juntos, nosotros, los pueblos, fuéramos capaces de cambiar de dirección y «evitar a las generaciones venideras el horror de la guerra».

Mário Soares: En lo que dice hay una contradicción que no puedo dejar de resaltar. Por un lado, la convicción de que la conciencia de los pueblos está consiguiendo que las cosas cambien. Y de ahí su optimismo. Por otro lado, la constatación de que la inoperancia de la ONU, la política absurda, imperialista, de la administración Bush y el seguidismo europeo, están perpetuando las situaciones dramáticas que se viven en África. ¡Las cosas van de mal en peor! Ésa es la verdad que no podemos ignorar...

Federico Mayor: Es cierto. Por eso en los últimos tiempos son muchas las asociaciones internacionales, como el World Political Forum o World Social Forum, que se han vuelto hacia las Naciones Unidas, y el papel importante de las ONG. Es necesario ir «siendo de otra forma».

En estos momentos se pone como ejemplo el «cambio radical de Libia». En poco tiempo, «el líder terrible» de Libia, Gadafi, ha pasado a formar parte de los líderes árabes «aceptables» para las grandes potencias. Estuve en Libia mucho tiempo antes de que fuera «permitido» visitar al autor del Libro Verde. Desde el primer momento me di cuenta de que las informaciones que había recibido sobre la situación de Libia estaban muy lejos de la realidad. Empresas directa o indirectamente relacionadas con la mayoría de los países que objetaban que se tuvieran relaciones con Libia estaban ahí. Fui a inaugurar un gran museo en Trípoli, diseñado y construido por una gran empresa norteeuropea. Visité las inmensas obras –tan colosales como seguramente innecesarias– del «río hecho por el hombre», que inmortalizará el nombre del gran líder, y traerá agua fósil desde los territorios limítrofes con el Chad hasta la capital libia. ¿De dónde eran las empresas constructoras y suministradoras? Surcoreanas, japonesas, españolas... En una gran parada militar, a la que asistieron la práctica totalidad de los líderes africanos, que se celebró unos años más tarde, en 1996, el líder puso aquel gran arsenal de material bélico a disposición de todos los países africanos. «Ahora es el momento del desarrollo de nuestro continente», dijo, mientras los altavoces comunicaban el número de unidades de aviones, acorazados (el desfile se hacía frente al mar), tanques, helicópteros, etcétera, así como el país de origen...

Mário Soares: Es un excelente ejemplo de la hipocresía internacional reinante...

Federico Mayor: Pensaba entonces, como pienso ahora, que la vinculación Unión Europea-Magreb-África podría hacerse desde el conocimiento en profundidad de la situación. Pensando, muy especialmente, en el beneficio mutuo que se derivaría cara al futuro. Porque al insistir en la memoria del pasado, se reducen las posibilidades de una activísima y eficiente memoria del futuro. Como usted ha dicho, la descolonización de África produjo una rápida independencia política, pero los países quedaron inmediatamente atrapados por la dependencia económica y tecnológica.

Tuve ocasión, en el año 1993, de participar en un almuerzo muy restringido en L'Elysée ofrecido por el Presidente François Mitterrand. Enfrente se sentaba el Presidente de Costa de Marfil, Félix Houphouët-Boigny. El Presidente francés se hallaba flanqueado por el Presidente de África del Sur, Frederick de Klerk y el Presidente de Senegal, Abdou Diouf. El de Costa de Marfil, por Nelson Mandela y por mí. La entrada en Francia estaba vetada en aquel momento para los surafricanos que habían viajado a París invitados por la UNESCO. El Primer Ministro francés a la sazón era Michel Rocard. Durante el almuerzo, el Presidente Mitterrand dijo que tenía un gran interés en el fomento del desarrollo africano.

Entonces, Houphouët-Boigny, el «vieux sage», levantó la mirada y dijo: «Señor Presidente: usted sabe el amor que profeso a su país, y al mío, de cuyos gobiernos he sido ministro en tres ocasiones, y el afecto muy particular que siento por usted. Pero no es cierto que nos estén ayudando: nuestra dependencia es completa, tanto desde un punto de vista financiero como técnico. Es en las Bolsas de los grandes países europeos en donde se deciden los precios de nuestros productos. Es en las grandes empresas multinacionales donde se fijan las condiciones de nuestras transacciones comerciales... Se paga en París por un "expresso" la misma cantidad que obtenemos en Abidján por un kilo de café»... Nelson Mandela hizo grandes elogios de lo que acababa de expresar, con tanta cortesía como firmeza, el Presidente de Costa de Marfil. Mitterrand, con la impavidez que le caracterizaba, dijo: «Me ocuparé de este tema. Mañana mismo llamaré al Primer Ministro sobre esta cuestión». Y me consta que lo hizo.

Refiero todo esto para que sepamos en qué medida hemos cumplido nuestras promesas y hemos atendido al desarrollo de los países africanos en particular y, en general, de todos aquellos que aspiraban, después de su independencia política, a disfrutar de una interdependencia razonable en las otras dimensiones propias de la vida nacional. Como ya hemos indicado, los acuerdos sobre la ayuda al desarrollo endógeno con el 0,7% del Producto Interior se transformaron, al poco tiempo, en préstamos concedidos en condiciones inaceptables, de tal forma que al cabo de unos años los flujos financieros llevaban la dirección exactamente opuesta a la prevista y razonable: de sur a norte. El Fondo Monetario Internacional y el Banco Mundial –hay que recalcar aquellos temas que son realmente cruciales– han sido instrumentos al servicio de los países más prósperos, y, desde mediados de la década de los 80, el neoliberalismo ha ido dejando muy pocas riendas fuera de su alcance. Y muy pocos micrófonos. Mencionaba usted a Gilberto Freyre. Al final de uno de sus discursos, apasionados, complejos, incisivos, exclamaba: «¡Sí a la democracia, no a la plutocracia!».

Mário Soares: Es verdad: «Sí a la democracia, no a la plutocracia». Pero le propongo la misma cuestión que hace poco: ¿cómo luchar contra el sistema neoliberal que nos domina y que, más pronto que tarde, destruirá nuestras democracias? ¿Cómo imponer reglas éticas y jurídico-políticas internacionales a la globalización neoliberal desreglamentada? La denuncia es importante, sin duda, pero no suficiente. Es necesario crear movimientos políticos y convergencias internacionales que obliguen a los gobiernos a realizar los cambios radicales que se necesitan. El diagnóstico está hecho. Falta sólo actuar...

Ya que hablamos de África, permítame que me refiera un poco a la África lusófona y al camino que sigue, dado que tengo responsabilidades en la descolonización que tuvo lugar tras el 25 de abril de 1974.

Cabo Verde es una excepción, como vimos anteriormente, porque en términos africanos, construyó una democracia ejemplar, que funciona bien, según las reglas de la alternancia y prácticamente sin corrupción. De todas las ex colonias portuguesas, es la más pobre en recursos naturales pero la mejor administrada y donde la gente tiene más recursos por término medio: mejor salud, menos pobreza, mayores índices de escolaridad, etcétera.

Angola es uno de los países más grandes de África en recursos naturales. Tiene petróleo, diamantes, minerales de todas las especies, selvas, terreno disponible para una agricultura próspera. Y, sin embargo, es de esos en que el nivel de vida medio de sus habitantes es de los más bajos en todos los aspectos. Angola no es una democracia, es una plutocracia y no hay elecciones. El Presidente José Eduardo dos Santos, que es quien manda en todo, gobierna desde hace más de veintisiete años sin nunca haber sido elegido. La miseria del pueblo angoleño contrasta sobremanera con las colosales fortunas de la *nomenklatura*. Pero Angola tiene mucho petróleo y para el poder económico de las multinacionales norteamericanas y europeas, eso es lo que importa. La forma arbitraria de explotar y gobernar al pueblo es un detalle...

Desde hace años hay una sublevación nacionalista en la zona de Cabinda, apoyada por la iglesia (católica) local, que reivindica el derecho a la autodeterminación de Angola y que, poco a poco, se va afianzando internacionalmente. Cabinda también es muy rico en petróleo y por eso es objeto de distintas atenciones internacionales. El gobierno angoleño ha mantenido siempre una política de intransigencia para con las aspiraciones de los habitantes de Cabinda y en ese punto, curiosamente, no hay discrepancias entre el MPLA, la UNITA, o la FNLA (de Holden Roberto).

Es obvio que la situación política de Angola, bloqueada, como ha estado, no ayuda para encontrar una situación negociada al problema de Cabinda. Angola vive en paz desde la muerte de Savimbi y el posterior acuerdo suscrito entre el MPLA y la UNITA, grupo éste que se transformó en un movimiento político, renunciando a la lucha armada. Eso contribuyó a establecer alguna normalidad en el vastísimo territorio de Angola y animó muchos negocios e inversiones extranjeros, entre los que han sobresalido los realizados por chinos. Pero, políticamente, la situación continúa bloqueada, como le he dicho, aunque haya hoy una mayor apertura para las voces de la oposición y mayor tolerancia, por parte del gobierno, a cierto pluralismo crítico e informativo[1].

Mozambique, en la otra costa, es también un país muy rico en recursos naturales aunque no haya petróleo ni diamantes, que se sepa. Quizás eso haya facilitado la evolución política del país tras la guerra entre el FRELIMO y la RENAMO y la paz conseguida con la mediación de la Comunidad de Santo Egídio y de la ONU. Mozambique es hoy una democracia incipiente, con elecciones reconocidas y consideradas correctas internacionalmente y con la aceptación de un cierto pluralismo interno, incluso por el partido en el poder, el FRELIMO. La alternancia en la presidencia entre Chissano, que sucedió a Samora Machel en los años difíciles de la guerra, y Armando Guebuza, lo han demostrado recientemente.

Guinea Bissau es también un país con grandes recursos y algún petróleo (anunciado). Con una transición democrática difícil, como se ha comprobado en la reciente reelección a la presidencia de Nino Vieira y una guerra latente en Casamansa, en la frontera con Senegal y Gambia, las relaciones entre el poder político y el poder militar han sido difíciles y, algunas veces, violentas. Se espera que el nuevo mandato del Presidente Nino Vieira aporte a Guinea Bissau mayor estabilidad político militar, para que puedan realizarse algunas reformas tan necesarias para el aumento del

---

1. El periodista angoleño independiente, Rafael Marques, recientemente, en julio de 2006, divulgó un texto, «Operación Kissonde: los diamantes de la humillación y de la miseria», en que denunciaba uno de los ejemplos más trágicos de la situación actual.

nivel de vida de una población ella misma dividida en innumerables etnias rivales[1].

Finalmente, Santo Tomé y Príncipe, dos islas de sorprendente belleza, en la línea del Ecuador, donde estuve deportado por Salazar en el lejano año de 1968, tienen una democracia que funciona, un sistema de partidos políticos y una alternancia a la presidencia de la república que, en el caso de los presidentes Pinto da Costa y Miguel Trovoada, se ha resuelto con presteza. En los últimos años ha aparecido petróleo, lo que viene a complicar la situación, a crear inestabilidad y a mover alguna ganancia externa. El actual Presidente Fradique de Menezes parece que va a volver a presentar su candidatura en un clima de cierta inseguridad.

Los países africanos lusófonos forman con Portugal y Brasil desde 1996 la Comunidad de los Países de Lengua Portuguesa, CPLP, a los se unió Timor Oriental en 2002, tras conseguir la independencia. La CPLP es una organización de defensa de la lengua portuguesa, que es la lengua oficial de todos, aunque pretende ser más que eso: una organización de solidaridad política y de ayuda económica entre los países miembros. Se trata de una organización que está dando sus primeros pasos, que celebrará este año su décimo aniversario, pero tiene, desde mi punto de vista enormes virtualidades políticas. Galicia ha manifestado interés en asociarse a la CPLP, dadas las semejanzas lingüísticas entre el portugués y el gallego, descendiente del antiguo galaico portugués que se hablaba en los siglos XI y XII[2].

---

1. Balantas, fulas, majacos, mandingas y papéis, son las principales etnias de Guinea-Bissau.
2. En Guinea-Bissau, se llevó a cabo la reunión conmemorativa, en julio de 2006, del 10.º aniversario de la CPLP. A pesar de que

Iberia, como un todo, y la Unión Europea no pueden ignorar la CPLP, a la que pertenecen Estados integrados en otras organizaciones regionales como la Organización de Estados Americanos (OEA) que acoge a Brasil; la Unión Africana (UA), donde militan los países africanos de expresión portuguesa y la Unión Europea, donde se encuentra Portugal.

Federico Mayor: El caso de España en el continente africano es muy distinto al portugués. Volcada en América, la influencia política y cultural española se concreta en Guinea Ecuatorial[1]. Por ello, tanto en los aspectos positivos como negativos, el «peso español» es considerablemente menor que el portugués. Durante décadas, como colonia española, hicimos poco más o menos lo mismo que las otras metrópolis: considerar a estos países, con mayor o menor diligencia y afecto, una «huerta exótica» de la que, de vez en cuando, se obtenían cosechas apreciables. A partir de la década de los 70 del siglo pasado, no hemos sabido seguir una política distinta a la de los demás países que, una vez conseguida la independencia política no quisieron, como tantas veces prometían, aliviar la dependencia financiera y tecnológica.

África es, hoy en día, la historia de un fracaso atribuible, en mayor medida, al occidente europeo. Los países subsaharianos merecían –no olvidemos el ho-

---

no fue un éxito, ya que no comparecieron los presidentes de Brasil, de Santo Tomé y de Timor Oriental, se dieron algunos pasos en la concienciación de la importancia de esta Organización Internacional para la Comunidad Lusófona.

1. Guinea Ecuatorial manifestó recientemente su intención de asociarse a la CPLP, dada la proximidad de los idiomas.

rror que representa la esclavitud y la trata de negros–otra atención bien distinta por parte de los países colonizadores. África nos ha devuelto siempre una sonrisa, pero ¿hasta cuándo? Hasta ahora ha aceptado nuestras disculpas. ¿Lo hará también ahora, cuando el Primer Ministro Tony Blair acaba de dar un «cambiazo» incomprensible a las obligaciones contraídas con estos países, anunciando que va a concretar ayudas con grandes multimillonarios como Gates y Buffet? Como vengo diciendo, se ignoran las responsabilidades de Estado, como la justicia, y se acogen a la caridad. Cualquier ayuda que se facilite está bien cuando es «además de». Pero «en lugar de» es sencillamente intolerable.

Los líderes de Guinea Ecuatorial no han tenido el relieve que alcanzaron –en algunos casos realmente admirable, que deberíamos conocer mejor– los de otros países africanos después de la Segunda Guerra Mundial. Algunos tuvieron un comportamiento totalmente anómalo. El actual, Obiang, lleva muchos años en el poder, en cuyo ejercicio ha sido fuertemente criticado a menudo... si bien es cierto que, desde que este país paradisíaco, continental e insular, descubriera yacimientos petrolíferos de gran calidad, parece que su liderazgo es menos maléfico.

Pero no será por su riqueza material sino por su riqueza cultural, por su diversidad étnica y por su sabiduría por lo que África constituirá uno de los pilares más sólidos para la construcción de este otro mundo posible por el que debemos trabajar sin desmayo.

Mário Soares: Después de los movimientos de descolonización (1960-1975) África ha sido un continente a la deriva. Dominado por la pobreza endémica, por los conflictos étnicos y genocidios, como el de Ruanda- Burundi, entre otros, África es un continente con ochocientos millones de seres humanos, una tasa de natalidad elevada, una población joven y una gran mortalidad, que resulta de las guerras civiles, las masacres y las pandemias, como el SIDA.

En África al norte del Sáhara se considera una subregión del mundo islámico, con niveles de vida y de civilización diferenciados del resto del continente, impropiamente denominada «África Negra». Las fronteras al sur del Sáhara son, como ya dije, completamente artificiales, tiradas con cartabón en el reparto colonial hecho por los europeos según sus intereses y acuerdos en el siglo XIX. Ese reparto es responsable de muchos conflictos étnicos que todavía hoy África padece. Los países desarrollados tienen mucha responsabilidad en el estado de atraso de África, principalmente tras los movimientos de descolonización. Los conflictos heredados del colonialismo se vieron agravados por los enfrentamientos de la guerra fría.

Sin embargo, África le ha dado al mundo un gran ejemplo, como usted subrayó antes: la manera en que África del Sur se liberó, sin derramamiento de sangre, de la odiosa política del apartheid, gracias a un estadista de excepción como es Nelson Mandela. Pese a las contradicciones que subsisten, y en algunos casos se agravaron, los blancos son hoy cerca del 10% de la población. África del Sur es un país con inmensos recursos materiales y humanos, el cuarto en población de toda África. Tiene 45 millones de habitantes, tras Nigeria, con 117 millones, Egipto, que tiene 70 millones, y Etiopía, con 65 millones de habitantes.

Permítame todavía que destaque la manera tan rápida y eficaz con que el Portugal de después de la Revolución de los Claveles, en 1974, terminó las «guerras coloniales» que destruyeron tantas vidas y recursos en vano durante trece años, concediendo la independencia a sus antiguas colonias y restableciendo con ellas relaciones fraternales. Pese a que la derecha, todavía hoy, habla de «descolonización traumática» –la intransigencia de Salazar fue la responsable de las guerras– la verdad es que la descolonización se hizo con generosidad y rapidez, acabó con conflictos que parecían no tener fin y cicatrizó, con sabiduría, muchas de las heridas y resentimientos entonces creados.

Capítulo XV

Canadá y Japón

Federico Mayor: En este «viaje alrededor del mundo» faltaban, efectivamente, Canadá y Japón. Creo que Canadá es un país ejemplar por su coraje, por saber mantener su plena personalidad al lado del «gran hermano» norteamericano y situarse al nivel de interacción adecuada. Defiende la libertad de expresión de sus ciudadanos firmemente y, recientemente, ha sido uno de los «adelantados» en la defensa de la diversidad y de la creatividad. Deseo de todo corazón que la hoja que simboliza este gran país no se rompa y siga siendo el resultado de la voluntad de sus ciudadanos y no de la imposición de poder alguno.

Mário Soares: También tengo mucha simpatía por Canadá y por lo que representa ese país progresista en el mundo que, a lo largo de los años, ha sabido señalar, con discreción y firmeza, su distancia con el gran vecino y aliado del sur. En la guerra contra Irak se desmarcó de la política de Bush... También en lo que se refiere al bloqueo norteamericano contra el régimen de Fidel, que en buena parte, gracias a Canadá, se explica la razón de su longevidad política...

Miembro fundador de la OTAN, Canadá es un gran país subpolar, con grandes territorios no poblados y apenas treinta millones de habitantes. Pero su diplomacia tiene peso, dada su situación geoestratégica, su amistad con los Estados Unidos, con quien comparte una frontera de seis mil kilómetros, y también su sentido de independencia.

Aunque esto puede cambiar: recientemente los conservadores canadienses ganaron las elecciones. Stephen Harper es el nuevo Primer Ministro, y puede modificar la política seguida por Canadá hasta ahora. Personalmente, Harper apoyó la política de Bush, antes y después de la invasión a Irak y se ha manifestado de acuerdo con la posición norteamericana de no suscribir los Acuerdos de Kyoto. Lo que es un escándalo para un país con la tradición de Canadá...

De ahí que sea probable que en Canadá volvamos a tener, a corto plazo, sorpresas desagradables... Portugal ya las tuvo, con la expulsión, sin ningún tipo de contemplaciones, de emigrantes portugueses, residentes en Canadá, sólo porque no tenían todavía su situación legal completamente regularizada... ¿Hubo casos semejantes con España?

Federico Mayor: No me consta. Sólo después del conflicto de la «pesca del fletán» hubo restricciones. Pero ya se han normalizado las relaciones. Como usted, tengo de Canadá, como de Argentina, de EE.UU. o de Australia, la imagen de país receptor aunque a veces, al parecer, puedan presentar alarmantes síntomas como el que ha descrito...

En cuanto a Japón, es necesario revisar la historia para descubrir tantos episodios dignos de admiración y otros, especialmente del siglo XX, que ni ellos mismos ni el resto de la humanidad deben ignorar si quieren tener una apreciación adecuada del destacado papel que les corresponde en estas primeras décadas del siglo XXI. Al igual que el conocimiento en profundidad de la historia de Alemania en la primera mitad del siglo XX ha redundado en beneficio y no en detrimento del pueblo alemán, es conveniente conocer los sucesos que acompañaron la emergencia, el apogeo y el declive del Imperio japonés.

La puesta en práctica de un plan de una ambición sin límites, hasta el punto de tener como objetivo final... a los Estados Unidos. La invasión de Manchuria, de China, de Indochina –utilizando modalidades bélicas de gran crueldad, con aniquilación masiva a la bayoneta calada– y, como culminación de aquella locura, el ataque por sorpresa, el 7 del mes de diciembre de 1941 a la flota de los Estados Unidos concentrada en Pearl Harbor. Este ataque, como es bien sabido, decidió la entrada de Norteamérica en la contienda mundial. La guerra del Pacífico fue de una dureza extraordinaria. Conviene no olvidar aquellos soldados –los kamikazes– que se inmolaban no por una religión sino por el Emperador, un poder temporal llevado, como sucede en estos casos de paroxismo, a los límites de la divinidad. Estas reflexiones corroboran que lo perverso es la guerra, no la gente, no los pueblos que se ven abocados, sin alternativas posibles, a obedecer sin discusión y a actuar de forma aberrante.

En la segunda mitad del siglo XX, el pueblo japonés dio una muestra de civismo encomiable y, en pocos años, alcanzó unos niveles de desarrollo admirables. Pero no sólo esto: hoy Japón es el gran abanderado en la lucha en favor del desarme nuclear. En favor de la construcción de la paz en la mente de los hombres. Japón fue el primer país que, en la posguerra terrible de los efectos devastadores de Hiroshima y Nagasaki, creó las Asociaciones de Amigos de la UNESCO. No podían pertenecer a la ONU todavía, pero pertenecían a la institución intelectual del sistema de Naciones Unidas, cuya finalidad es la construcción de la paz.

Mário Soares: La transición democrática ocurrida en Japón, después del colapso del Imperio japonés, es un caso muy singular y digno de estudio. Incluso porque le evitó al gran responsable –el emperador de Japón– el consejo de guerra y contó con su conversión a la democracia. Realmente, Hirohito, el emperador de Japón, pasó de ser un casi Dios, detentador de un poder absoluto, a ser un monarca constitucional al modo inglés. MacArthur fue el impulsor de esta polémica transformación, que vista desde hoy nos parece inteligente, dados los sorprendentes resultados obtenidos.

Conocí personalmente al emperador Hirohito. Conocí también a su hijo, el príncipe heredero, Akihito, que fue mi invitado en Lisboa, y hoy es el emperador. Asistí al funeral de Hirohito, una ceremonia indescriptible e insólita para un occidental, que transcurrió en Tokio en una heladísima mañana...

Japón, el país del «sol naciente», es un archipiélago formado por cuatro grandes islas, con más de 3.000 kilómetros de norte a sur, es una gran nación, uno de los polos de mayor desarrollo mundial, con una gran unidad cultural, que hizo su revolución industrial, de forma autónoma, a finales del siglo XIX, pero es un país difícil de entender. Mucho más que China. Japón, con una población de 120 millones de habitantes, tiene, curiosamente, un gran respeto por Portugal, ya que los primeros europeos en llegar a Japón fueron portugueses, cosa que no olvidan. Los jesuitas portugueses llegaron a gobernar indirectamente Japón durante algunas décadas, en virtud de la influencia que allí adquirieron a finales del siglo XVI.

Permítame que le cuente una historia divertida. La primera vez que visité Japón fue en calidad de Primer Ministro. Mi homólogo japonés –y mi anfitrión– era el Primer Ministro Nakasone. En la ceremonia de recepción hizo un discurso en que dijo más o menos: «Saludo en vuestra excelencia a un país ilustre que le enseñó a Japón la tecnología moderna». Me quedé atónito, como puede imaginar. Comprendí lo que quería decir cuando, en el desarrollo del discurso, explicó que fueron los portugueses quienes introdujeron las armas de fuego en Japón, y eso supuso, a lo que parece, que pasaran de las clásicas luchas y rivalidades entre los samurai a la consolidación del imperio.

Es más, conversando después con el entonces heredero de la corona, el actual emperador, éste me manifestó su deseo de visitar Portugal. La pregunta inmediata era: «¿Por qué no viene? Le organizamos un viaje que le puede interesar mucho». Y él me respondió: «Le sugiero que hable de eso con el señor Primer Ministro, que es quien tiene competencia para autorizar una visita así». Eso hice y la visita se realizó. Y pensé para mis adentros: exactamente como sucede en Inglaterra, en una clásica monarquía constitucional. ¡Qué inmensa transformación la ocurrida en Japón, casi silenciosamente, tras el fin de la Segunda Guerra Mundial!

Japón tiene hoy una posición interesante, ya que está saliendo de un período de estancamiento económico que se arrastra desde 1990.

Muy ayudado, tras la Segunda Guerra Mundial, por Estados Unidos, Japón se convirtió en un rival económico serio desde 1970. Para esa expansión contribuyó la guerra de Corea de 1950, que obligó a los norteamericanos a recurrir a industrias japonesas, que desde entonces adquirieron una enorme pujanza. Ahora, la poderosa expansión económica de China también está ayudando a Japón. Lo que pone de manifiesto un problema geoestratégico curioso: o se aproxima a China y se distancia de América del Norte (y también de Taiwán), o se aparta de China, creándole serios problemas al nuevo repunte económico que experimenta. Veremos como Japón, con su vieja sabiduría, resuelve el dilema[1].

---

1. Ver Yves Lacoste: *Geopolitique*, Larousse, 2006, págs. 160 y ss.

Capítulo XVI

¿Europa como faro?

Mário Soares: Me gustaría que Europa fuese un faro para el mundo, como usted dice. Pero desgraciadamente, a causa de su seguidismo de Estados Unidos, todavía no lo es. Las democracias en los países más avanzados, América del Norte y la Unión Europea, están, desde el colapso mundial del comunismo, transformándose paulatinamente, en plutocracias... El poder real es el poder económico-financiero, y ése no está gestionado por reglas democráticas. De ahí el impasse en que la Unión Europea se encuentra desde hace años: sin una política exterior autónoma y concertada entre sus miembros, e incapaz de avanzar en la reforma de sus instituciones desde que el proyecto constitucional fue vetado por Francia y Holanda. No se ve que haya un proyecto a medio plazo que suponga que Europa tiene un rumbo seguro y que pueda pesar en el mundo.

Federico Mayor: El gran papel de Europa, como «faro de la democracia», es favorecer en todas partes del mundo la interlocución y, de modo muy especial con los Estados Unidos, para ir forjando una nueva visión en la que la palabra sustituya a la fuerza y recuperemos el rumbo, concepto que usted ha utilizado y que yo comparto plenamente, basado en los Derechos Humanos, en el pluralismo y en la justicia. Europa, como ejemplo de democracia, como defensora de los mismos valores y principios en todos los pueblos y culturas, con el mismo respeto a todas las identidades, debe convertirse ahora en la gran defensora de todo el sistema de las Naciones Unidas, garante de los valores democráticos a escala internacional. Una Europa valedora principal de una democracia social, ecológica, cultural y creativa, orientada por unos principios éticos. Una Europa con brújula.

Sólo de este modo, Europa sería también la Europa de la juventud. La juventud es el gran tesoro y el futuro depende de los caminos que recorra. Ésta es nuestra gran responsabilidad. Éste es el gran compromiso. Como en el preámbulo de la Carta de las Naciones Unidas, es necesario pensar siempre en las «generaciones venideras». Actuar desde ahora de tal modo que la juventud del mundo pueda percibir estas previsiones sociales, medioambientales... Una actitud cotidiana para transitar desde la fuerza a la razón, que puede proporcionar, en medio de tanta confusión, en medio del marasmo, algunos asideros, algún remanso. Uno de los grandes errores que han cometido con frecuencia los gobernantes, a veces con la mejor voluntad, ha sido gobernar *para* sin gobernar *con*. No se puede gobernar para la juventud sin la juventud. No se puede gobernar para la convivencia religiosa sin el diálogo con las religiones. Está claro que este «no» a la violencia, este «no» al extremismo tiene que ser el resultado de una educación generalizada –es decir, de todos y a todas las edades– para forjar comportamientos cotidianos de «pacífica firmeza», que preparen para la escucha y el diálogo, evitando así posiciones intransigentes. Personas que sepan expresar sus puntos de vista pero, sobre todo, que saben escuchar los puntos de vista de los demás.

Mário Soares: Tengo que insistir: la política no es una ciencia normativa, en el sentido de que no es lo que debe ser. Es lo que es, una ciencia y una práctica –o un arte– para cambiar los comportamientos y transformar la realidad. En ese sentido, es el arte de lo posible.

En sus intervenciones, querido amigo, dice lo que le parece que debe ser. Yo le acompaño en las ideas que expresa sobre lo que debería ser el futuro de las relaciones entre los Estados y los pueblos. Y sobre la organización de Naciones Unidas. Sin embargo, la realidad no es ésa, es bastante peor... Y la dirección que se sigue no es la que desearíamos. Es preciso que nuestros lectores comprendan eso para que los podamos convencer acerca de la necesidad de luchar para contribuir a modificar el mundo en que vivimos. Y que estamos preparando para nuestros hijos.

Creo en las utopías y en el valor de las utopías para hacer que lo que hoy es imposible mañana sea posible. En eso estamos plenamente de acuerdo, pero sin perder el sentido de la realidad, sin ilusiones que podrían incitar a cruzarse de brazos o a desistir de la acción.

No. Necesitamos la acción. Y actuar rápido, para evitar las catástrofes que se anuncian. ¿Sabe lo que a veces pienso en este año de gracia de 2006? Que estamos en una situación próxima a la que se vivía en Europa en 1938-1939: todos veían la guerra aproximarse, muchos denunciaban la catástrofe que se avecinaba, pero no hubo fuerza para evitarla. De la misma manera ocurrió en 1914. Me acuerdo de *Los Thibault*, de Roger Martin du Gard, esa novela extraordinaria hoy casi olvidada que comienza con el asesinato de Jean Jaurès, señal de que el mecanismo de la guerra se había puesto inexorablemente en marcha...

De nuevo hay que evitar las catástrofes anunciadas.

No sólo con palabras: ¡con comportamientos! Porque ya decía Romain Roland, que era en mis tiempos de muchacho un autor muy leído: «Pensamiento que no actúa o es aborto o es traición».

La verdad es que la Unión Europea, en el plano geoestratégico está, como comentábamos, en un impasse desde mayo de 2005, cuando Francia dijo no al Proyecto de Tratado Constitucional, seguida luego por Holanda. Afortunadamente, la máquina burocrática europea no ha parado, asegurando así cierta continuidad, pero el rumbo a tomar para el futuro, permanece incierto. Así la Unión no puede convertirse, como pretendía, en un faro para el resto del mundo.

¿Será que el proyecto de constitución está muerto? No lo creo. Si eso ocurriera, la Unión correría el riesgo de desagregarse y las viejas rivalidades entre Estados que dieron origen a dos guerras mundiales podrían aparecer. Un escenario demasiado negro para que tengamos la tentación insensata de hacerlo resurgir...

La Unión Europea sigue ejerciendo, a pesar de la incertidumbre en que se encuentra sumida, una enorme atracción entre los países que esperan adherirse: Rumania, Bulgaria, los Estados surgidos de la ex Yugoslavia (Croacia, Bosnia-Herzegovina, Serbia, Macedonia y ahora Montenegro), Albania, Turquía, la Ucrania de la «revolución naranja» (ya puesta en duda) tal vez Moldavia e incluso Bielorrusia, con lo que se le plantea a la Unión Europea un problema muy complejo en sus relaciones con la Confederación Rusa.

Todo lo que sucede parte de la situación política interna de los Estados miembros, grandes o pequeños. Francia, en manifiesta crisis, espera la elección de nuevo presidente en 2007 y una nueva política; Alemania, con la señora Merkel ha regresado a la «gran coalición democracia cristiana-socialdemocracia», con lo que parece haber ganado alguna estabilidad y un nuevo relanzamiento económico; el Reino Unido vive a la espera de la sucesión de Tony Blair, esa enorme desilusión, que no se sabe si será un nuevo impulso del Partido Laborista o el regreso de los conservadores. De cualquier modo, mantendrán una posición que podemos pronosticar de muy anti-comunitaria; Italia, con el nuevo gobierno de Prodi y el presidente Napolitano, parece que regresa al europeísmo y a un cierto progresismo en el plano social y político. Lo que puede ayudar a crear un marco solidario muy interesante en la Europa del sur, con la España de Zapatero y el Portugal de Sócrates.

Sea como fuere, hay señales en la Unión de que la opinión pública europea, después de un año de dudas, comprende que el rechazo del Tratado Constitucional fue un craso error y un retraso fatal en el momento crítico que el mundo atraviesa. Estonia acaba de ratificar el Tratado inesperadamente. Un buen ejemplo que llega del Este. Finlandia declaró antes de asumir la presidencia en junio de 2006, que también lo hará. Eso significa que serían dieciséis de veinticinco los Estados miembros que ratificarían el Tratado. Portugal, a mi modo de ver, como país profundamente europeísta, debería seguir ese ejemplo.

Es cierto que no hay constituciones perfectas y el Proyecto Constitucional, tal como fue elaborado y presentado, seguramente tampoco lo era. Pero representaba un paso adelante, político e institucional, de primordial importancia para el refuerzo de la Unión.

La izquierda socialista, los alter-mundistas y la derecha criticaron la Constitución por ser, en el plano económico, muy neoliberal, poco socialista y, en el plano político-institucional demasiado comunitaria e integradora. Es verdad. La Constitución representa un compromiso entre las cuatro grandes familias europeas: socialistas y socialdemócratas por un lado, conservadores y populares por otro, los liberales y verdes. No se podía esperar otra cosa, era el compromiso posible y sin duda un paso adelante decisivo.

Tras un año de estancamiento, como es obvio, las políticas neoliberales se han acentuado, como los sindicalistas europeos generalmente reconocen, y la Unión Europea, institucionalmente sin norte, ante la recomposición geopolítica mundial en curso, ha dejado de contar. Occidente se confunde cada vez más con la política norteamericana, tal como la orienta la administración Bush. Hasta la distinción entre la Vieja Europa, la que se opuso a la invasión de Irak, y la Nueva Europa, seguidista del «Imperio», se ha desvanecido. Cuando es necesario reconocer los errores, y los crímenes perpetrados en nombre de Occidente, en Irak y en el Oriente Próximo, no son Durão Barroso (Presidente de la Comisión Europea) o el presidente en ejercicio del Consejo Europeo Wolfgang Schüssel, de Austria, ni Javier Solana, responsable de la PESC, quienes se reúnen con Bush. Es Tony Blair, el «amigo especial» americano, uno entre 25 miembros del Consejo de Europa, sin estatuto para representar a la Unión[1]...

La izquierda, toda la izquierda europea, comprenderá, con la prueba de los hechos, que el mundo necesita a la Unión Europea para que la gran recomposición geoestratégica en marcha, en un mundo

---

1. Blair sólo tuvo ese estatuto mientras fue Presidente de la Unión y, entonces, no hizo nada para que avanzara la Unión o superara el paréntesis ocasionado por el veto francés u holandés.

globalizado y sin reglas éticas, pueda reequilibrarse, la política mande sobre la economía (y no al contrario) y las grandes causas humanistas, la lucha por la paz y el derecho, contra la pobreza, en defensa del planeta amenazado, por el acceso a la educación y al bienestar, sin discriminaciones, puedan ayudar a transformar el mundo, para mejor.

Capítulo xvii

Una Alianza de Civilizaciones

Federico Mayor: Quiero insistir en la importancia que atribuyo a la propuesta del Presidente Rodríguez Zapatero sobre la Alianza de Civilizaciones. En 1998, el Presidente Khatami propuso en las Naciones Unidas el Diálogo de Civilizaciones. Era una propuesta tan insospechada como importante, ya que, frente al anunciado conflicto entre civilizaciones, se oponía una solución. Y más, la propuesta partía de un presidente, ciertamente progresista, de uno de los países islámicos más severos, con un teocracia de lentísima evolución. De ahí la importancia y oportunidad de la propuesta del Presidente español.

Europa debería ser la primera en secundar ambas propuestas, complementarias. La Europa consciente de que la seguridad y la estabilidad a escala mundial se conseguirán, sobre todo, a través del conocimiento del otro, a través del diálogo y de la alianza de civilizaciones, esa Europa debe prevalecer y, por tanto, tendrá que rehusar –frente a tantas incitaciones y tantos intereses– al tradicional uso de la fuerza. No será fácil sustituir el «si quieres la paz, prepara la guerra» por el «si quieres la paz, ayuda a construirla con tu comportamiento cada día». No me canso de repetirlo. Ya sé que hoy parece imposible, pero puede ser el gran posible de mañana, de dentro de unos años, si la gente decide que no aceptará nunca más unos supuestos que la han mantenido sojuzgada. «Las cosas son como son», se nos ha dicho una y otra vez. Pues no: las cosas deben ser como deben ser, y ha llegado el momento de que las cosas dejen de ser como han sido. Ha llegado el momento del clamor popular. De la gente...

Mário Soares: Dos o tres sugerencias más, para insistir en lo que usted dice. Antes habló del consorcio financiero-militar. Pues bien, este consorcio así llamado, financiero-militar, fue la expresión que utilizó, como recordará, el Presidente Eisenhower, que era republicano, dato que conviene no olvidar. Él planteó, por primera vez, creo, el hecho de que ese complejo financiero-militar pudiera llegar a poner en causa la democracia en Estados Unidos. Avisó de esto ya hace muchos años, en 1961.

Tenía razón en su advertencia Eisenhower y sabía de lo que hablaba. Era militar, ex comandante en jefe de las Fuerzas Aliadas. Hoy, ese consorcio financiero-militar es todavía mucho más complejo y peligroso de lo que se creía en tiempos de Eisenhower. Entonces no existía una alianza táctica entre el dinero sucio instalado en determinados circuitos financieros sospechosos y el terrorismo global. A lo que hay que añadir, para colmo, indicios de que existen conexiones, en el mejor de los casos indirectas, entre el complejo financiero-militar, al que se incorpora el dinero sucio, el papel de los medios de comunicación y la manipulación que se practica desde los distintos soportes, y también el fenómeno de exacerbación religiosa, que conduce inexorablemente al fanatismo. Como se ve, una combinación explosiva.

Aunque hemos hablado mucho de este fenómeno, creo que hay que insistir: lo que está pasando en Norteamérica es algo muy preocupante. Porque, cuando un presidente de una república democrática y civil comienza los consejos de ministros rezando, está indirectamente sugiriendo a todos un comportamiento similar y está ignorando uno de los valores de la llamada Civilización Occidental, el laicismo. Bush dijo una vez, después la expresión fue omitida, pero lo afirmó espontáneamente, que estaba en «una cruzada contra los infieles». Dijo que ciertos países pertenecían a lo que llamó «eje del mal», usando expresiones con connotación religiosa y después invadió Irak para luchar contra «los infieles» y los fanáticos.

Estamos ante un nuevo fanatismo de señal contraria y en una «cruzada», palabra que es inaceptable en el siglo XXI. No se impone la religión a nadie como no se impone, ni se puede imponer, a la fuerza, la democracia. No se puede construir una democracia en un país bombardeándolo y arrasando todo lo que es la historia y la identidad de ese lugar: museos, monumentos, antiquísimas ruinas de viejas civilizaciones, escuelas, hospitales, etcétera. Sólo se evitó arrasar el petróleo, porque debía conservarse para uso de Estados Unidos. Esto, en términos simplistas, es lo que pasó y está pasando en Irak.

El fanatismo religioso, ya sea cristiano, judaico, musulmán, hindú, etcétera, es algo extremadamente preocupante en sí mismo y muy grave. Porque, cuando las sociedades europeas caminan hacia el laicismo y consideran la religión como algo individual, de la esfera de la conciencia de cada uno, y no una imposición colectiva, proceda de quien proceda, en Estados Unidos se está actuando en sentido contrario.

Las sectas evangélicas tuvieron un papel fundamental en la victoria electoral de Bush. Movilizaron muchos sectores, más o menos fanatizados, convenciéndolos de que, si votaban a Bush, le prestaban un servicio a Dios. Lo que evidencia, en el fondo, una actitud semejante a la de los fundamentalistas islámicos, que actúan en nombre de Dios. Repito: no es posible combatir al terrorismo con las mismas armas que el terrorismo utiliza... Retomando la cuestión del armamento, pienso que es interesante observar que, si se prohibiese el comercio de armas, o se sujetara a impuestos de tal manera altos que disuadieran de la compra, nosotros, con ese dinero, podríamos resolver el problema de la pobreza en el mundo[1].

Esto es una cosa que tenemos que decir y repetir, porque la pobreza en el mundo no es una fatalidad. Desgraciadamente esa pobreza, que no es una fatalidad, se expande por todo el mundo, incluso en las sociedades más desarrolladas, como es el caso de la norteamericana, donde las zonas de pobreza son considerables e impresionantes. En los países desarrollados comienzan a existir las sociedades duales, donde, puerta con puerta, conviven la mayor ostentación de riqueza y la mayor miseria. Eso es, obviamente, inaceptable.

Federico Mayor: Si nos parece inaceptable el absolutismo y la intransigencia en el poder terrenal ¿cómo podemos permitir que la práctica religiosa se convierta en algunos casos en expresión de odio, en lugar de amor, en sanción en lugar de perdón, en tortura en lugar de consuelo, en superstición en lugar de clarividencia? Recuerdo la importancia que para mí tuvo una reunión que organizó la UNESCO con el Centro de Cataluña, bajo la dirección de Félix Mar-

---

1. Cito aquí el ejemplo de la llamada Tasa Tobim, sobre la que se ha hecho un espeso silencio.

tí[1]. Fue en el año 1994 y a ella concurrieron diciones religiosas de todo el mundo, desde e cianismo al shintoísmo, el animismo, el budismo en sus distintas formas, todas las modalidades del cristianismo, del Islam, del judaísmo... A todas ellas se les hizo la misma pregunta: «¿El uso de la violencia es legítimo o no en su religión?». La respuesta unánime, que se contiene en la magnífica Declaración de Barcelona[2], fue negativa. Todas las religiones, representadas en general al máximo nivel –el Dalai Lama, cardenales, rabinos, imams–, manifestaron que «nuestra religión se basa en el amor, en la consideración del prójimo, en el desprendimiento, en la convivencia pacífica. El uso de la violencia, la imposición de nuestros criterios, el extremismo religioso son absolutamente aberrantes y representan interpretaciones que no tienen nada que ver con los sentimientos genuinos de nuestras religiones».

Llevo siempre conmigo la Declaración de Barcelona, para poderla exhibir en conversaciones con los representantes de regímenes teocráticos, con los talibanes... o con líderes de países a los que, a pesar de la interpretación intransigente, dogmática, fanática de su religión, se les disculpa por la riqueza de sus yacimientos o por el poderío del país que los avala. Nada permanece cuando se impone, se trate de criterios morales o principios religiosos o ideológicos. Nada se otorga: la libertad, la justicia, el amor, la paz, la democracia... se construyen cada día en nosotros, por nosotros, con nosotros.

1. Director del Centro UNESCO de Catalunya.
2. Ver «Declaración sobre el papel de la religión en la promoción de una cultura de paz», Barcelona, 1994.

Todo se facilitará, en esta formidable transición que se avecina, si sabemos respetar plenamente y a escala mundial la Declaración Universal de los Derechos Humanos. La igualdad radical entre todos los seres humanos es el fundamento de toda religión, es el principio de toda solución democrática, ya que la alteridad es absolutamente imprescindible. En cuanto unos se creen superiores a los otros, unas religiones superiores a las otras, unas razas superiores a las otras... el conflicto se hace inevitable. Todos los seres humanos libres e iguales en dignidad. A partir de ahí sí que tenemos bases para el diálogo, para las alianzas, para evitar cualquier posición fanática y extremista, sea de carácter religioso o ideológico, nacionalista o incluso deportivo.

Mário Soares: En el plano de los principios estoy absolutamente de acuerdo con usted. La religión es un fenómeno de la conciencia individual de cada uno, no de un Estado, ni debe confundirse con éste. Pero no es eso lo que está sucediendo. En los últimos años el laicismo ha retrocedido y el fanatismo religioso ha aumentado, en distintos continentes. La tolerancia, de que nos hablaron Locke y Voltaire, entre tantos otros, también se está replegando. Cito el caso de las caricaturas de Mahoma, que provocaron manifestaciones de protesta, extremadamente agresivas, en todo el mundo musulmán. La intolerancia está ganando terreno, no sólo entre los islamistas sino también entre cierto tipo de cristianos, los evangelistas, por ejemplo, y entre los judíos ortodoxos. De ahí que se hable tanto del choque de civilizaciones, y se vuelva a temer la guerra de religiones. No podemos, ni debemos, ignorar esa amenaza, muy concreta, que empieza a proyectarse sobre nuestros horizontes...

En ese sentido, me parece muy oportuna la «Alianza de Civilizaciones» que propuso Khatami, que Zapatero pretende desarrollar y a la que el Presidente de Argelia, Abdelaziz Bouteflika, también se ha sumado. Acabo de recibir un libro, con varias intervenciones extremamente pertinentes, de Bouteflika, justamente titulado *Diálogo de civilizaciones*.

Kofi Annan, Secretario General de Naciones Unidas, en noviembre de 2005, hizo un llamamiento para que a través de la Alianza de Civilizaciones se dé «una respuesta colectiva al aumento de intolerancia, de extremismo, de violencia y de terrorismo». Fue un acto de gran valor.

Ahora bien, usted está en muy buena posición, como copresidente del Grupo de Alto Nivel de Naciones Unidas para la Alianza de Civilizaciones[1], para desarrollar este tema, tan oportuno, importante y actual. ¿Cómo se buscará su consolidación y su desarrollo? ¿Se trata de una «alianza» entre Estados, promovida por gobiernos, o es también una alianza entre pueblos? ¿Y qué papel se reserva, en este contexto, al diálogo ecuménico entre religiones, en el que he participado activamente, a través de las iniciativas propuestas por la Comunidad de San Egidio?

Federico Mayor: El Grupo de Alto Nivel de las Naciones Unidas, siguiendo las directrices del Secretario General, se esfuerza en identificar y proponer una serie

---

[1]. El otro copresidente es el profesor turco Mehmet Aydin, Ministro de Estado. Entre los 19 miembros que forman parte del grupo de alto nivel se encuentra el ex Presidente de Irán, Mohamed Khatami, el ex Ministro de Asuntos Exteriores de Francia, Hubert Védrine y el consejero del rey de Marruecos, André Azoulay.

de medidas que permitan el conocimiento recíproco, la conciliación y la búsqueda de soluciones pacíficas a los conflictos, construyendo puentes de amistad y fraternidad donde hoy hay brechas de rencor y animadversión. La interacción, el intercambio, el diálogo, son fundamentales para que se grabe nítidamente en la conciencia de todos que la igualdad que preconiza el artículo primero de la Declaración Universal constituye la base de una humanidad infinitamente diversa pero unida por unos valores universales, capaz de reconciliarse consigo misma y hallar, por la palabra y no por la fuerza, la solución a los problemas que enfrenta. Acciones rápidas que, a escala internacional, demuestren –muy en particular a los aferrados al uso del poder militar, tecnológico o económico– que la gente del siglo XXI no aceptará resignadamente los mismos supuestos que han prevalecido hasta ahora. Que no defenderá con su vida causas que no estime procedente defender. Que no se resignará a ver el futuro de sus hijos oscurecido, en las dimensiones sociales, medioambientales, morales y culturales, por los designios de unos cuantos encaramados en las estructuras de dominio. Estoy convencido de que se acerca la revolución pacífica propia de los ciudadanos que toman en sus manos las riendas de su destino. La revolución de la democracia perfecta a escala mundial.

Cuando tanto se habla de la confrontación entre el Islam y Occidente... ¿Podemos identificar, ahora mismo, conflictos de esta naturaleza? ¿Bin Laden y sus secuaces representan el Islam? ¿Y Occidente el cristianismo? ¿Qué bandera ideológica defienden hoy los «ejércitos de Occidente?» ahora, por cierto, que crece el número de soldados mercenarios, y que, igual que ha sucedido en materia de seguridad, se trata de un «servicio subcontratado» a empresas privadas. Hace poco, el periódico *El País*, publicaba un editorial titulado «Guerras, S.A.» en el que se ponía de manifiesto que, progresivamente y de manera indeseable, podría estar transformándose la naturaleza de los ejércitos que han de defender la democracia.

Pretendemos que las acciones en favor de la Alianza de Civilizaciones que se propongan al Secretario General, el próximo mes de diciembre, permitan que se propague un mensaje de convivencia pacífica a todos los ciudadanos del mundo. Los últimos informes presentados por grupos parecidos (sobre la sociedad civil y sobre la reforma de las Naciones Unidas) han tenido un efecto prácticamente imperceptible. No queremos que sea el caso de la Alianza de Civilizaciones, por lo que desde ahora pretendemos poner en marcha actividades «visibles» de intercambio, de hermanamiento de ciudades, universidades, comunidades científicas, deportivas, así como grandes encuentros de distintas religiones, etnias y culturas durante los próximos años, para que vaya calando la sustitución de la fuerza por el diálogo, de la imposición por la palabra, hasta llegar a lo que tiene realmente la llave de esta metamorfosis profunda que podría convertir al siglo XXI en «el siglo de la gente»: que cada ser humano participe, que nadie siga de espectador, que todos, con su comportamiento, hagan posible el cambio.

Por cierto, la mayor parte de los conflictos recientes o actuales no son inter-religiosos sino intra-religiosos: en el Ulster, entre cristianos; en Irak, entre musulmanes (sunitas, chiítas)...

Han tenido lugar grandes encuentros de distintas culturas religiosas: Barcelona, en 1994, donde se alcanzó, como ya he mencionado, una Declaración sobre la incompatibilidad de todas la religiones con el uso de la violencia, que sirve de auténtico modelo, teniendo en cuenta la jerarquía y relieve de las personalidades que las suscribieron. A este respecto, más recientemente, las Declaraciones de Rabat, de Túnez, de Alma-Aty... ponen de manifiesto que el problema no reside en la interpretación de las distintas creencias en sus niveles más altos, sino en la interpretación sesgada e interesada que algunos creyentes transforman en extremismo fanático.

Los capítulos más relevantes de la Alianza de Civilizaciones son los que pertenecen al ámbito político (con dos acciones muy concretas: defensa del multilateralismo y de políticas de integración –y no de asimilación– de emigrantes); educativo; juventud (facilitando los intercambios, el acceso a Internet, creación de un Cuerpo Solidario Juvenil), y, muy importante, medios de comunicación. Los medios de comunicación deben colaborar para que, poco a poco, todos los ciudadanos se sientan «capaces» de ser actores de un gran cambio que tiene que producirse con cierta rapidez, antes de que las tendencias actuales desemboquen, como ya hemos discutido, en situaciones catastróficas y parcialmente irreversibles.

Conozco muy bien y admiro a la Comunidad de San Egidio, una comunidad católica en Santa María de Trastévere, en Roma, donde tantos lazos se han establecido, donde tantas uniones se han fraguado. El obispo Vicenzo Paglia, el profesor Andrea Riccardi o el padre Mateo Zuppi son auténticos «pontífices», hacedores de puentes, como demostraron, por cierto, en la pacificación de Mozambique que usted ha mencionado.

Capítulo XVIII

Naciones Unidas

Federico Mayor: A pesar de las solemnes declaraciones –¡jamás, jamás!– al contemplar Auschwitz, o el edificio donde se vendían los esclavos en la isla de Goré, después de la Carta de las Naciones Unidas y de las instituciones y organizaciones que forman parte de las mismas, después de las múltiples resoluciones del Consejo de Seguridad, no han escaseado, por desgracia, todo tipo de desmanes a escala nacional o internacional, frutos ásperos del autoritarismo, de la ambición desmedida, del extremismo, del fanatismo. Todo ello unido a un sistema de Naciones Unidas progresivamente debilitado y desasistido por parte de aquellos países que hubieran podido, con su apoyo, evitar tantos sufrimientos a la humanidad. Para que muchos imposibles todavía hoy sean posibles mañana, es necesario que se modifique el principio de la no injerencia.

No injerencia de los vecinos o de cualquier otro país, desde luego. Pero sí injerencia de las Naciones Unidas, cuando no se cumplan determinados criterios. Las Naciones Unidas existen precisamente para impedir que, en el terrible régimen impuesto en Camboya por Pol Pot murieran en 4 años, de 1975 a 1979, más de 2 millones de personas, de una población de alrededor de 8 millones. Ha sido uno de los exterminios más abominables de la historia. Fue un régimen atroz y se consintió. Todos espectadores, observando el terrible espectáculo, como en el circo romano, sin intervenir...

Mário Soares: La verdad, sin embargo, es que las Naciones Unidas no tuvieron fuerza para evitar la tragedia de Camboya. Como muchas otras tragedias. Vea lo que pasa estos días en Irak, en Afganistán, en Sudán (Darfur), así como lo que se está preparando en Irán.

La historia de la ONU está hecha de incontables y gravísimos fracasos. Pero también de grandes éxitos, especialmente si nos atenemos al extraordinario trabajo que realizan las Agencias Especializadas y las innumerables iniciativas adoptadas por el Secretario General. El simple hecho de que la ONU exista desde hace más de sesenta años, ya representa una victoria del sentido común mundial y del Derecho Internacional, incluso teniendo en cuenta las amenazas que han pesado sobre nosotros y que siguen pesando. Pero estos tiempos no son buenos para las decisiones de la ONU. Todo lo contrario...

Federico Mayor: ¿Y qué sucedió en Ruanda? ¿Y qué pasó en Somalia? Uno de los motivos por los cuales las Naciones Unidas tienen que contar con el apoyo de todos los países, sin excepción alguna, es para que su autoridad no se discuta y para contar con los recursos que le permitan evitar, o paliar con diligencia, situaciones como la de Ruanda.

Siendo Director General de la UNESCO, a principios de los 90, cuando Boutros Boutros-Ghali era Secretario General de Naciones Unidas, estudiamos cuáles serían los criterios que podrían autorizar una inmediata interposición de los Cascos Azules. Vimos dos condiciones: violación patente y masiva de los derechos humanos e inexistencia de cualquier tipo de poder organizado, es decir, ausencia de gobernación. ¡Qué injusticia la que estamos cometiendo con el pueblo somalí, dominado, en medio de la mayor miseria, por unos «señores de la guerra» sin que las naciones más poderosas y prósperas de la tierra se dignen mirarlo... Sí: muchos imposibles hoy serán posibles mañana si disponemos de un sistema de Naciones Unidas que, con el concurso de todos, sea torre de vigía y eficiente guardián del decoro y de la paz mundial.

Todos sabemos bien que la existencia de la Unión Soviética, con su gran poder nuclear y un sistema dictatorial de gobierno, no permitía «bajar la guardia». Y así tuvo lugar la carrera de armamentos durante la *guerra fría*. Para garantizar la paz, se preparaba la guerra. Ahora, por fin, el mundo se ha liberado de esta terrible amenaza y ya no es necesaria la fuerza, aunque los intereses del inmenso complejo bélico empresarial se resistan a admitirlo. Ahora son posibles muchas cosas, muchas maneras de procurar la paz y la justicia que hace 15 años eran impensables. Tenemos que ser capaces de identificar el formidable resultado –aunque se haya obtenido en procesos tan dolorosos– del siglo XX: la demostración de que se necesitan imperiosamente nuevas soluciones para hacer frente a los desafíos de hoy. Que se haya puesto de manifiesto, sin opacidad alguna, cuáles son los remedios del pasado que sirven y cuáles ya son inadecuados. El siglo XXI nos proporciona, en suma, la gran esperanza de una nueva oportunidad.

Mário Soares: No sé qué complejidades e inseguridades nos prepara el futuro. No sé si serán tan fáciles de resolver y tan lineales. Me parece que no... A la *guerra fría* y a sus tensiones, le sucedió *la guerra contra el terrorismo*, sus incongruencias y manifiestas fragilidades... Y, para colmo, ya en este nuestro conturbado siglo, asistimos a un fenómeno nuevo: la tentativa de la superpotencia, hoy única, de marginar a la ONU y de desprestigiar a su Secretario General, como si la ONU fuese algo embarazoso para el «imperio» que ellos llaman del bien...

Federico Mayor: Para aprovechar la oportunidad de que le hablo se necesitan líderes a la altura de las circunstancias. Y que la gente tome conciencia de que *ahora* sí, ahora puede y debe ser parte de la solución. El siglo XX nos ha dejado la creación, en San Francisco, en 1945, de las Naciones Unidas y de las distintas agencias que dependen de ella; la Declaración Universal de los Derechos Humanos, en 1948; el desmoronamiento, en 1989, de la Unión Soviética y la reaparición o aparición de muchos países en el camino de la democracia; la erradicación del *apartheid* racial en África del Sur; las pautas a seguir en educación a escala mundial (1990), en medio ambiente (1992), en desarrollo social (1995), en el fomento de la tolerancia (1995) y la diversidad (2001), en la transición desde una cultura de violencia y de fuerza hacia una cultura de diálogo y de paz (1999). Han aparecido nuevas instituciones para la garantía de la justicia a escala global, como el Tribunal Penal Internacional...

Como usted sabe, Estados Unidos ha mantenido, desde principios de los años de la década de los 80, una posición particularmente hostil al desarrollo de cualquier organización internacional que pudiera menoscabar su poder hegemónico. Creo que corresponde a una Europa fuerte, a una Unión Europea revestida de la autoridad moral suficiente, hacer ver a Norteamérica que tiene que modificar su posición esquiva, acentuada recientemente. Norteamérica no ha suscrito su adhesión al Tribunal Penal Internacional sino que ha «persuadido», con la fuerza de sus argumentos económicos y tecnológicos, a países menesterosos para que en ningún caso se juzgue a un soldado norteamericano por delitos de guerra. Nunca olvidaré algo que ocurrió siendo yo Director de la UNESCO: la convocatoria, a finales del año 89, para la firma en la ONU de la Convención de los Derechos del Niño. Jim Grant, el Administrador de UNICEF, había convocado con gran alegría a todos los líderes del mundo para que proclamaran con su firma el papel protagonista que, en lo sucesivo, correspondería a los niños del mundo. El Presidente de Estados Unidos, a la sazón George Bush padre, indicó que debido a problemas surgidos a última hora, no podía suscribir todavía la Convención. Fue la única excepción. Todos pensamos, incluido Jim Grant, que se trataría de un aplazamiento «burocrático». Al cabo de 10 años, sólo dos países no habían suscrito tan importante compromiso: Somalia y los Estados Unidos. Al día de hoy, Estados Unidos sigue sin firmar.

Lo mismo ha sucedido con el derecho a la nutrición, que es una consecuencia inmediata del derecho a la vida. Hace 3 o 4 años me solicitaron que presidiera en Roma una reunión preparatoria de la cumbre de la FAO para el reconocimiento del derecho a la alimentación. Todos los asistentes estuvieron plenamente de acuerdo. Sólo una excepción: los Estados Unidos.

Mário Soares: Los ejemplos que ha citado, tan significativos, ponen en evidencia que las cosas son más difíciles de lo que parecen, pese a las Convenciones de Derecho aprobadas y de algunos progresos (innegables) que se han realizado en distintos ámbitos. Pero el retrato que hoy, 2006, ofrece al mundo no es para alimentar muchas esperanzas. El futuro, tanto en el plano político-militar como en el económico-social, no promete grandes alegrías a corto plazo. Al contrario. Pero es una razón más para no desistir de luchar por mejores días.

Con todo, más allá de las denuncias, muy importantes y oportunas, debemos reflexionar acerca de cómo encontrar caminos de acción responsables para cambiar el *statu-quo* que, desde el inicio del siglo, es cada vez más incierto y oscuro...

Federico Mayor: Los importantes puntos que usted acaba de mencionar podrían constituir una propuesta para el futuro. Para el cumplimiento de los Objetivos del Milenio, para promover y supervisar la transición desde una cultura de fuerza y de guerra hacia una cultura de conciliación y de paz. Para que la seguridad de la paz sustituya a la paz de la seguridad, es imprescindible un clamor popular en favor de unas Naciones Unidas capaces, por su autoridad y por los recursos de toda índole que se pongan a su disposición, de «evitar a las generaciones venideras el horror de la guerra», de erradicar el hambre y la pobreza, cuidar del medio ambiente, favorecer la diversidad cultural y la observancia de los principios éticos...

Contamos ahora con asociaciones de la sociedad civil, con las tecnologías de la comunicación y con la repulsa mundial por la situación de guerras, explotación, tráficos de personas, de drogas, de armas, de paraísos fiscales, que se observa, y consciente de que sólo se podrá avanzar por nuevos caminos si se «refundan» las Naciones Unidas. Hasta tal punto era sólida esta convicción en quienes, tan lúcidamente, redactaron y aprobaron la Declaración Universal de los Derechos Humanos que, en su Artículo 26.2, se lee: «La educación tendrá por objetivo el pleno desarrollo de la personalidad humana y el fortalecimiento del respeto a los derechos humanos y a las libertades fundamentales; favorecerá la comprensión, la tolerancia y la amistad entre todas las naciones y todos los grupos étnicos o religiosos, y promoverá el desarrollo de las actividades de las Naciones Unidas para el mantenimiento de la paz».

La Unión Europea podría ser, con el concurso de los nuevos actores sociales mencionados, con la anuencia de «todos los pueblos del mundo» y, en particular, de aquellos que por su riqueza y características tienen un papel más importante que desempeñar, el gran protagonista para construir, con los Estados Unidos, las grandes alianzas que podrían hacer de las primeras décadas del nuevo milenio un punto de inflexión histórico.

Mário Soares: Pero la verdad es que no es eso lo que, por desgracia, está sucediendo. La marcha del mundo, según todos los indicios, en este inicio de siglo, va precisamente en sentido contrario. No nos podemos dejar engañar si queremos ser eficaces.

Ya que ha citado el papel decisivo que atribuye a América del Norte y a Europa para la inflexión que preconiza, en la búsqueda de la paz para el mundo en este nuevo siglo, que es también inicio de milenio, no debemos ignorar lo que está pasando en América del Norte y en Europa, es decir, en la Unión Europea. Como ya hemos visto, la situación no es estimulante ni en un caso ni en otro. Veamos...

Estados Unidos está en una de las más peligrosas encrucijadas de la historia. La administración Bush ha contribuido, de forma arrasadora, a liquidar el prestigio y la autoridad moral de Norteamérica en el mundo. Además atraviesa una crisis interna –económica, social, moral y también en cuanto al rumbo político que debe seguir– de extrema gravedad. Basta leer algunos libros, extremadamente lúcidos, críticos e irrefutables de notables politólogos y universitarios norteamericanos, para comprender la situación. ¿Cómo va a salir Estados Unidos del «avispero» de Irak? Mientras Bush sea Presidente, será muy difícil encontrar una salida. Es más: si intenta una «fuga hacia delante» y ataca a Irán o deja que Israel lo haga, con su apoyo, lo que no es imposible que ocurra, aunque espero que no suceda, el camino hacia el abismo que viene recorriendo seguramente se acelerará. Con costos humanos y materiales insostenibles.

La Unión Europea, como ya hemos visto, está paralizada e insegura en el rumbo a seguir. Sin capacidad para promover la reforma institucional necesaria, no se puede pronosticar un nuevo paso al frente en la construcción europea, con 25 Estados miembros, sin liderazgos fuertes y con inmensas contradicciones entre sí... La Unión vive, lo digo una vez más, un impasse incontestable. Además, algunos Estados miembros, como el Reino Unido, están realizando esfuerzos para impedir el avance de la integración europea. La presidencia del Reino Unido, tras el *no* del referéndum francés, fue un ejemplo sintomático.

En este panorama, que no creo haber exagerado pintándolo de colores pesimistas, ¿qué podemos esperar, en el plano real, para los próximos años, ya sea de los Estados Unidos ya sea de la Unión Europea? Hay movimientos de opinión, tanto a un lado del Atlántico como al otro, que van en el sentido del progreso, eso es verdad, pero ¿son suficientes para cambiar la situación política, radicalmente, como sería necesario?... No lo creo, por más optimista que pretenda ser.

Si miramos al mundo hoy, vemos que existen varios bloques demográficos importantísimos, algunos con una evidente ambición hegemónica. La Unión Europea es una excepción, porque es una asociación voluntaria de Estados y tiene como fundamento un proyecto de paz, pero hay otros, claro, con proyectos diferentes. Estados Unidos-Canadá; América Latina; África, aunque su unidad sea todavía muy precaria; Oriente Próximo, un barril de pólvora; Rusia; India; China; Japón; Australia; Nueva Zelanda; Indonesia...

En este mundo inseguro, incierto, en rápida transformación –y tan convulso– ¿la Unión Europea se puede afirmar como un proyecto de paz y de defensa del Derecho y de las organizaciones internacionales? ¿En un mundo que se caracteriza, tras la llegada de Bush, por la definición del «imperio del bien» norteamericano, no sólo como potencia militar hegemónica, sino como potencia imperial, que se atribuye a sí misma la misión de ser policía del mundo y de determinar qué es la democracia, cómo evoluciona y cómo debe funcionar? Y que, por otra parte, piensa siempre en su propio interés y está sujeto a las contradicciones y debilidades que le son inherentes. Como dijimos, a propósito de los hispanos, de los negros, de los africanos, de los judíos, Estados Unidos es ese *melting pot* de razas y de culturas diferentes, con un trazo de identidades en que, contradictoriamente, coexisten dos impulsos: el del espíritu de los pioneros, progresista, en la línea de Wilson, de Roosevelt, de Kennedy, y el del aislacionismo, de espíritu cerrado, del macarthismo, del fanatismo religioso y de un neoconservadurismo sin compasión.

¿Cómo vivir en este mundo que está sin brújula ni norte, con una ONU debilitada, con la tentación que tiene la administración norteamericana de marginarla, si no de destruirla y tal vez también a sus agencias especializadas? Las Naciones Unidas han sido, mejor o peor, la autoridad suprema del mundo para mantener la paz y hacer que se siguiera un camino de progreso, de dignidad y humanidad, de respeto por los otros y por la ideas de los otros. La marginación de la ONU conlleva necesariamente la destrucción de organizaciones muy valiosas que han hecho un trabajo importantísimo, como son la FAO, la OIT, la UNESCO, la UNICEF, la OMS, etcétera. Estas agencias constituyen un patrimonio colectivo de la humanidad y han contribuido a crear una cultura de paz, de tolerancia, de humanidad, que no debe ser puesta en causa, porque sería un gran riesgo para el futuro del mundo y de la humanidad. Por eso, yo repito: para que la Unión Europea tenga un papel activo en el contexto internacional y siga siendo, de alguna manera, una referencia de los valores universales, es necesario que resista a la actual presión norteamericana, que no se deje dominar por el neoliberalismo envolvente y por la globalización económica incontrolada de que los norteamericanos son responsables y los mayores beneficiarios...

La defensa de las Naciones Unidas y del sistema de organizaciones que creó es, en el actual contexto, una necesidad imperiosa para el mundo. La ONU no puede tener el destino de la Sociedad de Naciones, SDN. La Unión Europea, en defensa del prestigio de Occidente, tiene ahí una enorme responsabilidad. Debe estimular, en todas la circunstancias, el apoyo a las Naciones Unidas, para que no se conviertan en una isla impotente, con el reaparecimiento de la lucha egoísta y sin cuartel de las grandes potencias: Estados Unidos, China, Rusia, India, Indonesia, Pakistán, Australia, etcétera, cada uno de estos colosos con sus grupos satélites y aliados.

¿Qué regresión en nuestra civilización representaría eso y con qué riesgos para la humanidad en su conjunto? Sé que es difícil, en los tiempos que corren, desarrollar las Naciones Unidas, reestructurarlas, hacerlas más eficaces y actuantes, no dejar morir tantas iniciativas en beneficio de la humanidad. Si la Unión Europea tuviese el valor de empuñar la bandera de la defensa de Naciones Unidas, este cambio sería posible, porque aliados no le iban a faltar. Pero ¿sus dirigentes políticos tendrán valor y consistencia para eso?...

Capítulo xix

La transición del milenio

Mário Soares: Estamos aproximándonos a una reflexión crucial: ¿Cuáles son los grandes desafíos para el siglo xxi? Y ¿cómo les damos una respuesta eficaz? Hay algunos puntos, entre tanto, que dejamos atrás y que sería interesante dilucidar, especialmente desde nuestra posición de ibéricos.

Antes hablamos algo del Mediterráneo: España y Portugal, la complejidad tan creativa de Iberia, una en su enorme diversidad, pero también de Francia, de Italia, de Grecia y de los países que componían la antigua Yugoslavia. Somos todos Mediterráneo del norte. Pero está el sur. La zona sur del Mediterráneo, cuna de civilizaciones, está en enorme ebullición, desestabilizada, lo que es preocupante. Debemos mirar con mucha atención lo que está pasando en los países del Magreb, nuestros vecinos, así como en Libia y Egipto, que pueden constituirse en llaves para la Alianza de Civilizaciones. Y nos enfrentamos con el problema de la inmigración, tan actual y grave, para el que hay que encontrar soluciones, respetando la dignidad de quienes nos buscan, en condiciones tan dramáticas. Lo que pasa en el Mediterráneo oriental merece, del mismo modo, mucha atención, o toda la atención: Hablo de Israel, de Palestina, de Siria, de Líbano... Y de Turquía, obviamente.

Es posible que en el siglo xxi, la centralidad del

mundo se desvíe, como hemos dicho, al Pacífico. A la Unión Europea, sin embargo, eso no le interesa. Y es preciso que los europeos, todos, lo entiendan. De hecho, hay mucha gente, de esa que se deja influir por las novedades, que comparte la idea de que hoy el centro del mundo es el Pacífico, dado el crecimiento de Asia. La situación de Estados Unidos, cuya costa oeste parece ser hoy la más desarrollada, en el aspecto tecnológico e incluso del conocimiento, favorece ese punto de vista, como ya he referido. Pero la costa este es la más próxima –e influenciada– de Europa. Lo que no deja de ser importante...

Hablamos del diálogo de civilizaciones, pero hablamos menos del otro diálogo, implícito, que es el de las religiones. Deberíamos tal vez ocuparnos un poco de las religiones, del peso que las religiones vuelven a tener en el siglo XXI, en este inicio de siglo.

¿Será que la profecía atribuida a Malraux, la que dice que el siglo XXI va a ser esencialmente religioso, de alguna manera se está verificando? Es importante que pongamos nuestra mirada con atención en las grandes religiones monoteístas, que sufren cierto retroceso, ante el esoterismo tan de moda, o la proliferación de las sectas evangelistas. El fanatismo religioso está creciendo tanto en peso demográfico cuanto en agresividad. Cada una de las religiones, en el fondo, se cree la única, la verdadera, puesto que se asienta en la revelación y en el dogma. ¿Cómo pueden entonces convivir unas con otras, pacíficamente? Han aumentado los esfuerzos, es cierto, para crear un clima de tolerancia y respeto mutuo entre religiones y entre quienes las siguen y quienes, pura y simplemente, no profesan religión alguna. Porque buena parte de la humanidad, al contrario de lo que se piensa, no tiene religión o sólo sigue prácticas religiosas rutinarias, sin tener una concepción religiosa de la existencia.

Frente a los grandes desafíos de la transición del milenio, la revolución informática, el peso avasallador de los medios de comunicación social, sobre todo de las televisiones, de Internet y los teléfonos móviles, las Iglesias han intentado resistir, adaptándose a las nuevas tecnologías y procurando dar respuesta a los problemas nuevos de las sociedades más desarrolladas. No ha sido fácil. El cardenal Ratzinger, el actual papa Benedicto XVI, sintomáticamente, dijo en Polonia, en mayo de 2006: «Hay personas que quieren falsificar la palabra de Cristo y retirarle la verdad al Evangelio. Procuran dar la impresión de que todo es relativo y que incluso las verdades de fe dependen de la evolución histórica y de la valoración humana». Estas palabras pretenden reforzar la autoridad de la Iglesia entre los católicos, además de frenar las interpretaciones libres de los Evangelios y la credibilidad de los «nuevos» evangelios que últimamente tanto se leen y comentan. El éxito verdaderamente extraordinario del libro (y de la película) de Dan Brown, *El Código Da Vinci* –un filón publicitario y comercial que deberemos de observar– es un ejemplo de cómo las «verdades de fe», sin una censura como la que había en los tiempos de la Inquisición, son difíciles de propagar, si las personas están sujetas a la presión del esoterismo mediático que, según el Papa, estaría al servicio del «becerro de oro», por usar una expresión evangélica.

Pero, si me permite, diré todavía dos palabras sobre la cuestión del diálogo entre religiones, por lo menos entre las tres religiones monoteístas del Libro.

Vengo participando, desde hace años, en muchos encuentros organizados por la Comunidad de San Egidio (varios en Italia: en Asís, Padua, Nápoles, Palermo; otros en Portugal, Lisboa; España, Barcelona; Rumania, en Aix-la-Chapelle, Alemania y el último en Francia, en Lyon). He aprendido mucho en ellos. La Comunidad de San Egidio es hoy, a mi entender, una especie de brazo diplomático, aunque no formal, del Vaticano. Ha procurado establecer un puente de diálogo entre las diferentes religiones con éxito notable y en el espíritu de «aggiornamento» de Iglesia tras el Concilio Vaticano II. En esos encuentros ecuménicos han participado altos representantes del mundo cristiano (católicos, ortodoxos, protestantes y maronitas); del mundo islámico (chiítas, sunitas, ismaelitas, etcétera); del mundo judaico; y también representantes de religiones y filosofías orientales como el budismo, el sintoísmo y el confucianismo, que no es propiamente una religión. Y también algunos (pocos) agnósticos confesos, como Jean Daniel y yo mismo. Y ateos.

Hay un punto de partida común: el respeto mutuo, la admisión de las diferencias y de la importancia del diálogo, como camino para la paz. El rechazo de la violencia es otro. Como el amor al prójimo. Y, naturalmente, surgen cuestiones tales como los grandes desafíos, con los que el siglo XXI parece estar irremediablemente confrontado. ¿Existen valores universales? ¿Son o deberían ser comunes a toda la Humanidad? Los derechos humanos, el derecho internacional, la democracia plural como forma política esencial de buena gobernación, ¿son valores universales? He aquí algunas cuestiones debatidas que son «cuestiones calientes» en esta transición de milenio.

Los encuentros de la Comunidad de San Egidio han

sido enriquecedores para mí porque, pese a que cada religión tiene su verdad «revelada», de la que naturalmente no abdican, aceptan dialogar unos con los otros, desde las diferencias, en base a dos principios comunes: el primero, que Dios es sólo uno, y el segundo, que dialogando las personas se pueden aproximar, para encontrar caminos que conduzcan a la paz, ésa sí, un bien universal.

En el siglo XXI, y por lo que la experiencia nos enseña, es fundamental que evitemos que las guerras puedan tener otra vez carácter religioso. Sin embargo esa posibilidad no es una amenaza teórica y meramente abstracta, es una posibilidad real, que tenemos que apartar de nuestro horizonte y en eso nos va mucho.

Pregunto: ¿Conceptos como la dignidad del hombre, la justicia, la solidaridad, son universales y por tanto deben ser asumidos por todo el mundo independientemente de sus religiones, etnias y nacionalidades? Por lo que pude entender en los encuentros ecuménicos a los que he asistido, creo que sí. Generalmente así lo entienden filósofos y teólogos de varios credos, que insisten en que se trata de conceptos universales. Por lo menos, diversas autoridades religiosas, intelectuales de diferentes ideologías, científicos y políticos lo ven así... Estoy por tanto bien acompañado.

¿La democracia, tal y como la entendemos, es universal? Ahí, se presentan dudas. Porque hay varios modelos de democracia y por tanto se trata de un concepto que debe adecuarse a las idiosincrasias de los pueblos que lo adoptan, a las condiciones de la educación de las poblaciones, a las economías y a las culturas de los diferentes estados. Si queremos imponer la democracia a la fuerza, como un modelo único, posiblemente acabaremos en guerras y seremos capaces de destruir la calidad de nuestra propia democracia. Es el ejemplo que está a la vista tras la invasión de Irak por parte de Estados Unidos. Y ahora del Líbano (de nuevo) por Israel.

Para terminar esta reflexión, y antes de abordar la cuestión de los grandes desafíos con los que el mundo, a comienzos del siglo XXI, se enfrenta: el desafío de la guerra y de la paz, el diálogo entre culturas y religiones, la reforma de la ONU, de modo que pueda asegurar un nuevo orden internacional, más justo, solidario y de paz, la lucha contra la pobreza, contra las grandes pandemias, como el SIDA, también contra epidemias que estaban erradicadas, como la tuberculosis o el cólera que están reapareciendo; la cuestión, tan seria para el futuro de la humanidad, de defensa del planeta amenazado... Querría dejar una nota optimista, insisto, que, por otra parte, me la ha sugerido usted, cuando hace poco hablaba de la URSS y de cómo se desmoronó sin derramamiento de sangre y casi sin violencia; y de cómo terminó la odiosa política del *apartheid* en África del Sur.

Realmente el siglo XX fue un siglo de horrores. Dos guerras mundiales con las respectivas hecatombes: los campos de concentración, el gulag, en la Unión Soviética, Auschwitz en Alemania, y el holocausto. El siglo XX nos enseñó que la humanidad es capaz de alcanzar cimas de horror y sufrimiento, de crear sistemas políticos de opresión totalitaria, antes inimaginables como el nazismo, el fascismo y el comunismo, abismos de maldad, genocidios, atrocidades y crímenes de una violencia extrema.

Pese a todo, el siglo XX tuvo otra cara: la ciencia se desarrolló como nunca, se encontraron paliativos para el dolor y el sufrimiento, la creación de la ONU fue una excelente iniciativa encaminada hacia la universalidad y hacia la necesidad de una gobernación de tipo mundial, la Declaración Universal de los Derechos Humanos es uno de los textos más importantes de la Historia, ahora la creación del Tribunal Penal Internacional, etc. Incluso, la manera en que el Imperio soviético, con todos sus horrores, fue liquidado desde dentro, sin derramamiento de sangre. Un milagro, en un mundo como el nuestro. O que fuera posible que tras 27 años de prisión, un hombre de excepción, Nelson Mandela, saliera de la cárcel sin resentimientos, dando pruebas de gran generosidad y asegurando la transición pacífica del régimen de *apartheid* a la libertad. Gracias también a la cooperación tan inteligente y valiente del Presidente De Klerk, tenemos que reconocerlo.

Es la otra cara del siglo XX, del progreso, de la tolerancia y del rechazo de la violencia, la que nos abre horizontes de esperanza en este inicio de milenio. Lo que significa que sólo manteniendo los valores humanistas que nos guían desde el Iluminismo, podemos contribuir a la construcción de un mundo mejor para todos los seres humanos sin excepciones ni discriminaciones.

Regresemos a los fenómenos de señal contraria, que han sucedido en la transición de este nuevo milenio: el colapso del comunismo, el fin de la guerra fría, el fin del *apartheid*, el triunfo del neoliberalismo y la consecuente hegemonía imperial de Estados Unidos, los progresos reales del humanitarismo, impulsados por Naciones Unidas, el intento de marginar a la ONU, perpetrado por Estados Unidos y los consecuentes vetos negativos y escandalosos de ese país contra la Convención de Kyoto y el Tribunal Penal Internacional.

Es preciso señalar que el Tribunal Penal Internacional representa un poder disuasorio enorme y una garantía contra los excesos y abusos criminales de los dictadores para dominar a sus pueblos. Estados Unidos no quiere ratificar el Tribunal Penal Internacional. ¿Por qué? ¿Porque temen que generales norteamericanos, y hasta políticos, puedan ser llamados y eventualmente condenados, un día, en ese tribunal por la práctica de crímenes de guerra contra la humanidad, después de investigadas las respectivas responsabilidades? Es un acto de arrogancia pero, al mismo tiempo, una terrible confesión de fragilidad de un Estado que tiene la pretensión de enseñar democracia al resto del mundo...

En este balance del período de transición que va desde la caída del muro de Berlín, en 1989, a la confusa actualidad de nuestros días, 2006, no quiero dejar de mencionar la importancia que han adquirido, en el escenario internacional, las organizaciones no gubernamentales –ONG– como el hecho de que la sociedad civil se haya movilizado en todos los países para intervenir en favor de buenas causas. Es una de las manifestaciones del fenómeno de la ciudadanía global, un fenómeno nuevo y prometedor. La importancia de Amnistía Internacional, por ejemplo, de las organizaciones de defensa de derechos humanos, ambientales, como la Green Cross y de muchas otras, nos obligan a tener conciencia, y a reconocer que pese a las amenazas y riesgos que nos sobrevuelan, el mundo progresa y avanza. Lo que nos debe fortalecer para seguir luchando.

Hoy, gracias a la revolución informática, es más fácil movilizar a la gente, de modo que las sociedades civiles, independientemente de los partidos políticos o sin su ayuda y de otros esquemas tradicionales de la democracia representativa puedan decir a los gobiernos y a los políticos: «Por ahí no, estamos en contra».

Lo que pasó en España, tras el 11 de marzo, fue realmente una lección. A través de teléfonos móviles cientos de miles de personas se movilizaron contra la versión política del gobierno de Aznar sobre el terrible atentado. Consiguieron penalizarlo por haber mentido, con la intención de engañar a los electores. La reacción positiva que la mentira provocó, nos hace creer que el mundo avanza y que siempre merece la pena trabajar por buenas causas.

Si me permite todavía, querido amigo, una observación más sobre la famosa cuestión de la no intervención, diré que es un principio que funcionó durante la guerra fría, porque existían dos bloques de potencias rivales y la única manera de evitar la tentación de una intervención que podría degenerar en guerra mundial era la observancia del principio de no intervención. En su área de influencia, cada superpotencia hacía lo que quería. Por eso los occidentales toleraron las dictaduras del Bloque del Este –con algunas en el llamado campo de la libertad, no lo olvidemos– y todas las que se originaron en la zona de influencia de China; y los soviéticos, y sus aliados, toleraron todas las intervenciones de Estados Unidos en América Latina, en África y en otros lugares del mundo.

Este principio imperó, se convirtió en regla, en el mundo de la «guerra fría» dominado por el «equilibrio del terror». Las Naciones Unidas no podían hacer nada que pusiera en riesgo ese equilibrio puesto que podría abrir camino hacia una «tercera guerra mundial»... Sin embargo, en el momento en que uno de los bloques desaparece y el mundo empieza a ser *uno solo,* con una única potencia hegemónica, «el imperio del bien», como le dicen, ahí sí, pasa a ser conveniente aceptar el principio de intervención, bajo determinadas condiciones. Pero sólo, como usted dijo, y muy bien, en nombre o con el aval de las Naciones Unidas, la única forma de contener, relativamente, los abusos de la hiperpotencia hegemónica.

Federico Mayor: Comparto el excelente sobrevuelo del panorama mundial que acaba de realizar. Añadiré tan sólo unos breves comentarios. Volvemos a la cuestión, tantas veces suscitada, de la necesidad de brújula. De nada sirve tener las riendas si no se sabe exactamente adónde ir... o cómo manejar el timón. El siglo XX, de un inmenso progreso científico y técnico, como usted ha subrayado, ha proporcionado los instrumentos. Ahora, el siglo XXI debe proporcionar los talentos... También ha puesto de manifiesto la importancia creciente de la sociedad civil, representada sobre todo por las organizaciones no gubernamentales... Corresponde a esta sociedad movilizarse en favor de una cultura de paz, del diálogo y la alianza, sabiendo que ahora pueden participar «virtualmente»... Insisto en algo que estimo esencial: ya no pueden escudarse en el «sinremedismo». Es más necesario y apremiante que nunca vencer la pasividad. Ha dicho que «siempre merece la pena trabajar por las buenas causas». Éste es el mensaje que debemos transmitir incansablemente –con nuestro ejemplo– a la juventud: «El único fruto que nunca se cosecha es el de las semillas que no se han sembrado».

Capítulo xx

Los Objetivos del Milenio

Mário Soares: Al pasar de siglo –y de milenio– los pueblos manifestaron una aspiración de cambio, de acuerdo con los valores proclamados en la carta de Naciones Unidas, que la ONU y su Secretario General, Kofi Annan, supieron interpretar consagrando la reunión de la Asamblea General de Naciones Unidas a los Objetivos del Milenio. La reunión, ya conocida por ese nombre, se realizó entre el 6 y 8 de septiembre de 2000. Para abarcar objetivos tan ambiciosos tuvieron en cuenta las preocupaciones de 147 jefes de Estado y de Gobierno y de los 191 países que participaron en la Asamblea, que tuvo lugar en la sede de la ONU, en Nueva York, en la mayor reunión habida de dirigentes mundiales.

Así se llegó a la «Declaración del Milenio», teniendo en cuenta las reflexiones realizadas en innumerables reuniones regionales y en el Forum del Milenio. Fue solemnemente aprobada en lo que se llamó la Cumbre del Milenio. Kofi Annan, en el prólogo de la publicación de ese texto histórico, deja dicho: «Me quedé impresionado con la convergencia de opiniones acerca de los desafíos con que nos vemos confrontados y con la urgencia de su llamada a la acción»[1].

---

1. Ver publicación de la ONU titulada «Declaración del Milenio», aprobada en la Cumbre del Milenio, en Nueva York, el 6-8 de septiembre de 2000.

Entonces se definieron objetivos concretos: deducir a la mitad el porcentaje de personas que viven en una pobreza extrema; abastecer de agua potable; educación para todos; invertir la tendencia de propagación del SIDA, así como alcanzar otros objetivos relacionados con el desarrollo. En el transcurso de la reunión se dijo: «Los dirigentes mundiales han dado indicaciones claras sobre cómo adaptar la Organización de Naciones Unidas al nuevo siglo», aumentando su eficacia para «combatir la injusticia y la desigualdad, el terror y el crimen y para proteger nuestro patrimonio común, la Tierra, en beneficio de las generaciones futuras».

El importante documento, que consta de 16 páginas, se divide en 8 capítulos: I. Valores y principios; II. Paz, seguridad y desarme; III. El desarrollo y la erradicación de la pobreza; IV. Protección de nuestro ambiente común; V. Derechos humanos, democracia y buena gobernación; VI. Protección de los grupos vulnerables; VII. Responder a las necesidades especiales de África, y VIII. Reforzar Naciones Unidas.

Se trata de un documento síntesis, de un valor inestimable, de una enorme claridad y que traza metas concretas a alcanzar.

Perdone, querido amigo, esta larga referencia sobre algo que conoce bien, como antiguo Director General de una de las más importantes agencias especializadas de la ONU. Pero pienso que es necesario leer, releer y hacer leer este bello documento para comprender mejor la extensión de la hipocresía política internacional, que invoca valores y principios sin tener la más mínima intención de respetarlos. A saber: la libertad; la igualdad; la solidaridad; la tolerancia; el respeto por la naturaleza; la responsabilidad común...

Federico Mayor: Esta resolución era imprescindible para un mundo que, capturado en las mallas de la «globalización», había cambiado los principios ideológicos por los del mercado, mientras las asimetrías sociales iban en aumento y el malestar se generalizaba en todas partes.

Hay que reconocer lo que las Naciones Unidas, con los secretarios generales Javier Pérez de Cuéllar (hasta 1991), Boutros Boutros-Ghali (1991-1996) y Kofi Annan a partir de entonces, ha sido capaz de seguir actuando, sin cesar, pese a la marginación de los países más poderosos y de la progresiva irrelevancia del «Grupo de los 77» y de los «No alineados». A pesar de todos los obstáculos e inconvenientes, el sistema de las Naciones Unidas continuó cumpliendo su alta misión, como lo atestiguan múltiples declaraciones y resoluciones que constituyen puntos de referencia de gran relieve, hoy más que nunca, para reencauzar el rumbo: la Declaración sobre Educación para Todos (1990), Agenda 21 sobre el Medio Ambiente (1992), compromisos sobre el Desarrollo Social, la Mujer y el desarrollo y la Declaración sobre la Tolerancia (1995), la Resolución sobre el Diálogo de Civilizaciones (1998), la Declaración y Plan de acción sobre una Cultura de Paz (1999)...

La resolución sobre los Objetivos del Milenio, que usted acaba de resumir, hubiera podido representar un punto de inflexión... en caso de que se hubieran dado cuenta de los errores acumulados e iniciaran un proceso de humanización de la globalización. No fue así. En el apogeo de su poder, los Estados Unidos y los países más ricos (G-7 / G-8) siguieron empeñados, desoyendo las alarmas que sonaban en todas partes del globo advirtiendo los peligros de radicalización y violencia, o los grandes flujos emigratorios de gente desesperada, siguieron empeñados, repito, en conquistar más espacio, más yacimientos, más dominio planetario.

La resolución sobre los Objetivos del Milenio, tan bien elaborada, quedó, una vez más, como un conjunto de buenas intenciones sin que se detectara gesto alguno de voluntad política para su puesta en práctica. Los países que deberían haber levantado la voz no lo hicieron.

Es en medio de este silencio que se producen los trágicos acontecimientos del 11 de septiembre de 2001. Luego, ya lo hemos comentado, las represalias en Afganistán, con importantes «efectos colaterales» (¡qué desvergüenza!), con todo el mundo haciendo la vista gorda sabiendo que se trataba de una represalia del gigante herido que buscaba a los malhechores. Y luego el gravísimo error de la guerra en Irak, basada en la mentira y la simulación. Unas semanas antes, el 15 de febrero de 2003, fue un día especialmente importante porque más de 110 millones de personas se manifestaron pacíficamente en contra de la invasión. Sin embargo, y despreciando olímpicamente al Consejo de Seguridad de las Naciones Unidas, el alarde bélico de los Estados Unidos consiguió imponerse pero, el mismo día que adoptó la decisión de invadir Irak empezó también a demostrar que las guerras se pierden siempre.

Hoy, tres años después, miles de muertos, desaparecidos, sufrimientos sin fin de la población, con el petróleo por la nubes, con el conflicto palestino-israelí sin resolver, con la radicalización de todos los regímenes que se pretendían recomponer, ha quedado claro –por si ya no lo estaba suficientemente– que es necesario abordar de una manera muy distinta la seguridad a escala local y mundial. Insisto en ello porque creo que es de particular importancia ahora y en los años que se avecinan: la paz de la seguridad ha mostrado ya sobradamente su trágico rostro. El mundo merece ahora, de una vez por todas, la seguridad de la paz, de la justicia, de la democracia.

En el mes de julio de 2005, el Secretario General de la Naciones Unidas, cuando se acercaba la cumbre que debía tener lugar cinco años después de haber adoptado los Objetivos del Milenio, presentó un documento para la consideración de los Estados miembros en el que se reafirma la importancia esencial del multilateralismo y el compromiso para lograr una efectiva cooperación frente a las amenazas transnacionales así como para el abordaje de las causas de los desafíos actuales. El respeto de los derechos humanos constituye la base del desarrollo y de la seguridad –que son a su vez interactivos– y es uno de los fundamentos conceptuales del documento. De igual modo, se afirma que todas las culturas y civilizaciones pueden contribuir al enriquecimiento de la humanidad, junto con el entendimiento de la diversidad religiosa y cultural, especialmente a través del diálogo y la cooperación. Este documento proponía la adopción de medidas concretas en cuatro áreas principales: desarrollo; paz y seguridad colectiva; derechos humanos e imperio de la ley; y el reforzamiento de las Naciones Unidas.

Con muchos retoques y «diluciones» efectuados por el representante de los Estados Unidos ante la ONU, John Bolton, a quien conozco bien y no es precisamente alguien que le tenga aprecio al sistema de las Naciones Unidas, los acuerdos alcanzados en la cumbre de septiembre de 2005 proclaman la voluntad de todos los países para restablecer los principales valores democráticos, luchar eficazmente contra la pobreza y la enfermedad en los países más necesitados de la Tierra, promover el desarrollo endógeno, luchar contra el terrorismo y examinar las raíces de la violencia y de los conflictos para, en la medida de lo posible, intentar evitarlos.

Éste es el contexto en que los jefes de Estado y de Gobierno reafirman su voluntad de poner en práctica la Declaración y Plan de Acción sobre una Cultura de Paz, las actividades que fomentan el diálogo entre las civilizaciones, y dan la más cálida bienvenida a la iniciativa de la Alianza de Civilizaciones, formulada por el Presidente del Gobierno español, José Luis Rodríguez Zapatero, ante la Asamblea General de las Naciones Unidas en el mes de septiembre del año 2004.

Han transcurrido 6 años. Ahora ya tenemos una perspectiva suficiente...

Mário Soares: En 2006 tenemos ya perspectivas suficientes para comprender que los vientos han cambiado. Cinco años después de la solemne Declaración de los Objetivos del Milenio, el Secretario General, Kofi Annan, el mismo tan injustamente atacado por la prensa norteamericana, reconoció que, dado el nivel de cumplimiento comprobado, los Objetivos del Milenio no se alcanzarán en el 2015, como estaba previsto, sino, tal vez, en 2050 o, según los más escépticos, quizás en 2150...

Y sin embargo, los Objetivos del Milenio representan un verdadero imperativo de supervivencia y de seguridad para la humanidad. Pero las cosas son lo que son y no lo que nos gustaría que fueran...

¿Quiere esto decir que abandonamos los Objetivos del Milenio como programa para el futuro? Pienso que de ninguna manera. El progreso no es lineal. La historia está marcada por avances y retrocesos. Asumamos pues la responsabilidad de ser conscientes de los objetivos a conseguir y seamos firmes en las acciones para concretarlos.

Se dice que el mundo ha cambiado tras los terribles atentados del 11 de septiembre de 2001, fecha que coincide, casi el mismo día, con el primer aniversario de la aprobación solemnemente de los Objetivos del Milenio. La hiperpotencia dominante, «el imperio del bien» que se creía, por su poder militar, a salvo de cualquier ataque en su territorio, de pronto se dio cuenta de su vulnerabilidad. Y reaccionó como un león herido, con fuerza ciega pero sin inteligencia. Sobre todo, cuando la conciencia mundial se estaba manifestando a su lado, solidariamente, la administración Bush reaccionó de la peor manera: de forma unilateral e intentando marginar a la ONU, como si fuera una «cosa» (un «machin», como le llamó el general De Gaulle) inútil, perturbadora e incluso perjudicial. Error fatal, que Occidente (no sólo América del Norte) está pagando muy caro...

Desde entonces, la preocupación por la seguridad se ha transformado en el principal «designio del imperio». La «guerra» contra el terrorismo, que pasaba por la eliminación de Bin Laden y de su grupo, de contornos apenas definidos, la «cruzada» contra los «Estados paria» del llamado «eje del mal», Irak, Corea del Norte, Irán, la destrucción de los «talibanes», la ocupación de Afganistán, ¿a qué precio en el futuro?, la invasión y la ocupación de Irak, la agudización del conflicto israelí-palestino y la fragilidad del Oriente Próximo (que debería ser democratizado) se superpusieron a todo. La política exterior de Estados Unidos se estrechó, con algún alivio para la Confederación Rusa, para los países emergentes, como China e India, para América Latina y para varios países asiáticos, sin excluir a Japón. Occidente se dividió, porque algunos de sus valores esenciales fueron puestos en causa. El seguidismo que la Unión Europea hizo de Estados Unidos, a pesar del desmarque de lo que entonces se dio en llamar la «Vieja Europa», en el fondo el eje franco-alemán y algunos aliados, sólo sirvió para debilitar más a la Unión, en un serio impasse dados sus problemas institucionales y la difícil digestión de la ampliación.

El 2005 le ha traído al mundo una visión global más clara de los errores y de los crímenes perpetrados en el inicio del nuevo milenio. Los grandes objetivos definidos por la ONU y aprobados por todos los Estados miembros han sido en gran parte olvidados. Pero la ONU resiste. No se ha dejado marginar, y parece dispuesta a seguir adelante. Veremos cómo transcurre la elección del nuevo secretario general. Será una votación decisiva, de la que la opinión pública mundial se debería ocupar.

Los Estados Unidos, a brazo partido con la situación, cada vez peor, de Irak, de Afganistán, del conflicto Israel-Palestina[1] y la desestabilización de países-llave de Oriente Próximo, como Egipto, Pakistán, Arabia Saudita, por referirnos sólo a los mayores, parecen haber comprendido, finalmente, que cayeron en un atolladero del que no saben cómo salir. La popularidad de George W. Bush que baja en picado y la pro-

---

[1]. Ver el magnífico testimonio de Boutros Boutros-Ghali y Shimon Peres, «60 años de conflicto israelo-árabe», organizado por André Versaille, Éd. Complex, París, 2006.

ximidad de las elecciones para el Congreso condicionan y animan la necesidad de encontrar una nueva política. La Norteamérica de Bush ha vuelto a recurrir a la ONU, pero el representante que eligieron y al que usted ha aludido, John Bolton, por su arrogancia y rigidez dogmática, no parece que haya sido la mejor carta para una nueva política.

La verdad es que ahora, a mediados del 2006, estamos asistiendo a una recomposición geoestratégica del mundo, que no parece estar dirigida por el «imperio del bien». Ni por la Unión Europea, desgraciadamente. Occidente, si es que todavía se puede utilizar con algún sentido esta palabra, tendrá que volver con brío a la ONU. La Unión Europea debería trabajar activamente en ese sentido. Y la izquierda global tendría que comprender que por ahí pasa el mejor camino para sostener la paz y persistir en el buen combate para concretar, lo más pronto posible, los Objetivos del Milenio.

Federico Mayor: Coincido plenamente en que la Unión Europea debería ser el principal promotor, en las circunstancias actuales, de una reforma en profundidad del sistema de las Naciones Unidas, de tal manera que pudiera alcanzarse –es la solución que previó el Presidente norteamericano Wilson en 1918, la que estableció Franklin D. Roosevelt en 1944...– una «gobernanza» planetaria basada en los grandes pilares democráticos.

La situación es muy grave y con los países del Tercer Mundo defraudados, explotados; con China evolucionando rápidamente desde el punto de vista económico pero no social; con la consolidación progresiva, austera, cautelosa de la India...; con el águila estadounidense zarandeada por los escándalos de Guantánamo, los vuelos de la CIA, los «efectos colaterales»... es el momento oportuno para el liderazgo de la Unión Europea. Horas decisivas como las actuales no deben pasar inadvertidas porque, después, será inútil intentar jugar los papeles que ahora debería y podría desempeñar. ¿Quién daría los aldabonazos que despertaran a la Europa somnolienta y decaída? ¿Podría ser la sociedad civil? Tenemos que intentarlo. Audazmente, tenemos que promover la resistencia, con firmeza, e, inmediatamente, la movilización. La sociedad civil tiene ahora, con las nuevas tecnologías de la comunicación, además de un innegable papel protagonista en la ayuda solidaria, la posibilidad no sólo de hacerse oír sino, como antes subrayaba, de hacerse escuchar. Para que se cumplan los Objetivos del Milenio, para que se erradique la pobreza, para que podamos conciliar el sueño sin pensar en nuestros hermanos que carecen de los mínimos recursos de subsistencia, para que la voz que debemos a los jóvenes sea oída y escuchada... Se acerca el momento en que la gente cuente, el momento de la democracia real. El siglo XXI puede ser el siglo de nos-otros. De todos.

Mário Soares: Una nota más: Los Objetivos del Milenio no se han cumplido en lo más mínimo. Por ejemplo, en África se prometió reducir la pobreza a la mitad antes de 2015. En un libro citado en la reunión del G-8 se escribe que no se han cumplido y que además la situación ha empeorado. Yendo al ritmo que vamos, sólo en 2150 se podría alcanzar el objetivo de reducir la pobreza a la mitad. ¿Ve? En 2150...

Federico Mayor: Antes habrá una revolución.

Mário Soares: Una revolución pacífica, esperemos... Pero lo peor es que así no podemos convencer a nadie de que los Objetivos del Milenio son de obligado cumplimiento. Lo que va en detrimento de la ONU y de la Unión Europea.

Federico Mayor: También a mí me gustaría añadir algo sobre los Objetivos del Milenio. He estado muy involucrado en la lucha contra la pobreza. La gente ahora dispone –lo cito una y otra vez porque lo considero esencial– de nuevos medios para expresar sus puntos de vista. Ya no es necesario hacerlo personalmente. Con un teléfono móvil uno pone aquí «no» o «sí» pulsa la tecla y millones de opiniones se expresan en un solo momento. O sea, las posibilidades tecnológicas para la revolución pacífica son enormes, porque podemos movilizar millones de personas en un solo día. Es decir, hay nuevos mecanismos para la revolución. Cuando me dicen «así no es posible», respondo que habrá una revolución, que no será armada, pero la gente dirá «no». Las personas no irán a votar, dirán «no vamos a votar más». Los jóvenes han sido muy sensibles al mensaje de Saramago que dice: «No está lejos el momento en que nadie cumplirá las normas». Está pasando con el ejército. ¿Por qué debemos combatir si no estamos de acuerdo con ustedes, señores que mandan, por qué debemos dar la vida por ustedes? Ha habido un cambio muy grande, unas nuevas tecnologías que los jóvenes manejan muy bien. Muchísimo mejor que usted y yo.

Mário Soares: De eso no hay duda. Estamos presenciando la revolución informática, que seguramente modificará profundamente las realidades de hoy, en todos los dominios. Los SMS son un medio de civilización ciudadana de excepcional importancia. Se vio, como ya hemos mencionado, en las últimas elecciones españolas que otorgaron la victoria a Rodríguez Zapatero. Sin embargo, no creo que podamos resolver los problemas que nos afligen, como la pobreza, el desorden medioambiental, la globalización económica salvaje, la criminalidad internacional, el entramado industrial militar, etcétera, sólo de esa forma. La tecnología y los medios informáticos no tienen tanto poder. Creo yo...

Federico Mayor: De eso no entiendo mucho, pero le puedo garantizar que mis nietos, con un móvil, se comunican en un instante con cuantas personas quieren. Y no hablo de Internet, me refiero sólo al móvil. Es decir, creo que al hablar de los Objetivos del Milenio y de su cumplimiento, tenemos que señalar también que ha llegado la hora de que se acaben las mentiras, que ya no vamos a aceptar que nos mientan. Durante siglos hemos aguantado las mentiras de los poderosos, pero eso no va a ocurrir más. Mire, le traigo estas noticias de periódicos... vea, son de periódicos de ayer. ¿Ve lo que dicen? Que el G-8 va a ayudar a reducir la deuda exterior de los países endeudados. Sabe...

Mário Soares: De algunos países endeudados... Pero si hace un inventario serio del saldo positivo de la reunión del G-8, en lo que se refiere en la lucha contra la pobreza, confirmará que fue casi todo un *show off*. Muy poca acción concreta.

Federico Mayor: Sí, desde luego. Es la quinta vez, el quinto año consecutivo que se afirma esto, siempre antes de la reunión. Comienza la reunión y ya no se oye hablar más de deuda externa y prestaciones. Se olvidan completamente. Escribí sobre la noticia del periódico un comentario que dice «todos los años la misma promesa». Tengo guardadas las noticias de los últimos cinco años y dicen exactamente lo mismo y, después, no hacen nada. La Declaración del Milenio, que usted ha citado y a que a mí me gusta mucho dice: «Nosotros, los jefes de Estado y de Gobierno del mundo, proclamamos solemnemente los Objetivos del Milenio». Que son apremiantes: la erradicación de la pobreza, el agua. «Solemnemente proclamamos» dicen y no hacen nada, nada. Es que no se preocupan ni lo más mínimo...

Hasta ahora, a veces la gente reaccionaba, a veces creaba focos de violencia. A partir de ahora, creo que habrá una enorme reacción contra las declaraciones retóricas que no van aparejadas con fórmulas de acción. La gente dirá: «No, no aceptamos esta situación». De momento ya hay varias fechas para manifestarse este año: el 7 de octubre, día de la Lucha contra la Pobreza, el 10 de diciembre Conmemoración de los Derechos Humanos, días en que se va a intentar que un millón de personas o más comunique, a través de SMS, su opinión a los gobiernos de todo el mundo. En mi opinión, la mentira será cada vez más insostenible. Le propongo esta frase magnífica de Pessoa: «Unos gobiernan el mundo, otros son el mundo». Pues estos que «son mundo» van a decir «no». Ya lo verá.

Está llegando a su fin esa forma de gobernar que con Reagan y Thatcher llegó hasta lo inimaginable, de ir liquidando los Estados para que fuera el sector privado quien gestionara. El paulatino desmantelamiento del Estado en beneficio del sector privado supuso que las grandes empresas se consolidaran y dejaran sentir el peso de su poder. Así, junto a la debilidad de los Estados, llegó también la de las Naciones Unidas, y no nos quepa duda de que se afianzó el distanciamiento de los ciudadanos con respecto a sus Estados... Creo que éste podría ser otro tema posible, «el siglo XXI, el siglo de las personas», porque en el XXI las personas, quizá por primera vez, pueden tener un papel activo de rechazo o de aceptación...

Mário Soares: Ojalá las cosas pasen así, como dice. Pero no debo ocultar, pese a ser optimista, repito, que tengo muchas dudas de que eso suceda. O, por lo menos, con esa facilidad, una protesta cívica coordinada a escala universal a través de las nuevas tecnologías.

En cuanto a la cuestión de la debilidad de los Estados nacionales en beneficio de las grandes empresas privadas estoy de acuerdo: es una situación muy preocupante. Estamos asistiendo a la destrucción de los Estados, al dominio del poder económico sobre el poder político. El modelo social europeo, al que estamos tan apegados, puede llegar a ser, paulatinamente, destruido. Otra regresión.

Confío en el proceso y en la calidad de la condición humana, en la capacidad de distinguir el bien del mal. Pero estos primeros años del siglo XXI mostraron una visible regresión en la observancia de los valores humanistas, heredados del Iluminismo. El descrédito de la política y de las ideologías, que preconizan un nuevo humanismo, abrieron caminos a soluciones egoístas de un feroz individualismo. Cada uno se ocupa de sí mismo. Motivar de nuevo a las personas para luchar por las grandes causas, que nos afectan a todos y no sólo a algunos, que les garantiza una vida mejor a las generaciones futuras, a nuestros hijos y nietos, es, tal vez, el único camino para que el siglo que ahora comienza pueda llegar a ser, como dice, el «siglo de las personas». De todas, de la gente común.

Capítulo XXI

Zapatero y Sócrates

Mário Soares: ¿Qué pasa de nuevo en la España de Zapatero? No hemos hablado todavía suficientemente de eso. ¿Y qué pasa en el Portugal de Sócrates? ¿No irá la península Ibérica en un contramano positivo con el resto de Europa? Porque, por primera vez, dos gobiernos socialistas están yendo a contracorriente con la tendencia que domina en toda Europa: un movimiento mimético de Estados Unidos, de predominio neoliberal. ¿Está cambiando alguna cosa en ese aspecto? ¿Asistiremos en 2006 a la aparición de un cierto rayo de esperanza nacido en la península Ibérica?

Federico Mayor: Creo que sí, porque se trata de un movimiento neoliberal antagónico con los pueblos, que ven una progresiva concentración de la riqueza en manos de unos cuantos y un poder hegemónico incontestable y que no cesa de aumentar. Por eso es tan importante que, desvanecido el «destello Blair», se consolide el «socialismo posible» que representa Zapatero. En el *Newsweek* del 24 de abril de 2006 el Presidente español aparece en portada, lo que es una distinción muy infrecuente, con este comentario: «Haciendo que el socialismo funcione: ¿puede el éxito español ser un modelo para Europa?». Zapatero ha encarado decididamente, frente a una oposición hosca y mirando siempre al tendido, la normalización territorial de España, la de los inmigrantes, la atención a todos los «dependientes» o sectores sociales más vulnerables... pero el antagonismo interior y exterior con los aferrados a un pasado inmutable es muy considerable...

Mário Soares: Es verdad. Pero infelizmente la expresión electoral de ese antagonismo entre gobiernos y pueblos no ha sido suficiente para imponer cambios radicales, hasta ahora, en los comportamientos de los Estados europeos, salvo los casos que nos ocupan y poco más. Hay un déficit de liderazgo en la Unión, incapaz de poner un cambio de rumbo, incluso cuando el neoliberalismo comienza a dar visibles señales de agotamiento. A dos años del final de su último mandato, George W. Bush no tiene fuerza ni autoridad para hacer, creo, muchos más estragos...

Federico Mayor: Lo que sucede es que no hay líderes políticos en este momento con valor y autoridad para imponer los cambios que se necesitan. Mire lo que sucedió con la Constitución Europea. Dijeron *no* en Holanda, *no* en Francia, y cuando Inglaterra asume la presidencia de turno europea, deja la cuestión institucional para las calendas griegas. Lo complicó todo. Zapatero efectivamente dijo: «Vamos adelante con el referéndum y después cambiaremos cosas». Pero la respuesta de Francia fue «no», desgraciadamente. Es verdad que hay una mezcla poco usual de sectores socialistas (por razones nacionales francesas), de radicales de derecha y extremistas de izquierda y de gente de Le Pen. Todos juntos, en una amalgama extraña. En Alemania, Schröeder perdió las elecciones. La señora Angela Merkel, conservadora y procedente de Alemania del Este, lo sustituyó al frente de un gobierno de coalición con los socialdemócratas...

¿Por qué habrá apostado Europa por una economía de mercado de tipo neoliberal? ¿Por qué? La verdad es que el proyecto de Constitución contiene aspectos favorables, como la carta de Derechos Humanos. Y otros claramente mejorables... pero ¿por qué se aceptó que se instituyese la economía aunque se añadiera «social»...?

Mário Soares: Porque, tras el colapso del comunismo, se entendió que la economía de mercado, en una sociedad capitalista, era la única capaz de funcionar. No hay democracia sin mercado. Es verdad. Hasta ahí todo bien. Pero el mercado no se puede confundir con la democracia, digan lo que digan los neoliberales, que creen que el mercado se postula necesariamente en la democracia. Lo que no es verdad. Muchas dictaduras se acomodan muy bien a las reglas del mercado. Fue el caso del Chile de Pinochet y, antes, de las dictaduras ibéricas de Salazar y Franco. Aunque es verdad que una sociedad rígidamente planificada, como era la soviética, no se entendía con el mercado, porque postulaba una sociedad totalitaria, sin libertad... Una sociedad de funcionarios, de dependientes...

Federico Mayor: Sí, exacto.

Mário Soares: Por tanto, tras el colapso comunista, todos empezaron a hablar de economía de mercado. Pero nosotros, socialistas, solemos utilizar la expresión economía social de mercado, que me parece mucho más apropiada para las profundas aspiraciones de las personas. Mercado, sí, porque estamos a favor de la libertad. Pero al Estado le compete corregir las desigualdades sociales que el mercado necesariamente genera. Economía de mercado, sí, pero sociedad de mercado, no. La frase es de Lionel Jospin. Pues bien, el Estado es la única entidad con legitimidad política, ya que sus órganos son elegidos, son el resultado del sufragio popular. El mercado, no; resulta del libre juego de los intereses del momento. Por eso es necesario un Estado fuerte, asentado en la base del pluralismo, descentralizado y ampliamente democratizado, para asegurar la regulación del mercado, la lucha contra las desigualdades y el mantenimiento de políticas de verdadera justicia social. Éste es el socialismo posible hoy.

Es un modelo que comienza a ser diseñado, conceptual y en la práctica, en ciertos países nórdicos. En Finlandia, por ejemplo, y que se contrapone a las concepciones neoliberales, con contradicciones incorregibles, que, como dije, comienzan a dar señales de agotamiento. Pero la democracia debe funcionar también en el orden internacional y no sólo entre los Estados Nación o los Estados federales.

Hace poco tiempo la Presidenta de Finlandia, Tarja Halonen, concedió una entrevista interesantísima a la revista *Cambio*, en la que, respondiendo a los neoliberales e invocando su tan rica experiencia, dijo: «No es preciso elegir entre ser competitivos o justos». Ellos están demostrando, con hechos, que la justicia y el bienestar social son compatibles con la mayor competitividad económica, los equilibrios presupuestarios, el choque tecnológico y la participación, con éxito en la Unión Europea del euro[1].

---

1. La Presidenta Tarja Halonen tiene una gran experiencia sindical y política y fue reelegida recientemente para un nuevo mandato presidencial. Es una mujer de fuertes convicciones socialistas. Tuve la honra de conocerla, cuando ambos formamos parte de una Comisión para la Reforma del Consejo de Europa.

Federico Mayor: Eso sí, eso está muy bien. Primero es lo social y después se pone el mercado. Pero antes es lo social. Los monopolios públicos son tan peligrosos como los monopolios privados. En materias relacionadas con la seguridad y los servicios públicos el Estado debiera retener siempre la mayoría...

Mário Soares: Exactamente. Por tanto, España y Portugal están hoy tanteando políticas sociales que se aplican de algún modo a contracorriente, con la línea neoliberal seguida hasta ahora por la Unión Europea. Otros países europeos se aproximan a la península Ibérica: la Italia de Romano Prodi, con Giorgio Napolitano, Presidente de la República; tal vez Francia, si se diera un giro a la izquierda, lo que no es imposible; y, claramente, países como Suecia y quizá Grecia, Austria y algunos de los recién llegados, si se orientan en el sentido de cambios significativos. Alemania está ahora muy dividida con la victoria de Angela Merkel, como usted dijo. Quizá por eso, con la gran coalición, se abran nuevas posibilidades. Y del caso de Finlandia ya hemos hablado.

¿Y fuera de Europa? Hay nuevos movimientos progresistas en marcha en varios continentes. En Iberoamérica, por ejemplo. El Brasil de Lula, en algunos aspectos, desde luego. Ha dado un gran salto económico, está en plena expansión y no abandona las políticas sociales que siempre han sido la bandera del Presidente Lula. ¿Es posible que Brasil reme contra la marea de la globalización neoliberal? Creo que sí. Además, es muy necesario. Hay países iberoamericanos, como Venezuela y Bolivia, que lo están haciendo, incluso con algún radicalismo. Otros, más moderados, también lo intentan, como Chile, Argentina y Uruguay. Lula está yendo bien en el plano internacional y de desarrollo económico, y parece que va a conseguir un segundo mandato. El pueblo está con Lula. Eso le daría a Brasil un nuevo impulso. Así lo espero.

Lo cierto es que el capitalismo en su versión neoliberal extrema está dando múltiples señales de descontrol. La crisis que atraviesa América del Norte no es sólo fruto de la guerra de Irak y de la subida del precio del petróleo, también tiene que ver con la política económica de Bush. Las consecuencias de la catástrofe de Nueva Orleans todavía no han sido olvidadas... Llegan las elecciones para el Congreso (Cámara de Representantes y una parte del Senado). Todo parece estar abierto. Veremos qué alternativa aparece en el Partido Demócrata.

Federico Mayor: A ver... Desde luego, el impacto que tuvo –empezando por los más directamente afectados– la incompetencia escandalosa del país más poderoso de la tierra en la «gestión» del huracán Katrina fue extraordinario...

Mário Soares: ¿Qué armas tenemos a nuestra disposición para regular la globalización salvaje? ¿Cómo vamos a avanzar hacia un nuevo orden mundial? ¿Cómo lucharemos contra la corrupción que existe hoy, generalizada, en tantos países y que afecta a tantos políticos y empresarios? ¿Cómo lucharemos contra la criminalidad organizada internacionalmente que osa manifestarse como un contrapoder, como ha sucedido recientemente, fuera y dentro de las prisiones de Sao Paulo en Brasil?

Hay que tener la conciencia de que no es fácil, en la fase por la que el mundo atraviesa, intentar regular la globalización, imponiéndole reglas éticas. Es una cuestión mundial, no sólo de un país, aunque ese país sea Estados Unidos, y sólo con el empeño de las Naciones Unidas, y con los medios que hoy no tiene, se podría avanzar.

Es muy estrecha la puerta que tienen los pequeños países, como es el caso de España y Portugal, para abrir caminos a la ampliación de políticas sociales serias, manteniendo al mismo tiempo el modelo de sostenimiento social, la competitividad internacional, sin ahuyentar las inversiones extranjeras y sin poner en causa los criterios financieros de la Unión. Todo el mundo consciente comprende que el camino no es nada fácil. Pero no es imposible. Incluso porque lo están buscando simultáneamente otros europeos y no europeos, como la India, y corresponde al sentimiento profundo de los pueblos. Además, tampoco a la Unión Europea le sería fácil acabar con el modelo social, que es, para los europeos, una conquista de la mayor importancia y un factor de su identidad.

Con todo, no es sólo el proceso económico desordenado lo que amenaza una crisis mundial. Parece que también las leyes que rigen el planeta se han alterado: el clima es diferente de lo que era, el agujero de ozono aumenta, los océanos se están transformando en un basurero y las catástrofes naturales se desarrollan mucho más que antes. ¿Cómo luchar contra la contaminación, si el mayor contaminador mundial, Estados Unidos, se niega a suscribir, insisto, los acuerdos de Kyoto? Es otra cuestión de decisiva importancia.

Aquí se presenta una serie de cuestiones que condicionan las políticas de nuestros países, y sobre las que me gustaría que reflexionáramos a fondo... Teniendo como centro la península Ibérica, en el marco europeo. Y con dos líderes políticos que, en este momento, están al frente de nuestros dos países.

Federico Mayor: Lo que ha descrito era la situación a la que el Presidente Zapatero tenía que hacer frente... Cuando era Secretario General del PSOE y candidato a la Presidencia del Gobierno, tuve ocasión de conocer su interés por los grandes desafíos mundiales (energía, población, etcétera) que se abordaban en mi libro *Un mundo nuevo*, y su decidida intención de fortalecer la posición española en I+D+I. Desde el primer momento apareció, a escala internacional, en la vanguardia de la lucha contra la pobreza y en favor de la resolución de conflictos por el diálogo.

El Presidente Zapatero era consciente de que mucha gente no se cree ya ciertos mensajes políticos y ciertas formas de abordar la política. Por ejemplo, ¿sabe qué país de América ha elegido el G-8 como objetivo de atención? Bolivia. ¿Y Haití? La gente en Haití se está muriendo de hambre, pero Haití no tiene petróleo ni gas. Es una vergüenza. Bolivia, en cambio, es riquísima. En Bolivia lo único que hay que hacer son políticas que se preocupen de la gente y menos de las multinacionales... ¿A qué viene tanta preocupación por las multinacionales en América Latina? Tienen todos los medios; ya se las arreglarán. Nosotros, lo que tenemos que hacer, es procurar que los recursos naturales de Bolivia se exploten en favor de su gente y no en favor de las mismas empresas de siempre. Que lo hagan *con* las compañías, muy bien; pero que paguen lo que deban pagar. Lo que no puede ser es lo que está sucediendo...

A mí me impresionó –como ya he mencionado– que el Presidente Nelson Mandela dijera que hubiera bastado con que algunas de las grandes multinacionales en África del Sur hubieran compartido un poco más para que muchas de las inestabilidades y turbulencias no se hubieran producido.

¿Usted cree que Ecuador, un país de 250.000 km², el primer país camaronero del mundo, el primer país bananero del mundo, que tiene petróleo y un gran atractivo turístico, tenga que estar pagando el 32% de su presupuesto en la devolución de la deuda? Los grandes flujos de emigrantes, los porcentajes de escolarización, morbilidad y mortalidad, todo ello refleja la trágica realidad de la nueva dependencia financiera y tecnológica. Es imposible. El Banco Mundial no está al servicio «de la reconstrucción y el desarrollo». Está a disposición de los países más ricos y, en primer lugar, de los EE.UU.

Ésta es la realidad y creo que el Presidente Zapatero procura hallar los resquicios para que lo «social» se anteponga al mercado...

Mário Soares: Es el mundo en que vivimos. Pero que debemos rechazar porque le faltan los fundamentos éticos, sin los que nada sólido se puede construir. En el caso de Bolivia, tanto el gobierno de Zapatero como el de Lula han asumido posiciones moderadas y no han apoyado, con la energía que los interesados esperaban, ni a Repsol ni a Petrobras. Las conjuras políticas van cambiando y condicionan los comportamientos.

Federico Mayor: Hace unos meses, el canciller Schröeder propuso al Fondo Monetario Internacional que, puesto que existía un buen diferencial en el precio del oro, se vendiera una parte de sus reservas para liberar la deuda de los países más necesitados. Tampoco se ha hecho porque, inmediatamente, el Presidente Bush manifestó su desacuerdo...

Por eso pienso que en el siglo XXI decrecerá paulatinamente la docilidad, la resignación, la indiferencia. Hay un librito muy interesante de Danielle Mitterrand, *Le printemps*...

Mário Soares: ... *des insoumis*...

Federico Mayor: ... de los que no se someten, de los rebeldes. Creo que es un buen momento para decir que la sumisión ha terminado.

Nunca olvidaré lo que decía, en junio de 2005, uno de los titulares de un periódico de gran difusión: «El relevo en la cúpula de Bolivia calma los mercados financieros». No importa que se calme el pueblo, no... Y, sigue diciendo el periódico: «España y Estados Unidos son los dos principales inversores en el país...». Son los principales inversores... y los principales beneficiarios.

Las decisiones adoptadas por Evo Morales –«socios, sí, siervos no»– y el proceso de emancipación que tiene lugar en América Latina pueden conducir a un nuevo planteamiento –de amistad, no de dependencia– en el continente americano... ¿Quién se beneficia ahora de los recursos agrícolas, marinos, naturales en suma, de tantos países sumidos en la deuda, la emigración y el analfabetismo?

Mário Soares: Como usted ha dicho tantas veces, querido Federico, en el transcurso de esta conversación, «los imposibles de hoy son los posibles de mañana». Es una frase que a los jóvenes les da mucha esperanza, cuando se dice: Parecía imposible que el *apartheid* en África del Sur desapareciese, pero ha desaparecido. Parecía imposible que la Unión Soviética se desmoronase, pero ha sucedido. Parecía imposible que hubiese paz en Mozambique, en Angola y finalmente se ha conseguido... o sea, tal vez los imposibles de hoy sean los posibles de mañana. Por otra parte ha sido siempre así, a lo largo de la historia de la humanidad.

Pero volvamos a Zapatero y a Sócrates, porque es una cuestión actual, que le interesa al futuro de nuestra península y puede tener consecuencias positivas en la Unión Europea y en Iberoamérica.

Le repito que admiro a José Luis Rodríguez Zapatero. Creo que es un hombre sereno, que tiene valor, que sabe lo que quiere y está empeñado en seguir su camino. Con una excelente formación ética y política. Usted lo conoce mejor que yo. Hábleme de lo que espera de Zapatero y de la evolución pacífica democrática y plural de España. Luego le hablaré yo un poco de Sócrates.

Federico Mayor: Lo más sorprendente del Presidente Zapatero, dada su juventud, es su templanza, su capacidad para conservar la serenidad y la mesura cuando le incitan –a veces groseramente– a la reacción airada. Este «talante» procede de su previsión de los «escenarios» y de su actitud de escucha. Es pausado en la reflexión y en la expresión porque gira en torno a muy pocos ejes, pero bien establecidos: papel de las instituciones del Estado, sin injerencias del Ejecutivo; dar al Parlamento el protagonismo que le corresponde en una democracia progresivamente auténtica; defensa de la igual dignidad de todas las personas; fomento del diálogo y la alianza en el marco de una cultura de paz; cumplimiento de los compromisos electorales, con las actualizaciones que corresponda; fomento de la diversidad y de la ciudadanía participativa; promoción de la creatividad; previsión... Cuando no acierta, procura corregir... Las decisiones que ha adoptado sobre la guerra de Irak, los inmigrantes, ETA, la no marginación de los ciudadanos... así lo acreditan... mientras que la oposición sigue, lamentablemente, con la intemperancia y los aspavientos de un líder que nunca se ha ido, como había prometido...

Mário Soares: El retrato que ha hecho de Zapatero me parece excelente y coincide con mi apreciación desde la distancia. En cuanto a Sócrates, ganó las elecciones en febrero de 2005, provocadas por el Presidente Sampaio, que tuvo que destituir al gobierno de Santana Lopes, entonces Primer Ministro y líder del PSD (Centro Derecha) como consecuencia de seis meses de gobernación calamitosa, que, por cierto, ya venía de atrás, del anterior gobierno de Coalición PSD/CDS-PP, presidido por José Manuel Durão Barroso, hoy Presidente de la Comisión Europea.

Seguramente recordará esos dos sucesivos gobiernos de derecha que llevaron a Portugal a una crisis financiera muy grave y que, dada la recesión europea «e internacional», arrojaron al país a un marasmo económico de difícil solución. Eso explica la intervención del Presidente Sampaio, que sólo pecó por llegar demasiado tarde, y que puso fin al gobierno de Santana Lopes, pese a tener un respaldo mayoritario en la Asamblea de la República. Ese respaldo no le salvó, porque su destitución mereció el aplauso clarísimo del pueblo.

A la crisis financiera y después económica se le añadió una crisis político-constitucional y una crisis moral. En ese marco sombrío José Sócrates, Secretario General del Partido Socialista y antiguo Ministro de Medio Ambiente de Antonio Guterres, ganó con mayoría absoluta (45,03%) las elecciones legislativas.

Figura política hasta entonces discreta, José Sócrates, se ha destacado, en el año y pico que lleva de gobierno, como un gobernante determinado, valiente, inteligente, que sabe lo que quiere y adónde va. El principal problema con que se enfrenta estriba en saber –como, por otra parte les ocurre a todos los gobernantes socialistas– si podrá cumplir las metas financieras europeas del Plan de Estabilidad y Seguridad, reducir el déficit y, en simultáneo, sostener financieramente el modelo social europeo, que no puede ni debe debilitarse. A la vez tendrá que encontrar fórmulas para estimular a los empresarios portugueses a que inviertan, de modo que se pueda salir del marasmo económico en el que el país se encuentra desde hace cuatro años.

Acorralado por una derecha populista, que todos los días intenta ignorar las tremendas responsabilidades que tiene en la crisis, y una izquierda a veces excesiva, por no decir demagógica, que reclama beneficios sociales que por ahora no tienen sostenibilidad financiera, José Sócrates ha procurado atacar el despilfarro del Estado, eliminando funciones burocráticas innecesarias, desarrollando, al mismo tiempo, la ciencia, el conocimiento, la educación y difundiendo las nuevas tecnologías informáticas para provocar un «choque tecnológico», que piensa que podrá arrancar al país de la situación de paréntesis en que se encuentra. Es su apuesta. Que hasta ahora ha mantenido, con coherencia y decisión.

El camino es difícil, estrecho y complejo. Todos los portugueses lo saben. Pero no es imposible. Y aparecen algunas señales de que finalmente se ha entrado por el buen sentido.

Pasado el «estado de gracia», José Sócrates mantiene niveles de popularidad envidiables y no tiene razones inmediatas para temer a sus adversarios políticos, tanto de la derecha como de la izquierda. Inició su camino, como candidato a Secretario General del PS hace dos años. Tenía entonces como una de sus referencias a Tony Blair, «el amigo especial de Bush», como hoy es conocido. Sin embargo, lúcidamente, se ha ido aproximando a José Luis Rodríguez Zapatero, lo que puede ser un buen comienzo para que los dos Estados ibéricos, con raíces fuertes en Iberoamérica, ganen peso en la Unión Europea. Sería excelente que ocurriera así, tanto para la Unión Europea como para Iberoamérica.

España es hoy un país plural, con gran creatividad, en vías de reconocer, institucionalmente, a las naciones que lo componen, con una democracia avanzada, que intenta construir un camino de paz interna en y con el País Vasco. Se esfuerza por desarrollar relaciones fraternas con Portugal, dentro del respeto mutuo, en la igualdad y sin pretensiones hegemónicas. Entiende, claramente, que su fuerza y autoridad sólo le puede llegar de ahí, tanto en el marco de la Unión Europea como de Iberoamérica, del Mediterráneo o del Atlántico.

Portugal no tiene razones para desconfiar de España o, mucho menos para tenerle miedo. En ese sentido, los fantasmas creados en el pasado están definitivamente superados. Portugal y España son hoy socios en la Unión Europea, aliados en la OTAN, hermanos en Iberoamérica, con intereses convergentes en el marco ibérico, a pesar de que sus economías tienen diferentes pesos en el mercado integrado ibérico en construcción. Lo que implica, hay que decirlo, algún cuidado y solidaridad, por parte de España para con Portugal, en el seno comunitario al que ambos Estados pertenecen.

De ahí que se justifiquen todos los esfuerzos para que las políticas externas de nuestros dos Estados puedan converger, tanto en la Unión Europea como en Iberoamérica, en el Mediterráneo occidental y en el Atlántico occidental. Sin complejos. Y con ventajas recíprocas.

El año 2006 puede ser un momento de cambio, pese a que tengamos ahora en Portugal, por primera vez desde el 25 de abril, un Presidente de la República elegido por la derecha, Aníbal Cavaco Silva.

Creo, no obstante, que la cohabitación entre un presidente votado por la derecha, aunque elegido por un estrecho margen, y un gobierno de centro izquierda, mayoritario, puede tener una vida política relativamente fácil en virtud de la difícil coyuntura económico-social que el país atraviesa, hasta por lo menos, la presidencia portuguesa de la Unión, en el segundo semestre del 2007. La coyuntura, extremadamente compleja, aconseja que los dos principales protagonistas tengan el buen sentido –y el patriotismo– de hacer todo lo posible para entenderse. La izquierda sindical, cuya legitimidad en las acciones de protesta que ha promovido no puede ser puesta en duda, debe también comprender que no hay ningún interés en tensar demasiado la cuerda de las reivindicaciones, porque si une a las dificultades económicas y sociales y al desempleo una crisis política –una eventual sustitución del gobierno– los más perjudicados serán necesariamente los trabajadores.

Permítame que destaque todavía la importancia de la afortunada coincidencia de que existan simultáneamente dos gobiernos socialistas en España y Portugal. Es obvio que las excelentes relaciones que han venido consolidándose, sin quiebras, entre los dos Estados peninsulares en los últimos treinta años (desde que nos liberamos de las dictaduras), no dependen de los colores políticos de los respectivos gobiernos. Hemos experimentado todas las combinaciones sin mayores dificultades.

En el momento que la Unión Europea atraviesa y cuando los europeos reconocen que se necesita defender, en las calles si fuera necesario, el modelo social europeo, resulta estimulante para nuestros colegas europeos que la península Ibérica tenga dos gobiernos de izquierda, con manifestadas preocupaciones sociales, ecológicas y de profundización democrática.

América Latina ve también con mucha esperanza esa señal que la península Ibérica, donde están sus raíces lingüísticas, y en parte culturales, está dando, en una coyuntura compleja, cuando los países iberoamericanos, de diferentes modos, más moderados o más radicales, buscan un camino autónomo (no dependiente) y marcan sus distancias con respecto al gran vecino del norte.

El ejemplo de Zapatero que mandó retirar las tropas españolas de Irak; que está en vías de conseguir un acuerdo con ETA (porque ésta renuncia a la violencia); que negoció con éxito un nuevo estatuto de nacionalidad para Cataluña, que influirá en otras autonomías; y que además ha dado pasos al frente en las cuestiones llamadas sociales, gobernando sin miedo a las críticas de la Iglesia; y ahora, promoviendo la Alianza de Civilizaciones, todo esto lo ha transformado en un líder político, tal vez el más original de la Europa de hoy y una referencia consistente en este mundo inquietante en que vivimos. La circunstancia de que exista una relación muy cordial y próxima con José Sócrates, el Primer Ministro portugués, es también de singular importancia, como dije, tanto en el marco europeo como en el iberoamericano.

Capítulo XXII

El Oriente Próximo: ¿Un barril de pólvora?

Mário Soares: Si le parece bien, podríamos hablar ahora de la actual situación del Oriente Próximo y de sus perspectivas, porque esta región es realmente una referencia fundamental para la comprensión del mundo de hoy. Ha sido el centro de muchos de los conflictos internacionales, desde la Segunda Guerra Mundial hasta hoy.

Claro que todo empieza con el conflicto inacabable entre Palestina e Israel. A Yasser Arafat, a quien no se le ha hecho justicia, porque murió en un mal momento, le sucedió Mahmoud Abbas, que está teniendo graves dificultades para poner un poco de orden en Gaza y erigirse como interlocutor con credibilidad para los árabes, Israel y para Estados Unidos. Con la reciente victoria de Hamás todo se ha agravado. La verdad es que todo es más confuso, no se progresa y la escalada de violencia sigue aumentando. Los israelíes y los palestinos parecen estar en un callejón sin salida.

El problema de salud de Sharon junto a la victoria de Hamás complicaron mucho más las cosas. Mientras haya un fundamentalismo judío, como hay, y un fundamentalismo islámico, que también existe, es muy difícil que las dos comunidades se entiendan. Pero si no se entienden será imposible que haya paz en la región de Oriente Próximo, tan conturbada tras la invasión de Irak. Ése es el punto crucial.

El presidente Bush parece tener una posición más autónoma con respecto a Israel de lo que podría creerse, quizá porque tenga poca capacidad para entender el fundamentalismo judío. No es improbable que sea así, dado que él mismo es un fundamentalista cristiano. No sé si será o no por eso, pero la verdad es que fue él quien reconoció por primera vez a la Autoridad Palestina. Por otra parte, me parece que nadie tiene el control de las tropas palestinas, ni siquiera Hamás, ni los israelíes, lo que significa que la paz será siempre muy precaria y las situaciones de compromiso, hasta ahora, han sido siempre muy frágiles.

No hablemos ahora de Irak, que la situación de ese país ya ha sido muy analizada.

De Afganistán también hemos hablado algo. Pero, en uno y otro caso, conviene insistir siempre en que la desagregación de esos países es mayor cada día que pasa. Ya hicimos antes referencia al caso del Líbano, que ahora, tras la invasión sufrida por parte de Israel, se encuentra en una situación muy precaria. La resolución de Naciones Unidas, aprobada por unanimidad, que establece que se ponga término a la guerra, difícilmente será cumplida. La capacidad de intervención de las tropas libanesas y del cuerpo multinacional, organizado por la ONU, está lejos de haber sido clarificada. El éxito de esas intervenciones es, desgraciadamente, muy problemático y depende fundamentalmente de la retirada de Israel. Lo que queda es la tierra devastada, las muertes y los sufrimientos sin fin de una guerra perfectamente inútil. Hay que tener en cuenta que el Líbano, hoy tan destruido por el ejército de Israel con la disculpa de acabar con Hezbolá, acababa de celebrar sus primeras elecciones... Y Hezbolá en líneas generales salió victorioso...

Líbano es un país problemático y complejo, que usted y yo conocemos bien, donde los políticos son de lo más sofisticado e inteligente de la región. Habilísimos. Es más, son también los grandes banqueros del mundo, grandes negociadores, pero nunca han sido capaces de armonizar las diferentes comunidades que componen el Líbano: drusos, islámicos, cristianos, maronitas, judíos... todas envueltas en luchas internas y entre sí. Es un país muy difícil. Hubo un momento en que la situación parecía mejorar, después del asesinato del Primer Ministro. Pero a continuación se dio marcha atrás. El escenario de nuevo se complicó, paradójicamente, con la retirada de los sirios exigida por los norteamericanos y, en parte, por los europeos. Esa retirada parece que no dio los resultados esperados. Los sirios siguen teniendo una influencia muy grande en el Líbano.

En cuanto a Egipto, debo decirle que no creo en el rigor democrático de las próximas elecciones presidenciales, que ahora parecen haber sido aplazadas. El presidente Mubarak, como sabe, gobierna con mano de hierro desde hace largos años. La influencia de los radicales islámicos –especialmente de los «hermanos musulmanes»– ha aumentado la inestabilidad en toda la región. Egipto también parece haberse convertido en un barril de pólvora que está a punto de explotar. Mechas no le faltan.

Siria es un país acusado por los norteamericanos de ser una dictadura hereditaria y feroz, lo que es verdad –como si el régimen teocrático de Arabia Saudita no lo fuese, aunque a los norteamericanos no parezca importarles. Siria, decía, tiene fronteras con Irak, y eso da lugar a múltiples escaramuzas y perturbaciones, ya que difícilmente podría escapar de las convulsiones que afectan a Oriente Próximo desde la guerra de Irak y del agravamiento del conflicto palestino-israelí. Más sólida, sin embargo, parece la situación de Jordania, un país pequeño y con poca población, una monarquía protegida por los norteamericanos y razonablemente respetada, hasta ahora.

Y, finalmente, Irán, que es una república teocrática lamentable, como Arabia Saudita, pero con una política –y una elite– seguramente más consistentes que las sauditas. Estuve en Irán hace pocos años, cuando todavía era presidente el moderado Khatami, al que conocí personalmente. Estoy convencido de que intentan tener la bomba atómica. Por eso, por su poder militar, y también porque los tiempos son otros, no les resultará fácil a los norteamericanos hacer con Irán lo que hicieron y hacen con Irak. No creo que eso pueda suceder. Sería una locura inaceptable. Irán, por otra parte, es un país mucho mayor, con una tradición política y una estructura militar que no son fáciles de dominar. Además, Irán, que es mayoritariamente chiíta, controla hoy una parte de Irak, puesto que los iraquíes chiítas tienen una relación muy fuerte con los iraníes. Lo que es comprensible, porque los chiítas son minoritarios en el mundo islámico.

No sé, nadie lo sabe, supongo, qué va a suceder. Pero de cualquier modo, también en Irán se ven muchas nubes negras en el horizonte. Las elecciones recientes han dado esa señal. El trato y las amenazas de Bush a Irán, uno de los países del «eje del mal», contribuyeron para la elección del Presidente extremista Mahmud Ahmadineyad. Es el llamado efecto bumerán.

Arabia Saudita, por su parte, es una dictadura teocrática inaceptable, monárquica y plutocrática, que ha sido una fábrica de terroristas, comenzando por Osama Bin Laden, cuya familia está relacionada con la familia Bush por lazos fortísimos de negocios...

Por todo esto, y por mucho que no ha sido dicho, tendremos durante muchos años un Oriente Próximo muy perturbado, sin esperanzas de dejar de serlo a corto plazo. Es una situación gravísima para el mundo, y la Unión Europea, que tendría una palabra importante que decir, en una región que conoce bien, sobre todo los ingleses y franceses, no ha sido capaz de ejercer ninguna influencia positiva. Lamento que no haya una estrategia para Oriente Próximo concertada y autónoma de Estados Unidos. Al menos para darle al mundo islámico la idea de que Occidente no es todo lo mismo, que hay diferencias sensibles entre la Norteamérica de Bush y la Unión Europea... Es gravísimo que Europa no haya hecho nada en ese sentido.

A este conflicto, estratégicamente desastroso, en mi opinión, hay que añadirle el hecho de que Israel invadiera el Líbano con el objetivo de destruir a Hezbolá. El pretexto invocado por Israel, el secuestro de dos soldados israelíes, es claramente desproporcionado si lo comparamos con los medios militares de destrucción del sur del Líbano, utilizados por los israelíes. Es otra siembra de odios, gravísima, la que se está creando en la región. Contra Israel, Norteamérica y, en consecuencia, también contra la Unión Europea. Blair, una vez más, ha hecho cuestión de exhibirse al lado de Bush, como su «amigo especial» y europeo en un momento particularmente sensible. ¿Para qué, si no tenía nada concreto que decir o proponer? Veremos si se respeta la resolución de fin de la guerra de Naciones Unidas y se dan las condiciones para que los Cascos Azules se mantengan en la zona como fuerzas de paz.

Pero así la situación, ¿a quién puede sorprenderles que los conflictos en la región se agraven cada vez más? ¿Con qué ventajas? Todo es un desvarío auténtico...

Federico Mayor: Un auténtico desvarío, y muy peligroso: la invasión del Líbano, con lo que significa de muerte y de destrucción, es, además de un crimen, un auténtico disparate que no se ha sabido detener a tiempo. Se echan de menos ciertas figuras del pasado, voces con autoridad nacional e internacional. Ahora parece que manda el ejército y que la invasión del Líbano, la planificación de la destrucción... todo, era el ejército de Israel, de forma autónoma, quien establecía pasos y estrategias...

Decía usted, hablando de grandes personalidades, que no se ha reconocido la figura de Yasser Arafat, y es cierto. Recuerdo que lo visité por primera vez en noviembre de 1987. Acababa de ser elegido Director General de la UNESCO y la primera visita que hice fue a Túnez...

Mário Soares: Donde vivía Arafat... Me encontré con él allí, meses después de que hubiera abandonado Líbano, en 1982, salvo error.

Federico Mayor: Sí. Entonces seguía siendo presidente de Túnez un gran personaje, el presidente Bourguiba. La sede de la Organización para la Libertad de Palestina (OLP) estaba allí...

Mário Soares: También conocí personalmente a Bourguiba, en una fase ya de cierta decadencia. Hablaba mucho del pasado, y bien, pero con el presente era más evasivo... En aquella ocasión también visité a Yasser Arafat en Túnez. Como enviado de la Internacional Socialista, presidida por Willy Brandt.

Federico Mayor: Fue Bourguiba quien le permitió a la OLP instalarse en Túnez, donde tenía sede también la Liga Árabe. Yasser Arafat me dijo: «Voy a abandonar la fuerza, porque tenemos que convivir con Israel». Y luego, pocos meses después, a principios de 1988, visité en Tel Aviv el Instituto Weizmann, donde tuve la oportunidad de encontrarme con Shimon Peres, que me dijo exactamente lo mismo. Peres estaba en la oposición, y sus palabras fueron éstas: *«We are condemned to live all together»*. Estamos condenados a vivir juntos. Tenemos que vivir con los palestinos. Le cuento esto porque parecía haber una línea estratégica. Más tarde desarrollé una excelente amistad con Yitzhak Rabin. Era militar, «halcón», pero después se reconvirtió en un gran promotor de la paz. Hasta tal punto que aceptó que Jerusalén fuese co-capital de Palestina y de Israel. Rabin me recibió en varias ocasiones. Tras la reunión con Clinton en Estados Unidos, en septiembre de 1993, invité a Shimon Peres y a Yasser Arafat a que visitaran Granada para que pudieran celebrar un encuentro a dos. No quise que hubiera nadie más que ellos. Se forjaron entonces los primeros pasos para el establecimiento de una gran plataforma, cuyo objetivo era el proceso de paz entre Israel y Palestina. Después, ya sabe lo que sucedió.

Yasser Arafat fue, a mi entender, un líder absolutamente indispensable para Palestina. Desgraciadamente, Yitzhak Rabin murió asesinado. Muchos de los que hasta ahora han tratado de superar la guerra hablando y proponiendo la paz, han muerto asesinados: John Kennedy, Robert Kennedy, Martin Luther King, Anwar al-Sadat, Yitzhak Rabin...

Mário Soares: Es cierto. Y da que pensar... Pero las condiciones de los asesinatos, eso hay que reconocerlo, fueron muy diferentes en cada uno de los casos citados...

Federico Mayor: Yitzhak Rabin fue asesinado y después Israel tuvo una serie de primeros ministros que fueron mucho menos favorables a las relaciones de paz. Hablo de Netanyahu y hablo también de la segunda Intifada que fue consecuencia de una provocación, como sabe, de Ariel Sharon, que yendo a la plaza de Al Aqsa, desató una segunda reacción popular. Es cierto, y usted habló antes de eso, que existe un fundamentalismo palestino y que, oponiéndosele enfrente, hay también un fundamentalismo hebraico.

Es terrible que haya, en ambos casos, personas suficientemente ignorantes para convertirse en auténticos sectarios de su religión. Unos por el islam, otros por el judaísmo. Y la imposibilidad de convivir dos Estados soberanos en una misma tierra, peleada palmo a palmo. Lo cierto es que todo esto genera posiciones irreconciliables. La segunda Intifada se caracteriza por un voluntarismo sin precedentes, de gran violencia. Las personas, hombres y mujeres normalmente jóvenes, se autoinmolan, dando lugar a actos terroristas terribles, con muchas víctimas. A lo que hay que contraponer el terrorismo de Estado y los «asesinatos selectivos» mandados por el gobierno de Israel. Una absoluta barbaridad, en todos los sentidos, que si no se condena con igual rotundidad es porque Israel es el gran protegido de la potencia norteamericana. Y no podemos olvidarnos de que una buena parte de la gran industria militar norteamericana y de la potencia mediática norteamericana están en manos, precisamente, de personas directamente vinculadas a Israel. Así se justifica que tiempo atrás se anunciara que Turquía había adquirido 400 millones en armas a Israel y no hubo ni una protesta. Por el contrario, cuando España vende una fragata y algo más a Venezuela, todo el mundo se echa las manos a la cabeza, preguntándose cómo es posible tal cosa. En resumen, yo creo que...

Mário Soares: ¿Qué compra fue ésa?

Federico Mayor: Turquía compró hace poco tiempo 400 millones de dólares de armamento a Israel. Y esto apareció como una pequeña noticia, como si no fuera nada, sin preguntarse de dónde, ni por qué ni para qué... Mire, tengo la sensación de que, tanto en el conflicto Israel-Palestina, como en el resto de los casos que usted mencionó, no se darán pasos positivos hasta que las potencias que tradicionalmente han servido de mediadoras no lleguen a un acuerdo. O sea, tienen que entenderse Estados Unidos, Rusia, la Unión Europea y las Naciones Unidas.

Hablábamos antes del Líbano. Ya sabe lo que se decía en el Líbano: por un lado estaban los drusos, por otro los cristianos y más allá los musulmanes. Uno era jefe de Gobierno, otro Presidente del Parlamento y otro Presidente de la nación. Y añadían: los domingos, los tres tienen que ir a ver a Assad, a Damasco. O sea, una potencia exterior manejaba los hilos y además tenía una cantidad de soldados considerable en el país. Y como si fuera una fatalidad, los tres, incluido el Presidente del Gobierno Hariri, al que conocí bien, tenían que consultar con el presidente de Siria... Ésta era la percepción que tenía la calle...

Mário Soares: El presidente druso era Walid Jumblatt, hijo de Kamal Jumblatt, cuyo partido François Mitterrand, no sé por qué, integró en la Internacional Socialista.

Federico Mayor: También Líbano, sobre todo después del asesinato de Hariri, está buscando soluciones sin Siria. Vamos a ver cómo pueden vivir las tres comunidades sin la presencia de los ejércitos que se ocupaban de la seguridad y del orden. Aunque ahora, tras la invasión de Israel, de nuevo Líbano tendrá soldados extranjeros patrullando sus calles, en este caso fuerzas de interposición de la ONU.

Usted mencionó un país que me parece crucial y que, otra vez en el siglo XXI, deberá desempeñar un papel realmente extraordinario, ya sea en Oriente Próximo como a escala mundial. Se trata de Egipto, país que ha evolucionado mucho más que otros del área. Vamos a Egipto y hablamos con mujeres que están al frente de grandes instituciones, totalmente emancipadas, mujeres que pueden practicar la religión islámica, pero con una formación totalmente universal y que trabajan en lugares clave. El país tiene fuertes problemas económicos, porque es desértico en gran parte. Pero no tengo ninguna duda de que es el gran país entre los países árabes en la actualidad. Sin embargo, el presidente Mubarak tiene un inconveniente: está desde hace muchos años en el poder, aunque es verdad que ha sido un gobernante, en el cómputo general, mucho mejor que otros de otros países, porque aceptó la validez del sufragio...

Mário Soares: No lo dudo. Pero no se puede decir que sea un demócrata...

Federico Mayor: No. Pero, las monarquías del Golfo, en general, ¿son «democráticas»?

Mário Soares: No. Los verdaderos demócratas en el Oriente Próximo son escasísimos... Y normalmente no están en el poder.

Federico Mayor: ¿Es un «demócrata» el Presidente Assad? Acabamos de ver que en Siria el poder ha pasado de padre a hijo. Ellos dicen que lo mismo ha hecho Bush, pero no es igual, claro. En todos los sistemas monárquicos del Golfo hay una sucesión antidemocrática, pero como se trata de monarquías, nadie lo discute. Ahora, cuando son repúblicas. El caso de Mubarak ya sí se puede discutir. Yo sigo pensando que sería bueno que Egipto encontrara un líder capaz de sustituir a Mubarak y capaz de dar nuevas orientaciones, aunque no se ha adelantado mucho en los últimos tiempos. No obstante sabemos, y es un dato a tener en cuenta para valorar el papel de Egipto, dónde se celebraron las conferencias de conciliación entre Israel y Palestina y dónde se firmaron los acuerdos de paz. Siempre por iniciativa egipcia...

Por último, usted habló de Irán. Cuidado, que Irán no es Irak. Irán es un país que ha evolucionado mucho, aunque lentamente. Es un sistema nacido como respuesta a una monarquía de dislate y arrogancia absoluta, la del Sha. El Sha era el representante de un sistema sin medida, fuera de escala, ayudado por países que, interesados obcecadamente en sus recursos energéticos, no querían darse cuenta de lo que estaba pasando. No percibían aquellos disparates de despilfarro, aquellas asimetrías entre el pueblo y los gobernantes. Simultáneamente sucedía algo que no es infrecuente en países europeos: Francia sirvió de asilo a quien estaba preparando el sistema más teocrático y antidemocrático que se podía imaginar en esa parte del mundo en los últimos años: Jomeini. ¿Cómo es posible que en Francia los servicios de información desconocieran lo que planeaba Jomeini?

Lo cierto es que Jomeini representaba, como ahora Khamenei, un régimen teocrático. Pero ha habido una evolución. Rafsanjani ya supuso un paso adelante. Me acuerdo de un día que estaba allí, en la Universidad de Teherán, porque fui a presentar el *Libro de los Reyes* de Ferdowsi, del gran Ferdowsi, y algunos estudiantes, porque la portada del libro citaba la palabra «reyes», armaron un gran escándalo, una manifestación de protesta. Entonces, Rafsanjani les dijo: «Hagan el favor, estamos en una universidad y en la universidad no se grita, se discute y se habla». Como ve, esta actitud ya representaba un principio de moderación para los fanáticos del Ayatollah Jomeini y del Islam. Rafsanjani coincidió con Jomeini y después con Khamenei, un hombre que sabe que manda porque él es quien interpreta la justicia y la que representa...

Mário Soares: Sí. Quien mandaba, y aún hoy manda, es el guía supremo, Khamenei.

Federico Mayor: Es el guía. Khatami, que representó otro paso hacia delante, pensó: «Yo pongo procesos en marcha». Y, así, él es responsable del proceso que ha permitido que las mujeres hayan aumentado mucho su presencia en la universidad y a desempeñar papeles que antes no tenían. Y poco a poco, se va produciendo una transformación bastante seria en Irán.

Mário Soares: No sé si se acuerda de que estuvimos juntos, en el encuentro entre la Academia de la Latinidad y la Academia de Irán... Khatami nos recibió. Fue un encuentro interesante.

Federico Mayor: Sí, muy interesante. Allí conocimos a muchas personas, incluso mujeres que iban con la cara descubierta aunque no podían enseñar ni el cuello ni el pelo. Hay una evolución clarísima en Irán. Creo que no llegarán a la bomba atómica, aunque no me preocupa demasiado esa posibilidad. Más me alarma no saber cuántas bombas atómicas tiene China, cuántos arsenales existen y qué controles se han establecido. El desarme nuclear es otro de los grandes retos de la humanidad actualmente. Seguimos con una espada de Damocles que constituye una infinita irresponsabilidad con nuestros hijos.

Para terminar, quiero decirle que en todos los casos, en el conflicto entre Israel y Palestina, en el Líbano, en Egipto, en los países árabes en general, todos están llenos de contradicciones... Y, hasta llenos de príncipes... Se calcula que hay varios millares de príncipes en Arabia Saudita, miembros de la familia real...

Mário Soares: Es un número extraordinario.

Federico Mayor: Todas estas cuestiones, las aspiraciones de los pueblos, las contradicciones, las ambiciones y los fanatismos del poder... me hacen pensar que sólo existe una solución y es la que Europa debe fomentar. Europa debería decir: «Nos sentimos implicados, porque formamos parte del proceso de paz». Si hoy en Palestina hubiera diez mil Cascos Azules, se acababa el conflicto. Diez mil Cascos Azules de intervención representan al conjunto del mundo. Lo que no puede suceder es que haya palestinos que pongan bombas, que los israelíes decidan asesinatos selectivos, invasiones, represalias... lo que estamos viendo. Dígame: ¿cómo puede un gobierno decidir asesinar a una persona? Es una práctica que, como tantas otras, tiene que terminar. Ya.

Y vuelvo a lo que me parece fundamental hoy: tiene que haber unas Naciones Unidas capaces de intervención y con capacidad de injerencia cuando se den las condiciones necesarias. Sólo la ONU puede intervenir en los conflictos armados con un ejército de interposición, con los Cascos Azules. Por eso estuve en contra de la invasión de Kosovo, donde fueron tropas de la OTAN... Fue un precedente lamentable que se habría resuelto con unas Naciones Unidas y unos Cascos Azules bien preparados y ejerciendo la función de injerencia que la ONU tiene legitimidad para hacer, aunque le falte capacidad. Las Naciones Unidas no pueden tolerar que se repita lo que pasó en Ruanda, lo que pasó en Camboya, lo que pasó en Kosovo o lo que está pasando en Palestina. Se están desatando los sentimientos más profundos de ira y de animadversión entre vecinos y entre culturas. Pero de eso hablaremos en otro momento. Creo que una de las grandes misiones de Europa es fortalecer un cambio en las Naciones Unidas, para que sean operativas y respondan, de verdad, al sueño fundador.

Mário Soares: Sin duda. Usted, querido amigo, ha llegado a la conclusión, si lo he entendido bien, de que no habrá orden y paz en el Oriente Próximo sin el fortalecimiento de Naciones Unidas, y de que es precisa la voluntad política de la Unión Europea para relanzar la ONU. Ésta es la primera cuestión.

En cuanto a la injerencia, debo decirle que a finales de los 80, cuando estaba convencido que el mundo iba a conocer una aurora democrática, era muy partidario de la injerencia, siempre que se realizara de acuerdo con los principios de las Naciones Unidas y de la democracia. Pero hoy tengo mis dudas, dada la situación hegemónica de Estados Unidos. Si el principio de injerencia es aplicado por una potencia que se cree hegemónica, el resultado puede ser justamente todo lo contrario de lo que se pretende.

Federico Mayor: Claro, claro, ahora es más complicado. En estas condiciones, yo tampoco estoy de acuerdo.

Mário Soares: Por eso tenemos que condenar el principio de injerencia incluso cuando se haga con el pretexto de defender la democracia, porque ésa fue la razón que Estados Unidos dio para justificar la invasión de Irak.

Federico Mayor: De nuevo resulta que las Naciones Unidas son buena parte de la solución. Como antes mencioné, en la UNESCO tuvimos un coloquio –al que asistió Bernard Kouchner y enviamos un mensaje de conclusiones a Boutros Boutros-Ghali, que en aquel momento era Secretario General de Naciones Unidas– al término del cual recomendamos que la injerencia se autorizara por la ONU sólo en dos casos: cuando hubiera una violación masiva de los Derechos Humanos, como en Camboya o Ruanda, y cuando no hubiera interlocución por ausencia de gobernantes, como en el caso de Somalia, donde sólo hay los «señores de la guerra», esparcidos e incluso itinerantes. En estos casos la ONU debería asumir un papel que evitaría grandes desmanes, genocidios....

Mário Soares: Volvamos al título de este capítulo: «El Oriente Próximo: ¿Un barril de pólvora?». Claramente. Sobre todo después de la invasión de Irak. Confirmada y comprobada la mentira de que Irak tenía armas de destrucción masiva y que las iba a utilizar para destruir a Occidente, todo el mundo pudo ver que la invasión era ilegítima y, más aún, que nunca tuvo el aval de Naciones Unidas. Y el pretexto invocado después de la invasión, que se trataba de contribuir a la democratización de la región es inverosímil. Lo que ha pasado es justo lo contrario. El mundo islámico ha quedado fragilizado, resentido, más dividido e inseguro de lo que estaba antes. Irak se ha transformado en un lugar de reclutamiento y entrenamiento de terroristas.

El conflicto Israel-Palestina se ha agravado y vuelve a ser, como antes de 1969, un conflicto árabe-israelí. Con culpas de ambos lados, gravísimas. El terrorismo y las masacres se multiplican. Los fanatismos crecen, tanto por la parte islámica como judía. Estados Unidos «compró», en virtud de la insensatez de la administración Bush, un nuevo Vietnam, con las inevitables consecuencias de orden interior y exterior que tendrán lugar. La Unión Europea, dadas sus divisiones y omisiones, ha perdido influencia... El resultado es éste.

Y ahora, para complicar más la situación, la invasión y la destrucción del sur del Líbano, ese tan bello país...

Capítulo XXIII

Sobre la violencia creciente

Federico Mayor: Hablemos ahora de las causas de la violencia.

Mário Soares: Últimamente ha habido muchos fenómenos de violencia, sobre todo urbana. En todos los países y continentes. El último, sintomático, es el de las prisiones de Sao Paulo, en Brasil. Un ejemplo, en mayúsculas, de lo que puede hacer el crimen organizado con la complicidad de policías y de guardias de prisiones. Hay muchos motivos que explican ese fenómeno siempre en crecimiento: el malestar social; los conflictos religiosos; la ausencia de una cultura de paz; el hecho de que los medios de comunicación social, las televisiones sobre todo, hagan diariamente apología de la violencia, ya sea en películas, en informativos, etcétera. La violencia se presenta en la vida cotidiana de distintas formas y en todos los sectores sociales.

Federico Mayor: En España tenemos ya el problema de «las maras»... ¿Usted ha oído hablar de «las maras»? Se podría decir que pertenecen a la segunda generación de los niños de la calle. Son bandas que ya existen en América, sobre todo en Brasil y Centroamérica, compuestas por jóvenes de entre 14 y 20 años, adolescentes con armas, con organización y demarcación territorial propia... Jóvenes que el sistema ha marginado y excluido porque está, el sistema, más interesado en descubrir las lunas de Urano que en atender a los seres humanos. La sociedad ha relegado a los más jóvenes y ellos reaccionan contra la sociedad.

Mário Soares: ¿Qué quiere decir «maras»?

Federico Mayor: La palabra «mara» viene de «marabunta», esas hormigas que arrasan todo cuanto encuentran a su paso... Quizá viera la película *Cuando ruge la marabunta*, de Byron Haskin, con Eleanor Parker y Charlton Heston... Pues la condición depredadora de las hormigas es la que ha motivado a los jóvenes a elegir el nombre. Las «maras» se organizan en agrupamientos de pandillas que actúan violentamente. Cada pandilla está integrada por jóvenes que han crecido en contextos sociales conflictivos, sin expectativas de futuro, desamparados, huérfanos (no olvidemos la existencia de los huérfanos de las guerras civiles recientes)... Es uno de los fenómenos que interpela nuestra conciencia colectiva. Ni los animales tratan a sus crías como lo ha hecho la sociedad guiada por los imperativos del mercado...

¿Cómo no van a existir organizaciones de esta naturaleza si en España se ha dejado entrar a 800.000 inmigrantes sin legalizar su situación, sin «papeles» con los que defenderse de los abusos? ¿Por qué? Porque estas personas, estos trabajadores son los que les interesan a los patronos sin escrúpulos. Son mano de obra super barata. Esto es lo que ha ocurrido y lo que ahora intenta solucionar el gobierno actual. Lo que ocurre es que se necesita tiempo y la gente se desespera, está defraudada, no aguanta... Así son las secuelas del neoliberalismo imperante.

Otra consecuencia indeseable del sistema es la reducción de personal en todas las empresas, la automatización excesiva de los servicios y la disminución de la seguridad personal, tanto la del trabajador como la del usuario. Hace poco, en la Gare du Midi de Bruselas, me robaron la cartera. Llevaba un «troley» y la cartera. ¿Sabe cómo me robaron? La «parcelación» de concesionarios de distintos servicios es tal, desde la entrada de la estación a los trenes, que ni hay revisores en los andenes que orienten, ni en los trenes inspectores, ni nadie que informe o vigile. Así, mientras colocas la maleta en el portaequipajes, el «pasajero» que se sienta al lado echa mano de tu cartera y sale zumbando con ella. Como usted sabe, son vagones articulados, muy cortos. Bajé del tren rápidamente para intentar que se detuviera al ladrón. Ni rastro del delincuente ni nadie que pudiera detenerlo. Llamé a voces a la policía, apareció pronto un funcionario muy correcto al que le expliqué en pocas palabras lo sucedido. Me respondió: «Es usted el número 39 en la Gare du Midi de Bruselas, capital de Europa, al que hoy le han robado la cartera». Le dije que no era una «gloria» para la policía. A lo que, impasible, respondió que ellos representan al Estado, pero la responsabilidad de la seguridad depende de la empresa de cada línea. Cuando salía de presentar la denuncia –nunca más se supo de mi cartera, perdí todos los documentos que llevaba– aparecía otro pasajero con su «troley» al que también habían robado la cartera, por el mismo sistema. Era el número 40, un japonés... Le cuento todo esto porque el neoliberalismo tiene límites y uno de ellos es la seguridad pública. Las compañías no pueden ir reduciendo personal para ganar más dinero. Sobre todo, en vigilancia, en seguridad para el trabajador y para el ciudadano. En una palabra, creo que se están superando los límites en la privatización, como ya hemos dicho en otros capítulos. Hay que pensar más en la gente y menos en el beneficio de las compañías.

Mário Soares: La cuestión, sin embargo, no es sólo de policía. Incluso se podría decir que no es fundamentalmente de policía. Tiene que ver con las verdaderas causas de la violencia: la guerra, el terrorismo, las injusticias, los odios acumulados, las mentalidades de las personas, condicionadas por la cultura de la violencia. Por supuesto, el problema europeo es extraordinariamente grave para nosotros, que somos europeos. Pero no es la llave del problema. Hay otra llave más importante: la administración Bush.

Hemos hablado mucho de la situación de Estados Unidos bajo la administración Bush: ambos tenemos una posición muy crítica con ese gobierno y con lo que representa en materia de regresión en cuanto a cumplimiento de los derechos humanos y de una cultura de paz.

Confieso que esperaba que Bush perdiera la reelección a la presidencia, pero ganó. Y ganó contando, sobre todo, con el apoyo de un fenómeno nuevo, la movilización de las sectas evangelistas. Este fenómeno está adquiriendo una fuerza importantísima que, desde mi punto de vista, debería preocupar a las iglesias constituidas, porque afecta necesariamente tanto a la iglesia católica, al protestantismo e incluso al islamismo tradicional. Las evangelistas son unas sectas con mucho dinero que actúan en Estados Unidos como una organización típicamente comercial y mucha capacidad de atracción de creyentes fanatizados. Pero no sólo eso. Están invadiendo África. Hay países de África que están siendo penetrados sistemáticamente por las sectas evangélicas. También están invadiendo América Latina, especialmente Brasil, que es uno de sus objetivos principales, y están, finalmente, llegando a Europa. Esto puede tener consecuencias, a no largo plazo, muy graves.

Sería bueno estudiar este fenómeno y su relación con el presidente Bush, que no me parece tan coyuntural como en principio se creía, que está bien estructurado y tiene sus raíces en la América profunda. Eso me ha inducido a estudiar, cosa que antes nunca se me habría ocurrido, las diferencias religiosas que hay entre los europeos y los norteamericanos. Los europeos tienen una cultura laica, aunque practiquen distintas religiones, que las hay respetables, pero saben que la religión no debe interferir en las materias de Estado. Estados Unidos, sin embargo, tiene una concepción diferente de la religión. Dios está hasta en el dólar, donde se lee «En Dios confiamos», y en los discursos presidenciales. Bush comienza los consejos de ministros rezando ostensiblemente, lo que ya es sintomático y preocupante.

Por eso yo me pregunto: ¿tiene sentido hoy seguir hablando de Occidente como de un todo? Es evidente que las relaciones atlánticas existen, hasta el propio Bush ha hecho un esfuerzo para que no se siga deteriorando más la situación, quizá porque la opinión pública europea cada día se presenta como más antinorteamericana, o mejor dicho, anti-Bush. Por eso hizo un esfuerzo en su última visita a Europa, es verdad. Pero realmente tengo la impresión de que los europeos son hoy muy conscientes y muy críticos con lo que pasa en Estados Unidos y también están muy desilusionados del neoliberalismo.

Recuerdo que cuando se empezó a hablar del neoliberalismo, hace unos años, todavía Clinton era presidente, planteé ciertas interrogantes y muchas personas me decían que estaba siendo excesivo, que no era así, que Norteamérica era una democracia solidísima, una sociedad con una estructura plural muy fuerte, que existían contrapesos para compensar los aspectos desagradables que mostraba, tanto en el plano religioso o en el político. Pero me da la impresión de que ahora, incluso las personas que me decían eso, están perplejas con lo que está pasando, y que no cesa de agravarse. La jueza del Supremo Tribunal Federal norteamericano, Sandra O'Connor, que dimitió, aunque era republicana, acusa a Estados Unidos de estar transformándose en una dictadura. El prestigio de Norteamérica en el mundo ha disminuido extraordinariamente. La gente entiende que la guerra de Irak se ha transformado en una inmensa pesadilla, que parece que no se va a acabar nunca. Nadie sabe cómo va a terminar. La insurrección antinorteamericana sigue como sigue «la guerra civil» latente entre chiítas y sunitas y kurdos. Los propios «aliados» iraquíes de Bush dicen, en voz alta, que es necesario que los norteamericanos se vayan. Pero ¿cómo van a salir si la situación que han creado parece no tener alternativa? ¿Quién tomaría el poder si los norteamericanos decidieran regresar a su tierra? Sería el caos generalizado en Irak o el comienzo de una guerra civil étnico-religiosa interminable.

Está también el juicio a Saddam Hussayn, que hace dos años es prisionero en las condiciones que sabemos. No está saliendo bien. La cuestión de Guantánamo ya ha comenzado a suscitar fortísimas críticas en los Estados Unidos y en todas las instancias jurídicas internacionales, así como en las organizaciones de defensa de los derechos humanos. Y Afganistán, que se pensaba que estaba más o menos pacificado, ha regresado a la actualidad por las peores razones.

El terrorismo, mistificado en la prensa internacional a partir de la figura enigmática de Osama Bin Laden, parece que no sólo no ha retrocedido, sino que se ha fortalecido, pese a la muerte reciente del jefe de Al-Qaeda en Irak, Abu Musab Al Zarqaui. Bin Laden se ha permitido emitir amenazas por televisión y sigue intimidando impunemente con nuevos ataques terroristas. Lo que me hace pensar que el terrorismo, como ya he dicho, está siendo combatido de la peor manera. El ejemplo más reciente es lo que está pasando en el Líbano tras la invasión de Israel con el propósito de eliminar a Hezbolá.

Federico Mayor: Acaba de plantear una cuestión muy importante. La invasión de Irak ¿ha tenido aspectos favorables en América del Norte, en América Latina, en Europa, en los países árabes? ¿Ha favorecido, como ha dicho el Presidente Bush, el advenimiento de la democracia en algunos países que antes tenían dictadores? La respuesta es no. Ha sido un terrible error, mortífero, sanguinario.

Mário Soares: Y ha sido muy negativo para el «prestigio» de Estados Unidos y también para la llamada «civilización occidental»... Y lo malo es que continúa siéndolo, porque las cosas van de mal en peor.

Federico Mayor: Con miles y miles de muertos. Sufrimientos físicos y morales, con graves heridas infligidas a una civilización muy importante. El resultado ha sido catastrófico.

¿Por qué mintió Bush? Está claro que mintió, porque aseguró que había unas armas que no existían.

Mário Soares: Tampoco debemos olvidar que Blair también mintió: mintió con pleno conocimiento de que estaba mintiendo.

Federico Mayor: Eso, y Blair. ¿Por qué lo hicieron? Quizá porque para una economía de guerra, la guerra es indispensable. No hay economía de guerra sin guerra. Las grandes corporaciones militar-industriales presionan para que se produzcan conflictos armados. Por otra parte, una guerra de esta naturaleza sólo puede tener lugar en un país desértico. El General Giap, de Vietnam, advirtió –me lo dijo personalmente en una larga conversación– que hoy la guerra desde el aire sólo se puede hacer sobre países desérticos. Porque si hay árboles o casas, los pilotos no pueden ver desde el aire los objetivos, y no pueden utilizar napalm, entre otros motivos, por la presencia de reporteros y periodistas. Después del 11 de Septiembre, por las víctimas de las Torres Gemelas y el ataque suicida a los grandes símbolos del poder norteamericano, nos pusimos todos al lado de la vida, todos estábamos al lado de Estados Unidos ya que, al margen de los motivos, con violencia, terror o sumando víctimas inocentes no se solucionan los problemas y las diferencias. Por eso, se aceptó la intervención en Afganistán. La opinión pública la aceptó pensando que era lógico que el gigante herido hubiera reaccionado de esta manera.

Después empezamos a ver cómo trata Norteamérica a los prisioneros, empezamos a ver lo que estaba sucediendo en Afganistán. Más tarde llegó la decisión de atacar a Irak, contra toda evidencia, en la esperpéntica Cumbre de las Azores, que pasará a la historia como uno de los momentos más incomprensibles, atípicos e indecentes de la historia contemporánea. Y, después, una rápida victoria sobre un país desértico. Pero al día siguiente de la victoria, empezó a ponerse de manifiesto que los problemas no se habían solucionado. No existían armas de destrucción masiva. Entonces se dijo que lo que se pretendía era acabar con un dictador... Después, que se trataba de implantar una democracia en Irak. Un pueblo acosado, un pueblo humillado, un pueblo destrozado, que acude a las urnas para elegir un gobierno de transición... en fin, sigue existiendo una resistencia considerable, sigue pagándose un precio tremendo en términos de muerte y dolor.

No ha mejorado la situación en los países árabes, no ha mejorado la situación en el Oriente Próximo... y se ha creado una reacción tremenda, de nuevo, en América Latina. América Latina tiene todavía el recuerdo de la Operación Cóndor, tiene en su memoria la sustitución de regímenes democráticos por dictaduras hechas por los mismos norteamericanos que ahora dicen que están haciendo lo contrario en otras partes del planeta. Y en su propio país, como usted ha dicho muy bien, se han tenido que amparar, para la reelección de Bush, en un poder mediático enorme, que es otra de las cuestiones que hay que estudiar con mucho detalle, porque no sólo tenemos que luchar por la libertad de expresión, sino por el derecho a una información que sea correcta, que no sea una información sesgada o basada en la simulación y en la mentira, como suele hacer ese poder mediático que trata de uniformizar con religiones y creencias que reducen a los ciudadanos a autómatas supersticiosos.

En estos últimos meses estoy procurando conocer en profundidad de dónde proceden los evangelistas, quién los financia para que 26.000 pastores evangelistas, sólo en un país de las dimensiones de Guatemala, estén desarticulando la conciencia de la gente y sus esquemas religiosos. Se está pasando de un supuesto religioso cristiano, basado en la comunidad, en el prójimo, a una religión que no es de confesión sino de conversión, que relaciona directamente a cada persona con la divinidad. Lo mismo que representa Bush, que aduce influencia divina en sus decisiones, hasta tal punto que, incluso periódicos de la solvencia del *Herald Tribune,* han tratado recientemente las posiciones intransigentes del Presidente sobre el evolucionismo y el creacionismo.

Como usted sabe, y por eso me gusta que lo haya destacado, la influencia del pensamiento teocrático, dogmático y que sigue literalmente lo que establece la Biblia es tal, que en muchas escuelas no dejan que se enseñe la teoría de la evolución de las especies. La evolución que estudia el hombre de hoy y que explica la razón de su unicidad, de su capacidad creadora, que incluso puede dar idea de un Ser Superior, imposible de comprender pero más verosímil que el Dios pequeño, antropomórfico, que los textos sagrados refieren, seguramente a efectos «pedagógicos». No hay que olvidar que el Dios de la Biblia es un dios físico, es un dios blanco, es un dios con barba... Pues bien, se ha exigido en Estados Unidos, en muchos Estados, que expliquen en las escuelas e incluso en las universidades el creacionismo, o sea, que el primer día Dios creó el mundo y después dividió el cielo y la tierra y todo lo que sabemos. Es increíble que en el país más avanzado del mundo se esté obligando a los niños a aprender la idea de un Ser Supremo reducido a dimensiones humanas.

Mário Soares: Un ser supremo antropomórfico.

Federico Mayor: Antropomórfico, sí. Por estos motivos, pienso que la respuesta a la pregunta que antes se planteó sobre si la invasión de Irak ha tenido algún aspecto favorable, la respuesta es que no. Ha generado un inmenso sentimiento antinorteamericano, pero no anti-pueblo norteamericano. En muchos de mis escritos e intervenciones digo que considero a todos los pueblos por igual... Lo que ocurre es que no nos referimos al pueblo, sino a unos gobiernos concretos de Norteamérica, que son los que no han suscrito convenio alguno de las Naciones Unidas en los últimos años, ni siquiera, como antes subrayaba, la Convención de los Derechos del Niño. Es el país de los abusos a los prisioneros, es el país que no ha ratificado el Tribunal Penal Internacional. Esto no son alegaciones contra Norteamérica, lo digo, sí, para oprobio de unos gobernantes concretos de Estados Unidos que han llevado al país a esta situación de «pax americana» hegemónica, teocrática, en la que los medios de comunicación generan la civilización del pánico, la civilización del miedo... Esto es, a mi modo de ver, lo que representa la acción de fuerza sobre Irak...

El mismo día 11 de septiembre del año 2001 en que se produjo el ataque terrorista suicida, acontecimiento que condeno de manera total y absoluta –la violencia no tiene justificación–, la FAO, Organización de las Naciones Unidas para la Alimentación, anunciaba, unas horas antes de que los aviones se estrellaran contra las Torres Gemelas, que cada día mueren de hambre 50.000 personas. El mismo día, como si fuera una especie de horrenda coincidencia. No podemos pensar que unos seres humanos valen más que otros. Todos los seres humanos son iguales.

Deberíamos analizar –la Unión Europea y sus instituciones podrían hacerlo muy bien, y sería una gran contribución– las causas de la violencia. Porque he tenido ocasión de ver en qué condiciones vive la gente, cuáles son las promesas que no hemos cumplido, cuál es la frustración, la humillación que para muchos representa que se anuncie, una vez más, que ahora sí se van a ocupar de los marginados, de los excluidos... y, al poco tiempo, surgen otras urgencias, como siempre, y se prolonga el genocidio del olvido. Y a esto se une la progresiva uniformización, la producción seriada e impersonal de información para hacer autómatas en vez de hombres libres.

En una palabra, pienso que tenemos que estudiar las raíces de la violencia, para descubrir que, en gran parte, no son religiosas.

¿Usted cree que en Irak han estado luchando la civilización de Occidente contra el Islam? ¿Contra qué Islam? ¿Sunitas o chiítas? ¿Y quiénes son los de la «civilización de Occidente»? Una parte importante son mercenarios. Que nadie se engañe. Huntington no tenía razón ni la tenía Fukoyama cuando dijo –como ya hemos comentado– que se había terminado la historia.

Ahora tenemos que empezar otra historia y saber por qué hay gente violenta, no para justificarla, sino para evitar que sigan siendo violentos. Y habrá que dirigirse a los que creen que la violencia se acaba con las bombas y las armas. No se acaba. Hay que tener unas fuerzas de seguridad muy bien preparadas y dotadas; hay que tener unos ejércitos activos en tiempos de paz, sabiendo que por la fuerza nunca se impondrá la democracia ni se acabará con la violencia. Hay que estudiar por qué hay gente que da su vida por una causa. Hay que saber hasta qué punto hemos incumplido nuestras promesas, traicionando, una y otra y otra vez, las soluciones que les ofrecimos a las personas y pueblos que viven en condiciones absolutamente insoportables. Como conozco este drama, puedo hablar. No podemos seguir insistiendo en que la violencia debe ser vencida sólo por las armas, porque siempre habrá quienes piensen que «no tengo más que mi vida, que hasta ahora ha sido humillada y ha tenido lugar en medio de las condiciones más espantosas»... por eso llega un día que dice «¡Basta!». Tenemos que procurar que la gente se dé cuenta de que, efectivamente, creemos que todos somos iguales en dignidad y que todos debemos tener un mínimo para vivir... Y que actuamos. Que les damos tiempo y medios... Porque existen hoy dos mil cien millones de personas que viven con menos de dos dólares al día...

Eso no puede ser. Pienso que tendríamos que analizar muy bien el problema de la violencia, que Europa debería ser la «adelantada» en el estudio de las raíces de la violencia... y en aportar soluciones, sabiendo que el destino es común...

Mário Soares: Podríamos tratar de hacer ahora el inventario de las causas de la violencia. Por supuesto, una es la pobreza: el hambre, la falta de condiciones dignas de vida, la falta de vivienda, la falta de agua potable, la falta de atención sanitaria, la falta de acceso a la educación. Éstas son las causas de la violencia, pero es posible que haya otras. No sólo externas, quizá también propias. Hay personas violentas. Hay personas que tienen reflejos de violencia, por razones diferentes, pero las grandes causas de violencia colectiva tienen que ver con la humillación en que se vive, con la pobreza, con la falta de acceso al agua, a vivienda, a ropas, a una vida mínimamente digna, a los cuidados sanitarios, condición indispensable para vivir más y mejor. Todo esto está relacionado con la violencia.

En nuestras sociedades occidentales las causas de la violencia tienen mucho que ver con los fenómenos migratorios, pero también con la dualidad del sistema, porque hasta en las sociedades más desarrolladas cada vez hay una fosa mayor entre pobres y ricos. Una fosa insoportable y peligrosísima. Las clases medias son atacadas de diversas formas, y los pobres que viven en condiciones infrahumanas, en África o en cualquiera de los países subdesarrollados, están sujetos a una situación permanente de confrontación. Como el acceso a la información hoy es generalizado, ya que hasta las personas más pobres o más aisladas pueden ver la televisión u oír la radio, saben algo que es una humillación gravísima: la manera lujosa y ostentosa de vivir de algunos frente a la carencia total que otros padecen.

Estas situaciones de pobreza son causa de violencia, pero existe también lo que podríamos llamar irónicamente «educación para la violencia» permanentemente alimentada por las emisiones de televisión y las terribles películas que se emiten a diario. Los niños son las primeras víctimas de esa «educación» para la violencia. Me llama la atención que cuando se elaboran propuestas para combatir el terrorismo, nunca se habla de la emisión diaria de violencia que, sin embargo, sí fomentan los terroristas, o por lo menos lo contemplan a la hora de reclutar nuevos terroristas. ¿De dónde si no iba a encontrarlos? Evidentemente habrá algunos que proceden de sociedades desarrolladas y hasta cultas, que actúan por razones religiosas e intelectuales. Pero la mayor parte de la gente que se inmola o ataca procede de esa humillación profunda y de esa rabia que sienten contra quienes todo lo tienen y todo lo desperdician, mientras a ellos todo les falta.

Federico Mayor: Estamos todos de acuerdo en las causas de la violencia en los países pobres, empobrecidos y humillados, pero hay un aspecto que me interesa muy especialmente: la violencia en los países desarrollados. Aquí, ¿qué sucede? Concurren factores familiares, educacionales... pero hay uno, muy importante a escala mundial, que son los medios de comunicación. Las estadísticas nos dicen que un adolescente de una «casa normal», donde hay un televisor, al llegar a los 14 años ha visto como mínimo ¡30.000 escenas de violencia!

Mário Soares: Ah, sí. Es lo que llamo culto de la violencia. La ley de la selva, donde los más fuertes –o los más ricos y poderosos– eliminan necesariamente a los más débiles. Es la ley de la selección natural aplicada en el plano social, el darwinismo social.

Federico Mayor: Esto es una realidad: los niños se acostumbran a la fuerza, a la violencia, a la cultura del predominio. En muchos de los juegos electrónicos predomina la fuerza, la brutalidad...

Además, han visto que la brecha entre los más prósperos y los más rezagados no ha disminuido: en Estados Unidos hay ahora más pobres que nunca. También en otros países de Occidente el número de personas que viven en condiciones precarias no es acorde con los alardes de prosperidad que les circundan.

¿Qué tiempo dedicamos hoy a pensar, a reflexionar, a elaborar una ideología? En mi juventud luchábamos por unos valores... «Tenemos que repartir mejor, hay que compartir más...» Y nos íbamos a veces al Pozo del Tío Raimundo con el Padre Llanos... Ahora nos encontramos con que las ideologías, incluido el socialismo, están muy entreveradas de neoliberalismo y de consumismo. Junto a eso, hemos presenciado el descrédito de muchas religiones y de muchas Iglesias, que han estado más pendientes de aspectos secundarios, de aspectos relacionados con lo que podíamos llamar facetas eclesiásticas, que de los esenciales aspectos espirituales... Ha habido un decaimiento del interés de la gente joven por la reflexión, por el pensamiento. El resultado es el que Mary Robinson subrayaba hace poco: «El gran desafío de nuestro tiempo es la indiferencia». La juventud, en general, no tiene tiempo para pensar, es receptora de información, al no pensar, pierde léxico, capacidad de expresión, de argüir en favor de sus puntos de vista...

Por ello creo que debemos de tener muy en cuenta lo que está sucediendo en los países más desarrollados. En los países con menos nivel de desarrollo tenemos que aplicar los Objetivos del Milenio, para que no se pase de la frustración a la agresividad. Como ya he indicado, no queremos nunca más, nunca más, la paz de la seguridad. Queremos la seguridad de la paz, queremos la seguridad de la justicia, queremos la seguridad de la democracia. Esto es lo que queremos. La paz de la seguridad es la paz del silencio, de la imposición, es la paz del recelo y de la sospecha.

Todavía en mi propio país existen hoy manifestaciones contra el diálogo. ¿Cómo puede ser eso? ¿Cómo puede ser que, siendo todos víctimas de una banda terrorista que ha ocasionado muertos y muertos por defender sus puntos de vista a través de las armas, nos resistamos ahora al diálogo *si* abandonan la violencia? Desde luego, es preciso evitar el crimen y la extorsión mediante unas fuerzas de seguridad cada día más perfeccionadas. ¿Qué estamos haciendo en Europa? ¿Estamos perfeccionando nuestra tecnología antiterrorista? Sí, pero lentamente. De momento seguimos la inercia de las guerras convencionales, de los intereses del «complejo bélico». Estamos produciendo el *Eurofighter*, estamos produciendo el tanque *Leopard*, estamos produciendo el helicóptero de guerra *Tiger*... ¿Dónde está la mejor tecnología que permita la identificación de los sospechosos? ¿Dónde está la mejor tecnología que permita acorralar a los violentos? Esto es lo que ahora necesitamos. Pero sabiendo que en un momento determinado hay que procurar el diálogo. Al final, vencerá la palabra, lo que contribuirá a paliar el inmenso desconsuelo de las víctimas.

Mário Soares: Cito un punto que preocupa sobremanera. Usted habló del culto a la violencia y puso el ejemplo de la televisión y del cine. Yo pienso que el cine norteamericano produce demasiadas películas de violencia y de terror. ¿Cuál es el objetivo que se pretende provocando ese culto a la violencia? Si se justifica el miedo al terrorismo ¿por qué se fabrica violencia en dosis brutales en el cine y en la televisión? ¿Sólo porque vende bien?

El culto a la violencia está íntimamente relacionado con el comercio ilegal de armas. ¿Por qué no se establece una lucha frontal contra ese comercio? ¿Por qué es tan fácil comprar armas clandestinamente? ¿Es posible que los gobiernos de los países más desarrollados –y productores de armas– no tengan fuerza para prohibir la venta libre de armas?

La falta –o incapacidad– de respuesta a estas cuestiones explican la razón por la que la violencia no cesa de crecer.

Capítulo XXIV

¿El siglo de las religiones?

Mário Soares: Abordemos otro asunto que nos inquieta: la relación entre religión y política; el problema del avance de sectas religiosas, más o menos enigmáticas; el aumento de corrientes fanáticas entre las grandes religiones universales; el retroceso de la tolerancia, y también la moda del esoterismo, como lo demuestra el éxito del libro –y de la película– *El Código Da Vinci*, del que ya hicimos referencia.

Parece que fue André Malraux quien dijo, o a él se lo han atribuido, que el siglo XXI sería el siglo del resurgir de la religiosidad. Cuando leí eso, a finales de los ochenta, yo, que soy agnóstico, racionalista y laico, pensé que la frase no tenía sentido. Creía que el desarrollo de la ciencia, que cada día trae nuevas explicaciones y nuevos descubrimientos, nuevos avances del conocimiento, iba necesariamente a poner en causa las lecturas religiosas simplistas y ese espíritu anti-iluminista e irracional que conllevan.

Sé que las cuestiones de fe son complejas. Se tiene fe porque se cree. Se tiene fe porque las personas sienten un vacío ante los misterios de la vida y de la muerte. Para dar respuesta a las angustias que esos misterios les provocan, recurren a la fe que las religiones propagan. Pero no para todos esas respuestas son satisfactorias. Le cito un ejemplo: mi padre era religioso y creyente, y sin embargo yo no tengo –nunca he tenido–

ese tipo de fe, pese a lo cual tengo principios éticos muy sólidos, que son, así lo entiendo, consecuencia de una formación humanista y racional, inspirada en valores éticos, pero no en ninguna creencia religiosa.

Todavía creo en la condición humana, en el progreso del hombre y de la sociedad —en sus grandes valores— en la capacidad de sobreponer valores morales a los propios intereses materiales, tantas veces egoístas. Aunque debo reconocerle que tengo una cierta *creencia* (tal vez no enteramente racional) en la condición humana. Por eso nunca me he considerado estrictamente ateo, en el sentido de negar a Dios (aunque no crea en un Dios antropomórfico), pero sí me defino como agnóstico. Es decir, tengo dudas fundamentadas acerca de la existencia de Dios, de la inmortalidad del alma y del «juicio final», como forma de saldar nuestro comportamiento en la Tierra.

Usted es científico. Con los conocimientos que hoy tenemos, que unos proceden de la astronomía, otros de la física o de la biología, sabemos que hay otros mundos, galaxias, el infinito, la teoría de un universo en expansión, etcétera, conceptos tan impensables, que me inclino a pensar lo obvio, que existen grandes misterios, inexplicables, como la vida y la muerte, o el contraste de nuestro minúsculo planeta con la inmensidad del espacio conocido y la biodiversidad de vida en la tierra —esa inmensa riqueza— o lo infinito del espacio, aparentemente vacío de vida, que nos envuelve... Quizá no podemos encontrar hoy explicaciones racionales para muchos interrogantes, y, sin embargo, las podremos encontrar mañana. Así fue siempre en el pasado. La verdad, no obstante, es que en un siglo como el nuestro, en que observamos tantos progresos de la ciencia, de la técnica y de las tecnologías —tantas y tan radicales transformaciones– a la vez, paradójicamente, surgen y parecen imponerse formas groseras de nuevas religiones, sectas y supersticiones que indican un verdadero retroceso de la civilización que comienza a interesarle ya a millares de personas. ¿Por qué?

Tengo una explicación muy simple, que intenta explicar lo inexplicable, o sea, el renacer de este tipo de creencias primarias. Pienso que las razones por las que millones de personas sencillas se adhieren a esas religiones tiene la misma motivación psicológica que la que induce a otras a las prácticas terroristas. Es decir, la ignorancia, la pobreza, la desesperación, la humillación, empujan al terrorismo. Lo mismo ocurre con ciertas creencias ingenuas, que van prometiendo las bienaventuranzas en «otro mundo» a los infelices y desesperados que no consiguen tenerlas en éste. El impulso de revuelta es alimentado por una religión que les promete las bienaventuranzas a quienes sacrifiquen la vida, los kamikaces, para después de la muerte. Ése es el sacrificio personal que confiere una condición de igualdad e incluso de superioridad con quienes les humillan, con la ostentación de su riqueza y el abuso de su poder. Quizá sea una explicación simplista para el fenómeno complejo y asustador que estamos presenciando, sin tener explicaciones claras para acabar de entenderlo.

Obviamente no confundo el fanatismo –y el terrorismo global– con la religión islámica, en sus diferentes modalidades. La religión islámica es tan respetable, a mi modo de ver, como cualquier otra gran religión monoteísta. De la misma manera que no confundo la religión judía, o la católica, o la protestante con los respectivos fanatismos que en ellas se inspiran y que también existen y, que sobre todo, existieron. Los cristianos evangelistas hoy son un ejemplo. Hay fanatismos −y fanáticos− en todas las religiones. Pero ¿por qué razón vuelven a intentar dominar el mundo?[1]. ¿Cuál es la respuesta que la ciencia y los grandes valores universales de la civilización dan a este tipo de fenómenos que pueden llegar a constituir un gran peligro para el mundo? ¿El presidente de los Estados Unidos, con su opción religiosa ¿habrá contribuido a agravar esa amenaza? Y puesto que el fundamentalismo está participado por diferentes religiones ¿cómo podrá impedirse que guerreen entre sí? Porque todos se sujetan al mismo tipo de proselitismo, sus creencias tienen el mismo carácter dogmático y exigen el mismo espíritu de acatamiento, de modo que no pueden respetar a los otros ni ser tolerantes. Obviamente, es difícil la coexistencia entre el fanatismo islámico y el fanatismo evangelista. De ahí resulta la posibilidad de nuevas guerras de civilizaciones (o de religiones), de las que habló Samuel Huntington. Un retroceso en la civilización inmenso. ¿De verdad volveremos a padecer guerras de religiones en nuestro siglo? ¿Cómo podremos evitar tal catástrofe?

Federico Mayor: Debo decirle que estoy de acuerdo en el 98 % de lo que acaba de decir. Ha sido un análisis muy lúcido y muy claro, una preciosidad. Cómo se diferencian los distintos sentimientos ante las cosas que no conocemos... A mí, lo que me preocupa es no tener

---

1. Véase el interesante libro de Georges Corn: *La question religieuse au XXI^{éme} siècle*, Éd. La Découverte, París, 2006. Dice el autor: «Más que un regreso de lo religioso, asistimos a que el fenómeno religioso sea puesto al servicio de intereses económicos y políticos, muy profanos». Véase también el libro de Régis Debray y Claude Geffré: *¿Con o sin Dios?*, Éd. Bayard, 2006.

respuesta para una serie de preguntas fundamentales. Como científico, no encuentro respuesta. Es verdad que no todo el mundo piensa así, hay quien cree en un Dios vengativo, un Dios de la amenaza, del infierno y esas cosas terribles...

Me parece muy importante el análisis que ha hecho. Usted concluye que las cuestiones que hoy desconocemos, mañana podrán ser descifradas. Muchas, sí, las esenciales... seguramente no. Imagínese a las personas de hace 400 años, o 300, o 200, incluso a las de hace 50 años, y entenderemos que la fe para ellos era algo diferente. Incluso ante el sufrimiento y las situaciones que la vida les deparaba, estaban más solas y eran más vulnerables. Ahora ya tenemos una visión de conjunto del mundo, sabemos que hay posibilidad de reacción ante la enfermedad y el sufrimiento, tenemos más información y mejor comunicación. Podemos interpretar la actualidad, cosa que antes era imposible, porque una persona no sabía qué estaba ocurriendo a 500 kilómetros, se sentía desamparada, indefensa... Los fenómenos religiosos antiguos tenemos que entenderlos desde este punto de vista, desde la soledad en que vivían las personas, desde esa sensación de no entender y que no lleguen las explicaciones...

Lo que es inaceptable en todas las religiones es la imposición de la violencia y de la intolerancia. Ése es el mensaje que debemos transmitir al mundo entero. Cuando estaba en la UNESCO, en 1994 reuní en Barcelona a los representantes de diecisiete tradiciones culturales. Cardenales, el Dalai Lama, los budistas, los animistas, todos los que pude. También sionistas y confucianistas. Con una pregunta en el programa, sólo una pregunta: ¿Su religión es compatible con la imposición y con la violencia? Respuesta global: No, nuestra religión se basa exactamente en lo contrario, en el amor, en la solidaridad, en la proximidad y en el respeto por el prójimo.

Creo que es muy importante que respetemos ese mensaje: «No hay ninguna fe que pueda ser impuesta». Y a los que quieran imponer sus creencias y sus sentimientos, hay que decirles que eso es lo contrario a la ciudadanía global, uno de los principios de esta época. Pero cuando decimos no a la violencia religiosa, también debemos decir no a la violencia civil y a la violencia militar.

En nuestro tiempo, tenemos que revisarlo todo. El hecho de que en el siglo XXI podamos ser diferentes de lo que éramos en el siglo XX debe obligarnos a abandonar todos los anacronismos, todo lo que se justificaba por el límite temporal y espacial en el que las personas vivían y que ahora ya no existe, o al menos no de la misma manera. La propia función y la ética de los representantes de los ejércitos tiene que ser repensada.

Soy científico, pero puedo decirle que siempre he actuado de acuerdo con mi conciencia. En el año 1991 promoví la creación de un comité mundial de bioética porque existía un tema, sólo uno, que efectivamente iba más allá de lo religioso. Era un tema humano. Que nadie pueda crear otra vida con un diseño previo. Ése fue el sueño de Hitler, de Frankenstein, en la ficción, de Mengele. Y eso no se puede tolerar.

Hitler quería hacer soldados altos, rubios y fuertes y por eso hizo que se mezclaran mujeres altas, rubias y fuertes con hombres altos, rubios y fuertes. Y se mezclaron. La suerte fue que les salieron hijos bajos y morenos, como el propio Hitler. Es una suerte que la ciencia haya demostrado que a veces los hijos no se parecen en nada a sus progenitores... Pero ahora, con la ingeniería genética sí se puede hacer que un ser obedezca a un proyecto. Un ser humano. Por eso convoqué a los mejores juristas y especialistas del mundo, pusimos en marcha el Comité Mundial de Bioética. Y al cabo de algunos años, todos los países, incluido Estados Unidos, estuvieron de acuerdo y firmaron un documento, que es uno de los escasos acuerdos que Estados Unidos ha suscrito. En la Asambla General de las Naciones Unidas, en 1998, se estableció lo siguiente: «Queda prohibida la clonación para efectos de reproducción humana». O sea, no se puede hacer clonación, aplicar la ingeniería genética para fabricar seres humanos que obedezcan a un proyecto. Todo lo demás está abierto al debate, pero esto, no.

Mário Soares: Su iniciativa de un Comité Mundial de Bioética es de gran importancia, dado el progreso de la ciencia: prohibir hacer seres humanos predeterminados.

Federico Mayor: Sí. Predeterminados. O sea, no tenemos dudas de que ahora se podría hacer un ser planificado, un ser humano que tuviese unas características predeterminadas. Es eso lo que considera ilegal la Declaración Universal sobre el Genoma Humano, que se aprobó en la Asamblea General de las Naciones Unidas, en noviembre de 1998. Y fue aprobado, insisto, por el mundo entero.

Mário Soares: ¿En las Naciones Unidas o en la UNESCO?

Federico Mayor: En la UNESCO fue un año antes, en 1997. Pero después yo quise llevar la Declaración a las Naciones Unidas para que fuera refrendada en ese marco general. Y de verdad le digo que lo demás debe ser discutido, que creo que el debate y la discusión serena es fundamental. Hablando se entiende la gente. Lo que no puede suceder es que nos reunamos para discutir, analizar, proponer, debatir, y llegue una persona «ultra» católica y diga: «Los seres humanos ya están en el cigoto». Un cigoto es un óvulo fecundado al que, impropiamente, se le ha llamado embrión. Pero no es un embrión. El embrión es lo que resulta de la división progresiva, del desarrollo del cigoto, en un proceso denominado embriogénesis.

Mário Soares: ¿Un óvulo humano fecundado...?

Federico Mayor: Si está fecundado se llama cigoto. Pero algunos «radicales» mantinen que un cigoto es ya un ser humano. Eso será una propuesta «filosófica», pero no es ciencia. Y ante esto, lo que hay que hacer es sentarse y dialogar. Sin imponer nada, ni siquiera yo que, como científico, tengo que insistir en que un cigoto no es un ser humano. No puedo aceptar que un representante de cualquier creencia venga y diga: «En nuestra religión...». No, aquí no valen los dogmas, aquí estamos para hablar, para analizar sus argumentos, y los míos, para encontrar respuestas que no ofendan la razón y puedan ser asumidas por todos... Pienso que una de las pautas del futuro es más democracia, más libertad, más debate. Si no hay un debate permanente sobre estos asuntos, es imposible que podamos arbitrar puntos de conciliación entre la creencia religiosa y la ciencia.

Un caso paradigmático, como se sabe, es el de Galileo Galilei. Galileo hizo una serie de estudios y descubrió que la Tierra es redonda y que se mueve por sí misma. Y el pobre hombre, presionado por el padre Belarmino, acabó negando las conclusiones a las que había llegado, intentando salvarse de la hoguera. Hoy sabemos que la Tierra es redonda y de Galileo recordamos su frase: «*E pur si muove*».

Mário Soares: Dijo eso como un grito del alma, después de haber renegado de las conclusiones a las que llegó, por eso exclamó: «*E pur si muove*»[1].

Federico Mayor: Decía que la Tierra se movía por sí misma.

Mário Soares: Querían imponerle que dijera lo contrario. «E pur si muove» fue el grito que le salió de la conciencia de hombre racional, libre, independientemente de su voluntad y de su interés egoísta.

Federico Mayor: Claro. Belarmino le recomendaba que lo dijese en voz baja para que los jueces no lo oyesen: «Dígalo, puesto que cree en eso, pero de una manera que no lo oigan». Era un jesuita.

Mário Soares: La versión que yo tenía es que él se puso de acuerdo con el inquisidor en decir: «Sí, realmente la Tierra está parada», pero la voz de su conciencia fue más fuerte y añadió: «*E pur si muove*»...

Federico Mayor: Puede ser... Estaba yo en el Vaticano, en una sesión de la Academia Pontificia en homenaje a

---

1. En su libro *Dieu fare a la science*, Claude Allègre escribe que Galileo nunca pronunció esta frase.

Albert Einstein, cuando el Papa Juan Pablo II pidió perdón: «Fue un error gravísimo. La Iglesia no debe meterse en terrenos que no son los suyos. Si la Tierra se mueve por sí misma o no, eso no es de la incumbencia de la Iglesia, es de la comunidad científica». A todos nos pareció muy bien. Aplaudimos. Y pensamos que los mismos criterios deberían aplicarse a otros asuntos.

Para mí, es evidente que todas las cuestiones científicas deben debatirse con los filósofos, con los sociólogos, con los teólogos, con los políticos. Todo tiene que ser materia permanente de debate. Para aclarar las ideas de los parlamentarios y de los gobiernos. No es admisible que se nos pregunte: «Oigan, hoy en el Parlamento vamos a votar el tema de las células embrionarias: ¿votamos sí? ¿votamos no? ¿nos abstenemos?». Eso es terrible. Antes de votar, es necesario oír a los científicos, que expliquen la materia que se está tratando y permitan que después se tomen las decisiones adecuadas, desde las posiciones políticas o ideológicas de cada uno.

Creo que es necesario introducir el debate en la información previa parlamentaria y en las más altas instancias gubernamentales. Es improcedente que se estén tomando medidas sobre las células madre que pueden ser decisivas para la salud de las personas sin un debate científico previo, sólo preguntándose si está dentro de la teoría actual de la Iglesia o en contra. Yo no estoy contra la Iglesia. Soy un científico creyente, en términos muy generales, pero no puedo aceptar que me impongan un punto de vista que para colmo no tiene nada que ver con la fe... Ésas son invenciones de la Iglesia. No tienen nada que ver con la religión.

Usted antes hizo un análisis muy bello acerca de la creencia y de la religión y del comportamiento individual.

Llamó la atención sobre dos asuntos que a mí también me preocupan. Uno, el de la penetración evangelista que ha contado y sobre la que voy a insistir. Pero puedo decirle que conozco a un gran especialista en este asunto, que se dedica al estudio de este movimiento desde hace más de diez años. Lo que me explicó me dejó consternado. Porque forma parte de una individualización progresiva de la religión. O sea, induce a las personas a que se comuniquen directamente con la divinidad, cosa que es muy peligrosa... .

Mário Soares: ¿Quién es ese sociólogo?

Federico Mayor: Se llama Jesús García. Es un antropólogo y sociólogo guatemalteco.

Mário Soares: ¿Y ha estudiado esa forma de comunicación directa entre un ser humano religioso con la divinidad?

Federico Mayor: Sí, exactamente. Hasta entender que la religión ya no es comunitaria, porque se comunica directamente con la divinidad, como Bush...

Mário Soares: Ésa parece haber sido la respuesta de Bush para justificar la invasión de Irak. Que lo había dirimido directamente con Dios. Eso significa un peligro tremendo. Alguien que habla con Dios tiene la certeza absoluta de todo, no tiene dudas. Sólo certezas, es un fanático.

Federico Mayor: Fue eso lo que le dijo al cardenal que en nombre del Papa le visitó para evitar *in extremis* la invasión de Irak. Al final le dijo: «Recuérdele al Papa la razón por la que estoy aquí en la Casa Blanca»... Pero, querido Mário, no hay que olvidar que hemos tolerado cosas intolerables: «Por la gracia de Dios»...

Mário Soares: En efecto...

Federico Mayor: Los reyes tenían –Franco también se la puso– la referencia de «Rey de España por la gracia de Dios». Está muy bien que se ponga q.D.g., lo que significa «que Dios guarde». Pero lo otro es tremendo: pensar que la Iglesia ha estado tolerando durante siglos que se dijera que se estaba gobernando «Por la gracia de Dios». ¡Qué manera de asociarse al poder!...

Mário Soares: Salazar, que comenzó su carrera política como jefe del Partido Católico, nunca fue tan lejos, nunca se atrevió a afirmar que su poder le venía otorgado «Por la gracia de Dios». Quizá por ser un católico más elaborado que Franco...

Federico Mayor: La Iglesia ha aceptado excesivas imposiciones del poder. Creo que ahora ha perdido la autoridad moral que le permitía, a través de los creyentes, influir en los asuntos públicos. Pero por los temas y la forma en que actúa sigue desconcertando. Sería bueno que estudiara los porcentajes de práctica religiosa en la juventud...

Por último, sobre este tema, quiero decirle algo que me ha impresionado recientemente: el tratamiento que ha dado la televisión a todo lo que tenía que ver con la Iglesia católica y el Vaticano.

Mário Soares: Sobre todo la puesta en escena que permitió que las televisiones mostraran *urbi et orbe*, con la mayor pompa y circunstancia el funeral de Juan Pablo II, transmitido por todas las televisiones del mundo.

Federico Mayor: El poder inmenso de las grandes televisiones, de la Fox, de la CNN... ¿Por qué ha dado tal tratamiento a la muerte de Juan Pablo II y al nombramiento de Ratzinger? En todo el mundo se ha difundido de manera permanente una imagen de grandiosidad, de lujo... En el momento en el que estamos hablando de «pobreza cero» aparece reiteradamente la fila de cardenales y obispos, todos ellos con unos hábitos que pueden parecer «normales» para un católico, pero imagínese usted lo que pensarán quienes, desde su entorno precario, observen a esos señores con aquellos «sombreros» de colores, con báculos, con sortijas... Hubo una fotografía en primera página de un periódico de España en que se veía al nuevo Papa con unos zapatos de color rosa... Cuando la Iglesia da esta imagen, da pie a que haya reportajes malintencionados, que trasladen una imagen que ha hecho que mucha gente joven se distancie todavía más de la Iglesia católica. La Iglesia católica tiene un origen muy atractivo para los jóvenes, porque consideran a Jesucristo un revolucionario. Jesucristo representa la revolución. Pero después se ha ido montando un entramado burocrático representado por el Vaticano. A mí, insisto, me extraña que los medios de comunicación hayan reproducido estas imágenes hasta la saciedad. ¿Quién ha originado esto? ¿Ha aumentado el aprecio a la Iglesia católica? No. Ha causado mayor distanciamiento.

Me gustaría que se hiciera un estudio antes y después de la muerte del Papa Juan Pablo II. «¿Es usted ahora más practicante o menos que antes?» Porque fíjese que sólo en España la práctica religiosa de la juventud ha bajado el 75% en los últimos 8 años. Esto es lo que debe tener en cuenta la Iglesia. Había quien decía que «el Papa era capaz de llenar los estadios de gente joven» pero, al mismo tiempo, «las iglesias se vaciaban». No cabe duda de que Juan Pablo II tenía un atractivo personal extraordinario, pero el comportamiento del Vaticano restaba mucho al atractivo personal, carismático, del Papa.

¿Hasta qué punto es inocente todo eso? Nos pasaron imágenes de la agonía y del entierro del Papa por la mañana, por la tarde, por la noche, durante días y días. ¿Hasta qué punto todo esto es sólo informativo o subyace una intención de descrédito? Ésta es una de las preguntas que me hago, igual que la referente a los evangelistas. ¿De dónde reciben el dinero 26.000 pastores evangelistas, con sus dispensarios, sus farmacias...? ¿De dónde sale todo esto? Son interrogantes que conviene ir aclarando...

Mário Soares: El sociólogo Jesús García, que mencionó hace poco debe de tener algunas respuestas para sus interrogantes.

Federico Mayor: ¿Usted puede creer que el Vaticano siga manifestando que la única manera de luchar contra el SIDA es la castidad? ¿Usted realmente puede creer que haya un Ser Superior que está pendiente, sobre todo cuando hay enfermos por medio, si una persona utiliza o no en sus relaciones sexuales el preservativo? Pero ¿cómo puede ser Dios inquisidor?

Mário Soares: Claro que no.

Federico Mayor: Porque sería una mezquindad.

Mário Soares: La Iglesia tienes tabúes que vienen del pasado, sobre todo en los asuntos que tienen que ver con la mujer y con el sexo. Son muy difíciles de superar y representan para la Iglesia una causa perdida: van en el sentido contrario de la marcha del tiempo.

Federico Mayor: Para que los imposibles de hoy sean posibles mañana, son necesarios cambios de timón y de timoneles. Se acerca el momento en que, gracias a los medios modernos de comunicación, los ciudadanos dejen de ser espectadores pasivos y se conviertan en protagonistas de su propia vida. Es decir, ciudadanos educados, capaces de ser ellos mismos y no actuar al dictado de nadie.

Mário Soares: A pesar de que no soy creyente, fui un entusiasta del Concilio Vaticano II y del llamado «aggiornamento» de la Iglesia. Fue una revolución pacífica extremadamente fecunda para Occidente. Juan XXIII y Pablo VI son los Papas que le dieron al mundo esa importante señal de apertura a la modernidad de la Iglesia. Juan Pablo II, que llegó del frío, contribuyó para la apertura del Este e indirectamente para el colapso del comunismo. Recibió a Gorbachev. Pero da la impresión de que en los últimos años, cierto catolicismo estrecho está regresando, intentando contener –como en el pasado– la marcha del progreso. Juan Pablo II fue un Papa riguroso y conservador en términos teológicos. ¿El Papa Benedicto XVI, el ex Cardenal Joseph Ratzinger, con su reputación de gran teólogo, continuará luchando contra la marcha del progreso? Sería una triste señal de los tiempos... sobre todo para la Iglesia.

Capítulo xxv

¿El capitalismo ha perdido la cabeza?

Mário Soares: No podemos dejar de reflexionar sobre la dicotomía capitalismo-socialismo que durante el siglo pasado centró las atenciones de sociólogos, politólogos, economistas, pensadores y, además, dividió literalmente el mundo.

Con el colapso del comunismo (1989-1991) y con la confusión intencionada, entre socialismo y comunismo –como si fueran ideologías y realidades idénticas–, algunos teóricos neoliberales intentan hacernos creer que el capitalismo es el único sistema que ordena las sociedades postmodernas y que el socialismo es una antigualla ideológica, sin consistencia práctica.

Pese a todo, comienza a notarse en el inicio de este conturbado nuevo siglo –y milenio– que no es así. Las desigualdades persisten y se han agravado de forma escandalosa e intolerable. La fuerza de la utopía no se ha agotado. Al contrario: cada vez hay más seres humanos, en todos los continentes, pensando que «un mundo más justo» es posible y, además, necesario. Y las nuevas tecnologías de la información permiten mayor eficacia para conseguirlo.

En efecto, las personas conscientes no se resignan a protestar contra las desigualdades sociales, que condenan a una vida infrahumana a millones de seres humanos en el planeta. No comprenden cómo algunos tienen todo –y hacen ostentación sin ninguna vergüenza de sus inmensas fortunas– y otros están condenados a vidas mediocres, contando céntimos, sin liberarse nunca de la angustia de lo que el día de mañana le reserva, en un tiempo en que los empleos son cada vez más precarios, escasos e inciertos.

Las socialdemocracias europeas son responsables de «treinta gloriosos» años de progreso y de un esfuerzo de relativa equiparación entre las personas, que las ha liberado de las angustias de un futuro inseguro a través de políticas de distribución de la renta. Es el llamado «modelo social europeo». Con todo, en vez de enorgullecerse por los resultados conseguidos, se han dejado influenciar, lamentablemente, por la moda del neoliberalismo y del economicismo dominante. Ahora comienzan a reaccionar, por lo menos en los países nórdicos[1], pese a vivir en un mundo dominado por la «globalización depredadora», como le llama el profesor Richard Falk, de la Universidad de Princeton, en su tan interesante libro del mismo título[2].

A lo que hay que añadir que el capitalismo, en su fase financiera y especulativa, parece haber perdido la cabeza, como dijo el Premio Nobel de Economía y antiguo consejero del Presidente Clinton, Joseph E. Stiglitz[3]. Y comienza, por eso mismo, a suscitar serias cuestiones:

¿Ha perdido o no la cabeza? ¿Va a durar mucho

---

1. Véase el artículo del economista profesor de la Universidad de Columbia, Jeffrey D. Sachs, «Lecciones del norte», publicado en *El País* del 25 de abril de 2006.
2. Richard Falk: «Predatory Globalization. A critique», 1999. Jeffrey Sachs: *El fin de la pobreza, cómo conseguirlo en nuestra generación*, Ed. Casa das Letras, 2006.
3. El libro de Joseph E. Stiglitz se titula, en su versión original norteamericana *The Roaring Nineties* y, en la traducción francesa: *Quand le capitalisme perd la tête*.

tiempo? O, por el contrario, ¿puede entrar en colapso? ¿Qué armas tenemos para intentar regular la globalización «con ética», como dice Mary Robinson? ¿Es posible luchar contra la corrupción creciente de los empresarios y de los políticos, en el sistema de irresponsabilidad –y de impunidad– en que vive el mundo desarrollado? ¿Cómo defender el planeta con eficacia, sujeto como está cada vez a mayores agresiones ecológicas? ¿Es posible ganar la batalla en que nos encontramos inmersos, la lucha contra el terrorismo global y la criminalidad organizada?

Finalmente, los valores éticos. ¿Caminamos hacia un mundo sin valores? ¿Sin principios humanistas? ¿Sin solidaridad? ¿De puro egoísmo individualista? ¿Dónde los derechos humanos y medioambientales, el derecho internacional y el principio de un nuevo Orden internacional, humano y justo, continúan teniendo sentido y siendo un valor universal?

Federico Mayor: Usted mencionó el capitalismo, con una frase de Joseph E. Stiglitz: «El capitalismo perdió la cabeza».

¿Por qué, se pregunta uno, Clinton no siguió el consejo de Stiglitz? ¿Por qué, teniendo a un consejero que le decía lo importante es un equilibrio justo entre el mercado y lo social, entre lo público y lo privado, no le hizo caso? La justicia social y la igualdad de oportunidades: todos estamos de acuerdo... Y, sin embargo, Clinton propuso, en el mes de mayo de 1996, que no sólo hubiera una economía de mercado, sino una democracia de mercado. Estaba yendo tan bien *the market economy*, dijo, que podemos ahora pensar en la *market society and market democracy*. Creo que es importante que, cuando «el capitalismo pierde la cabeza» el socialismo no pierda de vista dónde tiene o debiera tener la suya. El socialismo tiene que defender, precisamente, lo que proponía Stiglitz. El socialismo no tiene que oponerse a una cierta transferencia del sector público al privado, pero no puede aceptar que se deje todo, incluso responsabilidades de seguridad, en manos de las grandes corporaciones. Hay una realidad económico-financiera injusta, porque el capitalismo perdió la cabeza, pero ahora tenemos que colocarla en su sitio, ya que el Estado está totalmente desequilibrado con respecto al mercado. Stiglitz dice que tiene que haber un justo equilibrio. Y lo que es intolerable es que la justicia social quede desplazada por los objetivos a corto plazo de las multinacionales... con, además, unas instituciones internacionales debilitadas.

El Fondo Monetario Internacional, la Organización Mundial del Comercio, el Banco Mundial... tienen que darse cuenta de que el período en que el capitalismo regía los destinos del mundo ha terminado y que ahora se tiene que alcanzar un equilibrio, que es necesario establecer unas previsiones de consumo de alimentos, de energía, de agua, etcétera, y que hay que vigilar y tutelar la evolución del impacto medioambiental porque, de otro modo, incumpliremos gravemente nuestro deber esencial: legar a nuestros descendientes una Tierra habitable.

Mário Soares: Sin duda. La falta de reglas en materia económica y financiera debilita a los Estados, en el plano nacional, y conduce al mundo, en el ámbito internacional, hacia un abismo y hacia nuevas y peligrosas confrontaciones. No hay «mano invisible»[1] que

---

1. Me refiero a la «mano invisible» de la que hablaba Adam Smith, que sería la reguladora natural del sistema...

nos salve... Repito: economía de mercado sí; sociedad de mercado, no. Sin embargo, vamos caminando hacia ahí, hacia la sociedad de mercado...

Federico Mayor: Éste es un tema en el que he insistido mucho, hasta el punto de haber enviado un comunicado al Presidente Bush diciéndole que cómo se atreve, por los intereses de la economía norteamericana de hoy, a poner en riesgo grave la calidad de vida de sus propios descendientes. Las generaciones venideras pueden encontrarse con problemas irreversibles si se llega a un punto de no retorno.

Mário Soares: Es cierto. La crisis de 1929 estuvo en el origen de la ascensión del nacional-fascismo y de la guerra, así como del sistema soviético en su fase más brutal. Las llamadas democracias occidentales habían entrado en una dinámica de debilitamiento extremo. De donde salieron, tras la victoria de 1945, gracias a la política keynesiana del Presidente Franklin Delano Roosevelt, del llamado «new deal», de algún modo precursor del socialismo democrático que se afirmó y desarrolló en la Europa de la posguerra. La teoría de Estado mínimo facilita la vida de las grandes multinacionales, pero cuando el Estado es débil –y no tiene medios– ¿qué hace frente a las grandes catástrofes naturales y las grandes crisis político-económicas que se han producido, sobre todo cuando no hay un orden internacional consistente, con autoridad y fuerza?

Federico Mayor: Por eso creo que hay que hacer ahora un llamamiento a la responsabilidad de la comunidad científica mundial. No todo tiene que esperarse de los políticos, de los líderes, de los gobiernos. Hay una comunidad científica mundial que sabe muy bien cuáles son los peligros en lo que tiene que ver con el medio ambiental, lo social, cultural...

El año 1992, antes de la reunión de Río, hablaba de la «ética del tiempo», porque hay medidas que ya no pueden aplazarse más, ya que el efecto puede ser irreversible. Imagínese lo que está pasando con la capa de ozono: puede llegar un momento en que podría debilitarse tanto que los rayos ultravioleta, al carecer de su «filtro» habitual, podrían causar efectos muy nocivos sobre los seres vivos, los humanos en particular. Por esto, la comunidad científica no puede permitir que el Presidente Bush anteponga los intereses de la industria norteamericana al Protocolo de Kyoto. De ninguna manera. Como líder del mundo, es responsable. Y la comunidad científica debe tener la capacidad de decir «no».

Imagínese usted que mil universidades en el mundo reaccionaran rápidamente y le dijeran al Presidente Bush que se está equivocando y está poniendo en riesgo la salud y la capacidad de vida de las generaciones venideras. Tendría un impacto tremendo: «Nosotros disentimos de usted. No todos somos irresponsables». En este principio de siglo, y de milenio, ha llegado el momento en que los científicos, si creen que lo que están haciendo los políticos va en contra de los intereses de la humanidad, tienen la obligación moral de manifestarlo. Hay que apelar a la responsabilidad de la comunidad universitaria, de la comunidad científica, de la comunidad de los intelectuales y artistas. Nos están distrayendo... Recuerdo un poema de Otto René del Castillo, un poeta guerrillero guatemalteco que me impresionó mucho: «Un día / la gente sencilla de nuestro pueblo / irá a ver a los políticos / y les dirá por qué guardaban silencio / cuando la hoguera de nuestra patria / se extinguía». Tenemos que darnos cuenta de que hay unas responsabilidades inherentes a la condición de intelectual, a la condición de científico, a la condición de universitario... Y debe ejercerse. Los jóvenes aguardan. Nuestra voz no puede faltarles. No podemos ser cómplices.

Mário Soares: Realmente, en el siglo XX, los científicos, los universitarios, los intelectuales y los artistas tuvieron una voz muy importante –aunque nunca decisiva– al alertar sistemáticamente a sus conciudadanos de los peligros que corrían, de las desigualdades y de las injusticias. Desde Zola, con el célebre «J'accuse», a propósito del caso Dreyfus, en 1898, hasta los escritores pacifistas, anteriores y posteriores a la Primera Guerra Mundial, como Roger Martin du Gard, Romain Rolland, Stefan Zweig y Thomas Mann, que no pudieron evitarla, hasta los intelectuales antifascistas, que se batieron al lado de los republicanos españoles, como Hemingway, Malraux, Spender, George Orwell y Arthur Koestler o los que en la posguerra denunciaron el totalitarismo soviético como Hannah Arendt, Camus, Solzhenitsin, o levantaron sus voces contra el peligro de la bomba atómica, como Oppenheimer, Sakharov entre tantos otros...

Hoy las intervenciones de los científicos y de los intelectuales son pocas. Es necesario estimularles y darles fuerza. Algunos universitarios norteamericanos, como el semiólogo Noam Chomsky, Susan Sontag, Stiglitz y otros han estado a la cabeza del combate contra las perversiones intolerables de la política norteamericana, impuesta por George W. Bush y por su equipo... Pero sus voces se pierden en el tumulto mediático de nuestros días.

El capitalismo ha perdido la cabeza y la ética. No tengo la menor duda. Pero la alternativa de una economía de mercado, indispensable para el desarrollo y la competitividad, aunque regulada nacional e internacionalmente por valores éticos y principios humanistas, democráticos y de solidaridad, todavía no se ha expuesto con claridad. Ése es el problema...

De ahí la necesidad de redefinir y dar un nuevo impulso al socialismo democrático –sin concesiones neoliberales– de acuerdo con lo que Norberto Bobbio decía y, tal vez, yendo más lejos, hasta el propio Marx, cuando afirmaba que el socialismo sólo llegará cuando se haya superado un capitalismo universal sin control ni reglas éticas[1]...

---

1. Ver la biografía de Karl Marx *L'esprit du monde*, de Jacques Attali, Éd. Fayard, 2005.

Capítulo XXVI

¿Hacia dónde caminamos? ¿Cómo actuar?

Mário Soares: En el capítulo precedente hablamos del capitalismo financiero-especulativo –y de sus peligros– en esta fase del neoliberalismo, aparentemente triunfante, pese a sus evidentes fragilidades, tanto en América del Norte como en Europa.

Le propongo que cerremos este nuestro tan agradable debate con un análisis final, objetivo y sintético, de la situación del mundo y de sus próximas perspectivas, tal como las vemos a finales de 2006. Y que hagamos algunas propuestas acerca de cómo nos parece que debamos actuar.

Hoy no es fácil hacer previsiones ni futurología, dado lo imprevisible de los tiempos que corren. La aceleración de la historia, de que tanto se ha hablado desde que acabó la Primera Guerra Mundial, «en los locos años veinte» sobre todo, es hoy una evidencia concreta y cotidiana, incontestable. En el umbral de la última década del siglo pasado, en 1989, tras la caída del muro de Berlín y, a continuación, con el final de la «guerra fría», pensábamos que se estaba iniciando una era, en la que habrían triunfado la democracia, la libertad y los derechos humanos como valores universales. La razón, el laicismo, el diálogo ecuménico entre los representantes de las grandes religiones –y también agnósticos y ateos–, así como los derechos sociales y los derechos ambientales, para defender al planeta de las agresiones humanas, parecían triunfar en toda regla y para siempre.

Pues bien, bastó la aparición del terrorismo a escala mundial, con los atentados contra las Torres Gemelas y el Pentágono –algo inesperado e incluso impensable–, así como la reacción que la potencia hegemónica opuso, unilateralmente, para que el panorama internacional cambiase por completo y el mundo se volviera mucho más peligroso, incierto e inseguro. Lo contrario de lo que suponíamos diez años antes...

Admiten pensadores, filósofos, politólogos y sociólogos que estamos viviendo una crisis de civilización. Un cambio radical de la Historia. La revolución informática y las nuevas tecnologías dirigen las grandes transformaciones. Por otro lado, los valores éticos están en declive, las ideologías, antes triunfantes, pierden su antigua virulencia y atractivo, mientras que ciertas religiones y el esoterismo experimentan un notable aumento, al mismo tiempo que los valores supremos parecen ser el dinero, el lucro por el lucro, el éxito, en un marco general de consumismo, de un hedonismo irresponsable con el que los poderes económicos y mediáticos, interconectados, dirigen la política e incluso la religión.

¿Cómo evitar que caigamos de nuevo en guerras religiosas, como en el pasado, y cómo frenar lo que se presenta como un camino seguro hacia la decadencia de Occidente? Con el terrorismo global organizado en red, esquivo, que puede tener más que un sentido, ¿estamos asistiendo a un retroceso de la civilización que nos puede conducir a la barbarie?

¿Podemos seguir hablando de Occidente, como antes nos interrogábamos, metiendo en el mismo saco América del Norte y Europa, como si los valores e intereses geoestratégicos siguiesen siendo los mismos que en el tiempo de la guerra fría[1]?

Federico Mayor: Las viejas llaves pueden no servir para abrir las puertas y ventanas del mañana. Pero «crisis» significa también posibilidad de superación, de transformación. La adversidad aguza el ingenio... Por otra parte, la emergencia de la «fuerza civil» evitará, en lo sucesivo, enfrentamientos y desmanes como los que hemos vivido hasta hace poco: hoy es impensable otra Operación Cóndor en América Latina, o enfrentamientos bélicos por causas religiosas... Si empezamos a cumplir los Objetivos del Milenio y, por tanto, a «humanizar la globalización», el gran complejo industrial bélico comprenderá que sus siglos de esplendor han terminado...

Mário Soares: El siglo XXI nos enfrenta a tremendos y nuevos desafíos, de los que hemos hablado a lo largo de esta nuestra amplia conversación, y que ahora importa sistematizar para dar respuestas con acierto.

El mundo se ha vuelto definitivamente pequeño y uno sólo, una aventura que hermana a todos los seres humanos en un destino común. Lo que se llama Occidente es hoy uno de los componentes de un mundo en recomposición, en el que emergen nuevas líneas de fuerzas geoestratégicas. De ahí la globalidad de la Tierra y el reforzamiento de la igual dignidad de la condición humana, independientemente de razas, colores, condiciones sociales, sexos o lugares de nacimiento,

---

[1]. Ver el interesante libro del libanés Nayla Farouki: *Los dos Occidentes - ¿Y si el choque de civilizaciones fuera, sobre todo, una confrontación de Occidente con él mismo?*, Edición Piaget, 2004.

como consagra la Declaración Universal de Derechos Humanos, en nuestra asumida diversidad.

Con todo, el economicismo neoliberal ha hecho a los seres humanos más desiguales –al contrario de lo que se esperaría– sin que hayan conseguido imponer reglas éticas a una globalización que se presenta, en sus consecuencias negativas, cada vez más desarreglada e incapaz de resolver el problema de la pobreza en el mundo, de la exclusión social y de la falta de acceso de miles de millones de seres humanos al agua potable, a una alimentación equilibrada, a la educación, a la información, liberándolos así de la angustia del futuro, de la violencia, de la explotación del hombre por el hombre, de enfermedades que ya casi estaban erradicadas, como la malaria o la tuberculosis, de nuevo en peligrosa expansión, o de pandemias, como el SIDA, condenándolos a vidas sin calidad, sin abrirles ningún horizonte de esperanza.

La pregunta que se nos impone es la siguiente, como ha ido quedando claro en capítulos anteriores: ¿es posible una alternativa al modelo neoliberal en el actual estadio de evolución del mundo? Quiero creer que sí. Que no sólo es posible, sino que es necesario. Jeffrey Sachs dice que es posible acabar con la pobreza en una generación. Y sabe de lo que habla. Reconozco que no tenemos todavía una receta clara –un modelo político social– para conseguirlo en el mundo entero. El socialismo democrático, o la socialdemocracia, que trajo a Europa décadas de prosperidad y de progreso, quizá no sea todavía de aplicación universal, o por lo menos ahora. En Asia, en Oriente Próximo, en África. Tal vez lo sea ya en América Latina.

Federico Mayor: América Latina podría hacer «sentar la cabeza» a los EE.UU., terminando una era de increíble intromisión en sus pueblos y recursos y ofreciendo amistad y cooperación donde antes hubo injerencia violenta y despótica. Es fundamental no retroceder. Creo que el secreto estriba en disponer, dentro del marco de unas Naciones Unidas fuertes y dotadas de los medios necesarios, de los mecanismos de regulación y concertación que son indispensables a escala supranacional.

El sistema neoconservador no sólo ha desposeído de los valores democráticos a la humanidad y ha concentrado la riqueza en unas grandes corporaciones privadas, sino que ha condenado a un número creciente de seres humanos a vivir en la «miseria y el miedo», de los que el cumplimiento de los Derechos Humanos debía liberarnos.

Todavía peor: el hecho de aumentar el poder de un grupo de países y luego convertirse en una hegemonía mundial, marginando a las Naciones Unidas, ha favorecido –¡lo importante es vender!– que una colosal dictadura como China se convierta en «la fábrica del mundo», en la que los obreros no cuentan y el Estado –con la inmoral anuencia de quienes venden a un precio muy superior los productos que se han elaborado en condiciones laborales inaceptables– no cesa de acumular divisas. La China Popular es ya el cuarto país del mundo en recursos financieros y está «adquiriendo» los Estados Unidos y África... ¿Qué sucederá en diez años? Sin un tratamiento adecuado, bajo el poder moderador de las Naciones Unidas, ¿cómo se resolverán los problemas de energía, nutrición, etcétera, que plantea el «desarrollo» chino?

Éstos son los problemas a cuya previsión y prevención tanto debería contribuir la Unión Europea. Convendría revisar las circunstancias que precedieron al «crac» de 1929... y «humanizar» la globalización, rápidamente y en beneficio de todos, antes de que sea demasiado tarde. Las inmensas contradicciones actuales no pueden prolongarse. El genocidio del hambre, el terrorismo, los «asesinatos selectivos», la imposición de la venta de armas para guerras convencionales[1] que alcanza cifras realmente incomprensibles, especialmente si se compara con los magros ingresos que nutren los fondos mundiales para la lucha contra el SIDA o el hambre... sólo un sistema de Naciones Unidas profundamente reformado podría re-encarrilar el mundo actual.

Mário Soares: Hay, sin embargo, otros dos problemas centrales, querido amigo, sobre los que me gustaría oírlo: ¿está nuestro planeta en vías de autodestruirse, por la acción agresiva del propio hombre, por la proliferación de bombas atómicas, al alcance de grupos de hombres fanatizados, o por la irresponsabilidad de grupos financieros que arrasan la selva amazónica, por la mera ganancia, o que permiten que el «agujero de ozono» sea mayor cada día porque no controlan las emisiones de anhídrido carbónico?

Segundo problema: ¿los seres humanos serán capaces de entenderse de manera que puedan evitar «las guerras que nos amenazan»[2] en este nuevo milenio? ¿Guerras clásicas, de Estado contra Estado, o guerras que son consecuencia de nuevos intereses estratégicos,

---

1. La prensa acaba de notificar que Pakistán ha adquirido al Pentágono 5.200 millones de dólares en armas, incluyendo 36 F-16.
2. Ver la obra colectiva coordinada por Béatrice Bouvet y Patrick Denaud: *Les guerres qui menacent le monde*, Éd. de Félin, 2001.

étnicos u otros? ¿Seremos capaces de evitar las amenazas terroristas, los conflictos regionales o incluso mundiales que pueden surgir, los accidentes que se pueden derivar de la energía nuclear hoy al alcance de tantos países y grupos humanos, en los que las asociaciones criminales internacionales se interrelacionan con las diferentes formas de terrorismo global?

Y como consecuencia de estos interrogantes, ¿habrá condiciones para reforzar las Naciones Unidas de tal forma que puedan asegurar la paz y caminar hacia una gobernación de tipo mundial[1], dotada de reglas ético-jurídico-políticas –y de medios militares– capaces de imponer un orden mundial basado, preventivamente, en la paz y en la resolución pacífica de los conflictos que no puedan ser evitados[2]?

Federico Mayor: Es imprescindible, lo reitero porque lo creo firmemente, disponer de unas Naciones Unidas dotadas de todos los medios precisos y con sus órganos de gobierno y representación que les permitan asegurar el «comportamiento democrático» que es imprescindible a escala internacional. Así podrían ponerse rápidamente en práctica los Objetivos del Milenio que son, no lo olvidemos, los que acordaron todos los jefes de Estado y de Gobierno en la transición de siglo y de milenio. La democracia genuina es la solución y su máxima expresión es la justicia. No puede mante-

---

1. Ver el libro *Por una gobernación global democrática*, publicado por el Instituto Fernando Enrique Cardoso, Sao Paulo, 2005, en colaboración con Bill Clinton, Rubens Recupero, António Guterres, Lionel Jospin, Celso Lafer, Manuel Castells y Ruth Cardoso.
2. Ver *Ramsès*, 2006. Obra del Instituto Francés de Relaciones Internacionales, bajo la dirección de Thierry de Montbrial y Philippe Desforges.

nerse la actual contradicción por más tiempo, entre los planos local y global.

Mário Soares: En Europa, por lo menos, estamos todos de acuerdo en que la democracia es el mejor de los sistemas posibles, o como decía Churchill, irónicamente: «El peor, a excepción de todos los demás».

Con todo, la democracia, que fue capaz de resistir el auge de los totalitarismos, comunista y neofascista, y que ganó un enorme impulso con la victoria de los aliados en la Segunda Guerra Mundial, con la Declaración Universal de los Derechos Humanos y con todas las convenciones que se desarrollaron a continuación, la democracia, decía, al menos en su versión liberal (norteamericana) se está degradando, en los últimos años, de múltiples formas.

Tras el colapso del comunismo, se ha procurado identificar economía de mercado con democracia, como si fueran conceptos convergentes o incluso idénticos. Pero no lo son. La economía de mercado genera desigualdades que, si no son corregidas, afectan de forma irremediable el buen funcionamiento de las democracias, distorsionan el principio de soberanía popular y pueden llegar a transformarse, paulatinamente, en auténticas plutocracias.

Estados Unidos, bajo la administración Bush, no está lejos de llegar a esa fase degenerativa, a pesar de la separación de poderes y los frenos que el sistema creó y mantiene –los famosos *checks and ballances*– para protegerse.

Federico Mayor: El gran problema de la democracia –aplicable a otras muchas cuestiones– es la simulación, la difusión reiterada por poderosísimos medios de comunicación de apreciaciones erróneas que inducen conductas deseadas por el poder. Por esta razón, no hay gobernación democrática sin libertad de prensa irrestricta y sin que los ciudadanos tengan conciencia de la inmensa capacidad informativa, formativa... y «deformativa» que tienen los medios.

Mário Soares: El desarrollo de las democracias mediáticas, gracias a la fuerza creciente y a la influencia global de la televisión, está corroyendo las llamadas «democracias representativas», dando relieve y suscitando movimientos de opinión que se sobreponen –y a veces subvierten– el trabajo de los representantes elegidos y de los partidos, contribuyendo a que algunos de los valores democráticos tradicionales se desgasten. En ese sentido, la influencia de los medios de comunicación social, cada vez más dependientes del poder económico, y de sus intereses egoístas, ha ido anulando, como alertó Karl Popper[1], los grandes valores éticos que constituyen el fundamento de las democracias...

Con la sofisticación del marketing político, el peso de la política –y de los políticos– tiende a diluirse ante personalidades anodinas, sin voluntad política, ni principios, fabricadas artificialmente por los medios de comunicación, de acuerdo con los intereses económicos del momento. Es una evolución negativa esta a la que estamos asistiendo en casi todos los países democráticos desarrollados. Esto es lo que habitualmente se llama crisis de liderazgos políticos fuertes.

---

1. Ver Karl Popper: *À la recherche d'un monde meilleur*, traducción francesa, Éd. du Rocher, 2000. En especial: *Televisão: Um perigo para a Democracia*, traducción portuguesa, Gradiva, Lisboa.

Federico Mayor: Volvemos a la importancia de conocer la realidad, en un mundo en que la imagen sustituye en exceso la reflexión propia, la lectura... y en el que hasta la transmisión de conceptos y principios se encomienda a expertos en publicidad... La educación –para discernir, para participar– aparece, una vez más, como la solución insustituible.

Mário Soares: Es obvio que ha surgido un fenómeno nuevo –y muy importante, en sentido inverso– de la ciudadanía global, que refuerza la democracia participativa, aunque no deba poner en causa (y a veces la pone) la democracia representativa, que constituye la piedra angular de la democracia pluralista, tal como la conocemos. De ahí que pueda decirse: democracia participativa, sí; pero sin que se subviertan los mecanismos de decisión (legítimos) de la democracia representativa y de los partidos políticos que le confieren vigor y contenido.

Cada persona un voto, obviamente. Pero se puede influir en el voto, condicionarlo, subvertirlo. Por eso los regímenes democráticos no se limitan sólo a promover elecciones justas y serias; también tienen que establecer mecanismos para asegurar la legitimidad del voto, a través del ejercicio de todos los derechos políticos (libertad de expresión, de opinión, de información, de asociación, de reunión, de manifestación en plaza pública, de resistencia a todo lo que ofende los derechos, libertades y garantías de cada uno, etcétera), así como del principio de separación de poderes, de independencia de los tribunales, del pluralismo democrático y del estado de derecho....

Federico Mayor: De «Derecho justo». La justicia es lo que importa. En una democracia auténtica es el pueblo el que, a través de sus representantes, asegura que las leyes sean justas. Por eso, la independencia de los jueces, de los tribunales, es imprescindible. Nunca he podido comprender que una pertenencia ideológica pueda supeditar la independencia que es esencial en la aplicación de la ley.

Mário Soares: Pero si las sociedades democráticas, como está sucediendo en el siglo XXI, pierden algunos de los presupuestos y fundamentos en que se asientan, se arriesgan a que desaparezca mucho de su vigor y eficacia. Se convertirán en algo meramente formal, como la crítica marxista del siglo pasado acusaba a las «democracias burguesas»...

La libertad –en todos los sentidos de la palabra– es un valor primordial de la democracia. Sin libertad no hay democracia. Pero la democracia, para ser estable, tiene que asegurar también la igualdad posible entre todos los ciudadanos que participan de ella. O sea: un cierto nivel de bienestar para todos, condiciones dignas de existencia, de modo que se pueda promover la cohesión social, una cierta identidad colectiva de lazos de fraternidad o de solidaridad entre todos. En eso es en lo que la democracia social se distingue de la mera democracia liberal.

La democracia no es atributo tan sólo de los países desarrollados, como durante mucho tiempo se creía. Representa un valor de sociedad universal, al que todos los Estados pueden y deben ascender, aunque para su buen funcionamiento se requiera un mínimo de desarrollo, por debajo del cual las democracias pueden transformarse en fórmulas huecas, sin contenido[1].

---

1. Ver el libro de Marion Gret y de Yves Sintomer: *Porto Alegre - L'esprit d'une autre democratie*, Éd. de la Découverte, París, 2002.

Por eso, la democracia también tiene que ser contemplada en términos internacionales y debe afectar a todas sus organizaciones, sin excepción. Sobre todo en el inicio de un siglo, como en el nuestro, en que caminamos inexorablemente –dada la globalización económica e informática– hacia un tipo de gobernación mundial, como nos exigen e imponen los desafíos tremendos a que el mundo hoy está sujeto.

Es así necesario que se profundice la democratización del sistema de Naciones Unidas y que no dejemos que se impongan organizaciones internacionales pseudo-alternativas, como el G-7 o el G-8, que no tienen ninguna legitimidad, puesto que no pasan de ser un directorio, creado *ad hoc,* por los países considerados más ricos, sin ningún otro criterio. Otros ejemplos de organizaciones dependientes de la potencia hegemónica, Estados Unidos, son el Fondo Monetario Internacional, FMI, el Banco Mundial, que están fuera del sistema de las Naciones Unidas, como también ocurre con la Organización Mundial del Comercio, OMC.

La democracia funciona en diferentes niveles: local, regional, nacional, en organizaciones multinacionales, como en la Unión Europea, e internacional. Todos los niveles son igualmente importantes y se influyen recíprocamente.

Federico Mayor: Asegurar la interacción y la coherencia entre estos niveles es muy importante. La cultura democrática no se forja fácilmente. La historia nos demuestra la permanencia durante siglos y siglos del poder absoluto. Y la resignación de los pueblos...

Mário Soares: La democracia se aprende de la escuela primaria y se desarrolla con el libre acceso al conocimiento y a una información independiente, con la educación cívica y, sobre todo, con la participación política y partidaria.

Los partidos políticos son esenciales para la democracia, aunque haya democracia más allá de los partidos. Se dice, con razón, que sin partidos no hay democracia. Pero los partidos tienen que tener estructuras internas y reglas de funcionamiento que los disciplinen de acuerdo con presupuestos democráticos. Por supuesto, con fórmulas de financiación transparentes y controladas por instituciones exentas.

Todo esto representa el ABC de la política, que es una ciencia y, en su práctica, también es un arte. Hoy está de moda, por lo menos en Europa y Estados Unidos, hablar mal de la política y de los políticos. Los medios de comunicación han explotado hasta la saciedad ese filón, procurando desacreditar a los políticos porque saben que actuando así, se encuentran con el gusto de la época y adquieren una cierta y fácil popularidad. Sin embargo, ojo, hay que estar muy atentos, porque la peor democracia es mejor que la mejor dictadura. La lucha por el perfeccionamiento de la democracia pasa siempre por más democracia. Representativa y participativa. Las Organizaciones no Gubernamentales, ONG, u otras formas de participación, sean las que sean, son complementarias, pero no pueden sustituir el funcionamiento institucional de los órganos propios de la democracia y, en especial, de los partidos políticos. Los movimientos cívicos y alter-mundistas no se deben equivocar en cuanto a este punto. El pasado –con sus enseñanzas– está ahí, como señal de advertencia.

Federico Mayor: Coincido plenamente. Pero los partidos deben representar ideales, con los que se identifican un número determinado de ciudadanos. Cuando pierden estos aspectos diferenciales... se convierten en obedientes enormes y costosas maquinarias de publicidad con fines electorales.

Mário Soares: Le propongo ahora el problema final ¿Cómo actuar? ¿Qué hacer para luchar con eficacia, hoy, por un mundo mejor? ¿Por una Europa mejor, una península mejor, una España (en su caso) mejor o un Portugal mejor (en el mío)?

Como sabe, toda la vida me he ocupado de la política, una pasión permanente, obsesiva, que me ha acompañado siempre. Pero nunca he sido en términos estrictos, un profesional de la política. En el sentido de que nunca he vivido de la política. Fui profesor, abogado, un poco periodista. He publicado casi medio centenar de libros, principalmente libros coyunturales y de combate político. Pero no he hecho sólo eso.

La política, para mí, comenzó siendo un imperativo moral: durante los treinta y dos años en los que combatí la dictadura, en la clandestinidad y después en la semilegalidad (tolerada en ciertos períodos por la policía y por la censura). Evolucioné del antifascismo republicano hacia el comunismo, como ideal utópico, y después, en 1949-1950, por amor a la libertad, dirigí mis pasos hacia el socialismo democrático, entre 1951-1953, antes de los tiempos áureos de la Internacional Socialista conducida por Willy Brandt, de la que fui vicepresidente, a partir de 1974. Afortunadamente, nunca me desprendí de un cierto margen utópico. Es decir: querer ayudar a transformar el mundo, en el pequeño rincón que me tocó en suerte, Portugal.

Fui uno de los fundadores del Partido Socialista

portugués, en la clandestinidad, en Alemania, en Bad Münstereifel, en 1973.

Tras la Revolución de los Claveles asumí responsabilidades y, de ellas, aprendí mucho, maduré, conquisté una cierta autoridad entre mis contemporáneos, gané en paciencia y alguna moderación. Hoy, desgraciadamente, han muerto casi todos los que influyeron en mí. El mundo ha cambiado. Muchas soluciones que parecían obvias se han vuelto caducas. Otras, que parecían superadas, como la democracia liberal, a la que llamábamos burguesa y formal, son ahora dominantes. ¿Durante cuánto tiempo?

Con ochenta y un años cumplidos, no me he desprendido de un gramo de utopía, de voluntad política para contribuir, por poco que sea, en transformar el mundo a mejor, siendo fiel a mis valores fundamentales: la lucha por la paz, por la democracia, inseparable de la libertad (en su máxima extensión), de la igualdad (posible) y de la solidaridad (que es el nombre que dan hoy a la bella palabra fraternidad). He adquirido otros valores: la obligación de luchar por los derechos económicos y sociales, contra la exclusión social; en defensa del planeta, amenazado; en favor de los océanos, para que no se transformen en basureros; por el acceso libre al agua potable, como un derecho humano; contra la contaminación; contra el agujero de ozono; por la defensa de las selvas, etcétera. Me he convertido en ciudadano europeo (y no sólo portugués) y en ciudadano del mundo, si no fuera pretencioso decirlo. He comprendido que para la solución de los problemas portugueses no se puede hacer abstracción del marco ibérico, europeo y mundial.

Sigo siendo un pacifista convicto, un luchador en favor de los derechos humanos, allá donde éstos estén en causa, un defensor acérrimo de la Unión Europea, a pesar de todas las desilusiones y pausas, porque hoy la Unión Europea es un instrumento insustituible para luchar, con eficacia, en favor de un mundo mejor. Soy un partidario convencido de que el perfeccionamiento de las Naciones Unidas –su reestructuración y el fortalecimiento de sus medios de acción– se encamine hacia un primer esbozo de una gobernación (eficaz) a escala mundial. Hoy es indispensable. Sin ello nunca se llegará a la «buena gobernación» de que tanto se habla.

Federico Mayor: Con unas Naciones Unidas eficaces; con un poder ciudadano capaz de participar activamente... y con una Europa decidida a ejercer sus funciones de faro y vigía, las cosas podrían empezar a cambiar, a mejorar...

Mário Soares: Y así, querido amigo, le expongo la última pregunta: de acuerdo con el cuadro que acabamos de trazar ¿cómo actuar con eficacia? ¿Cómo actuar, en nuestra pequeña escala, contribuyendo, con coherencia, para conseguir un mundo mejor y por el advenimiento de sociedades más humanizadas y justas?

La primera constatación es que el combate político también se ha globalizado, en un mundo en que todo está interrelacionado. La lucha política ha dejado de ser sólo local, o incluso nacional. En nuestro caso, portugueses y españoles, depende mucho, como es obvio, del marco europeo en que estamos insertos, e incluso en el marco universal.

La paz, cuya garantía es el bien más precioso de todos, es una cuestión multinacional si no es universal. Por eso tenemos que tomar partido. Es lo que sucedió en la guerra de Irak. Un momento decisivo de separación de aguas... Incluso cuando las guerras que nos amenazan, como vimos, parecen locales, lejanas o aunque no tengan aparentemente características interestatales. El terrorismo, así como la gran criminalidad internacional organizada, están en esa última categoría y no por eso dejan de afectarnos enormemente.

Cuando usted, Federico, era Director General de la UNESCO, lanzó, y muy bien, un programa de formación para los jóvenes –y los adultos– por una Cultura de Paz. Es un combate esencial, diría incluso que prioritario, que se establece desde la infancia, en la escuela y fuera. Y que hay que continuar de todas las maneras.

Federico Mayor: La cultura de paz representa el uso de la palabra en lugar de la fuerza... En la Declaración y Plan de Acción para una Cultura de Paz se establecen las distintas maneras de contribuir a que, de una vez por todas, los conflictos, que siempre existirán, se diriman pacíficamente.

La educación para la paz, los derechos humanos, la tolerancia, la justicia, han tenido en los últimos veinte años un importante desarrollo teórico y práctico, tanto en centros docentes de distintos niveles de aprendizaje, como en instituciones multilaterales y organismos internacionales. En algunos países han incorporado la Educación para la Paz en los programas educativos. Importantes reuniones mundiales de los últimos años han dado resultados que han servido para señalar las principales tendencias y sugerir planes de acción: En 1993, Montreal y Viena; en 1997, en La Haya, donde el excelente llamamiento que se produjo concentra, en buena medida, los criterios de la educación para la paz y la Declaración y Plan de Acción para una Cultura de Paz, unánimemente aprobados por la Asamblea General de las Naciones Unidas, el día 13 de septiembre de 1999.

Hablamos de la educación para el pleno ejercicio de los derechos humanos. Derechos y deberes que permiten la integración del «yo» en el «nosotros» (nosotros) y el cumplimiento generalizado de la igual dignidad de todos los seres humanos. Educación para liberar, para desatar nudos y eliminar adherencias, para que todos permanezcan libres, como nacen, según el artículo primero de la Declaración Universal de los Derechos Humanos: «Todos los seres humanos nacen libres e iguales en dignidad y derechos y, dotados como están de razón y conciencia, deben comportarse fraternalmente los unos con los otros». Y su Art. 2.º: «Toda persona tiene todos los derechos y libertades proclamados en esta Declaración, sin distinción alguna de raza, color, sexo, idioma, religión, opinión política o de cualquier otra índole, origen nacional o social, posición económica, nacimiento o cualquier otra condición».

La Declaración Universal de los Derechos Humanos representa el ideal que todos los pueblos y naciones deben esforzarse en poner en práctica... Para poder facilitar la transición a una cultura de paz, el Plan de Acción presenta las medidas educativas, de desarrollo, de igualdad de género, de libertad de expresión, de movilización ciudadana... que pueden contribuir a este gran cambio en el destino común de la humanidad.

Mário Soares: Otro combate, también universal, es el de la lucha en defensa del medio ambiente, de la ordenación del territorio, del rechazo sistemático de las agresiones contra el planeta, en todas sus vertientes y lugares del globo. Es un combate eminentemente planetario aunque también se dirime en el ámbito nacional e incluso local. Esto tiene mucho que ver con la formación, con el conocimiento y con una Cultura de Defensa Medioambiental, que también debe comenzar a ser enseñada desde el inicio de la escolaridad y se prolongará durante toda la vida.

El tercer combate es esencialmente de orden cívico: la defensa de una Cultura Democrática, en el ámbito internacional, de las regiones que son asociaciones voluntarias de naciones, como la Unión Europea, de los Estados y de las políticas locales. Es una cultura que se debe profundizar con la participación cívica y política. En ese sentido, las asociaciones académicas son lugares privilegiados de aprendizaje cívico. La cultura democrática implica la defensa de la política, de la actividad política –como un ejercicio noble al servicio de la comunidad– y la profundización del trabajo político, desde los partidos, instrumentos esenciales de la democracia, y, en otro nivel, de las organizaciones no gubernamentales de participación cívica, de defensa de los derechos humanos y medioambientales en el plano nacional e internacional.

Federico Mayor: Junto a los partidos políticos –que deben fortalecerse, aunque ahora sólo interesan los partidos de fútbol– es muy importante favorecer las asociaciones de ciudadanos en las ONG. Las redes de ONG que funcionan bien constituyen una de las piezas angulares de este nuevo mundo con el que soñamos.

Mário Soares: Todos estos combates están estrictamente ligados entre sí: la paz, el medio ambiente, la democracia. Son, como he dicho, de ámbito local, nacional e internacional. Están inspirados en valores que se fueron precisando desde el Iluminismo y la Revolución Francesa, con la célebre trilogía «libertad, igualdad y fraternidad» –sin olvidar los valores democráticos y jurisdiccionales heredados de las culturas grecorromanas y judeocristianas–, y se enriquecieron, posteriormente, con los nuevos conceptos del Estado de Derecho y la ampliación de los derechos humanos, no sólo los políticos, sino también los de carácter económico, social, ambiental, humanitario, de la mujer, de los niños, de los dependientes, de los animales, y de la naturaleza.

En el centro del combate por la profundización de la democracia se sitúa el papel del Estado, tan criticado por los teóricos neoliberales y por los «neo-con», que quieren un Estado mínimo, pero que en tiempos de catástrofes, naturales o provocadas por los hombres, lo exigen todo del Estado. Lo que representa en sí mismo una insalvable contradicción. Estado de Derecho Democrático, con poder político legitimado por el voto popular –no sólo para elegir a los gobernantes sino también para destituirlos–, con el imperio de la ley igual para todos, la separación de los poderes, defendida por Montesquieu, la independencia de la justicia, el reconocimiento de los derechos humanos y de contrapoderes legítimos y necesarios, aunque sujetos a reglas de deontología estrictas, como la comunicación social, diferentes servicios públicos tales como el defensor del pueblo, el derecho de representación de los ciudadanos ante los órganos de soberanía...

Federico Mayor: Ya hemos convenido que, en un Estado democrático, existen prerrogativas que no pueden transferirse al sector privado. El debilitamiento y desarticulación del Estado es una de las consecuencias de un sistema que, en lugar de reducir brechas, las amplía.

Mário Soares: Sin duda. En época de globalización económica, como la actual, el poder económico –que no tiene legitimidad democrática– tiende a sobreponerse al poder político de distintas maneras. Lo que es fatal, con el tiempo, para el buen funcionamiento de la democracia. A través del poder de los medios de comunicación –hoy concentrado en manos de poderosos grupos económicos– intenta condicionar e incluso dominar el poder político. Para eso, el arma más eficaz ha sido siempre desacreditar la política, a los políticos y a los partidos, como si perteneciesen a un submundo donde reina la corrupción...

La lucha por la democracia implica la rehabilitación de la política –como un servicio noble, sin el cual las democracias tienden a transformarse en plutocracias– y la defensa del papel primordial de los partidos, cuyo funcionamiento debe estar regido por reglas jurídicas estrictas y en especial su financiación, que debe ser absolutamente transparente. Pero, en los tiempos que corren, la corrupción, que a veces tiene su origen en las grandes multinacionales, afecta también a partidos políticos, incluso de los países más desarrollados, no sólo de los emergentes o subdesarrollados. Acabar con esta lacra e incluso con las sospechas de corrupción es una lucha que se tiene que trabar con determinación y valentía, por el fortalecimiento de la eficacia e independencia de los tribunales en defensa de la democracia y del estado de derecho. Y de la estricta probidad de los ciudadanos responsables.

Federico Mayor: Normalizar y dar transparencia a la financiación de las campañas electorales es una de las asignaturas pendientes que deberán abordarse sin demora. Los escándalos de corrupción y de parcialidad contribuyen a erosionar la imagen popular de los políticos y de la política, cuando más se precisa darles credibilidad...

Mário Soares: El debilitamiento de los Estados nacionales ha sido uno de los objetivos centrales de la crítica neoliberal en favor del «imperio». Se comprende. Para imponer así el dominio de las multinacionales y para subordinar mejor el poder político legitimado por el sufragio popular, al poder económico, que aspira únicamente al lucro, sin frenos éticos, ilimitado y, además, con pretensiones hegemónicas globales.

Pero una orientación así tiene sus peligros incluso para las propias «democracias liberales», como ha puesto en evidencia la catástrofe del Katrina, que se abatió sobre Nueva Orleans. ¿A quién fueron pedidos los auxilios entonces tan necesarios? Al Estado federal, claro. ¿Y en caso de guerra, como está sucediendo con Norteamérica, enredada en el atolladero de Irak, más grave que lo sucedido en Vietnam? No son las multinacionales –ni siquiera las que más se aprovechan con la guerra, debido a las facturas del petróleo, a las ventas de armas o a los trabajos de reconstrucción– quienes ayudan o indemnizan, con los lucros obtenidos, por las vidas perdidas (irreparables) de tantos soldados norteamericanos.

Está claro que no. Se necesita al Estado con todo su peso, autoridad y valores que defender.

De donde resulta la profunda contradicción de la teoría neoliberal, que comienza a dar señales de agotamiento. Un autor de un libro célebre, Emmanuel Todd, que pronosticó la caída del Imperio soviético, a comienzos de los años 80, está ahora convencido de la decadencia irremediable del Imperio americano[1]. Lo que –de verificarse– ni ayuda a Occidente ni a una nueva recomposición del ordenamiento mundial.

Federico Mayor: La respuesta es la amistad. Ser amigos y no adversarios. Compartir los días buenos y los aciagos, como se comparte, quiérase o no reconocer, el mismo destino.

Mário Soares: Verdaderamente, la economía mundial ha adquirido características nuevas en el siglo XXI «al integrarse en el sistema capitalista occidental las economías del ex bloque soviético y de las potencias emergentes, como la India y la China», han escrito Françoise Nicolas y Jean Marie Pangam[2]... Y añaden: «La globalización engendró un desequilibrio global entre la oferta y la demanda potencial de trabajo, produciéndose en todos los países del mundo una enorme presión sobre el empleo».

Ahora bien, así como el crecimiento de las riquezas y de los intercambios coexiste con el aumento de la pobreza y la ampliación de las desigualdades –como ya hemos dicho– la deslocalización de las empresas afecta simultáneamente a los países más desarrollados y los más pobres. Lo que pone en causa los obsoletos

---

1. Ver el libro de Emmanuel Todd *El loco y el proletario*, Colección Tablero, 1982. Y el libro del mismo autor sobre la decadencia del Imperio norteamericano, titulado *Después del Imperio: La descomposición del sistema americano*.
2. Ver «Une nouvelle donne économique mondiale», en IFRI, *Ramsès*, pág. 47, 2006.

mecanismos de regulación económica internacional, creados en Breton Woods en 1945.

La lucha en defensa de la reestructuración de las Naciones Unidas y por un nuevo orden económico mundial se ha convertido en un gran tema de actualidad. Lo que representa otra de las líneas de actuación, que los defensores de la paz, del medioambiente y de la democracia social no pueden dejar escapar.

Federico Mayor: En *El contrato global*[1] se propone un plan de desarrollo a escala mundial en el que revertiría buena parte de los recursos dedicados ahora a «preparar la guerra»... Se aumentaría la calidad de vida... el cómo y dónde viven millones y millones de seres humanos que dejarían de estar excluidos... Sería el momento de la Gran revolución, como escribía Federico García Lorca en 1936.

Mário Soares: Lo que pretendía decir, querido amigo, de acuerdo con intervenciones anteriores, es que el activismo político orientado por los grandes valores humanistas hoy no se puede orientar sólo en el marco nacional y europeo, sino que también ha de tener una dimensión global. De ahí que la lucha cívica, en el tiempo y en el espacio en que vivimos, no pueda ejercerse sólo en el marco partidario –en defensa de los ideales que orientan los partidos y por su reestructuración, actualización y eficacia– sino que también debe involucrarse, solidariamente, en las grandes luchas que hoy tienen lugar en todos los continentes y representan una esperanza para el futuro.

---

1. *El contrato global*, Primer Encuentro Internacional sobre una Cultura de Paz, Madrid, 2000.

De donde –concluyo– el combate político es hoy, más que nunca, esencial para mejorar la suerte de los seres humanos, nuestros hermanos. Un mundo mejor es posible y es más: está a nuestro alcance. Es necesario saber luchar por él, con las armas de la información, del conocimiento y de la organización. Repudiando la violencia y practicando la tolerancia. Dándoles un nuevo vigor a los partidos políticos y a la participación cívica de los ciudadanos. Reforzando el Estado de Derecho y las instituciones democráticas, desarrollando la cultura cívica en favor de la paz, del Derecho Internacional –intensificando el papel de las Naciones Unidas y dándole más eficacia–, combatiendo el terrorismo y el crimen internacional organizado. Luchando contra la pobreza y por la inclusión social, en defensa del medioambiente y de la igualdad entre hombres y mujeres y, nosotros, europeos, siendo solidarios con los pueblos del resto del mundo y defendiendo el Modelo Social Europeo, cueste lo que cueste, en sí mismo, y también porque es una referencia esencial para el resto del mundo.

Ahí tiene, querido amigo, un puñado de causas por las que vale la pena luchar, que dan nobleza a la política, satisfacción personal no egoísta y buena conciencia a quienes las abrazan.

Federico Mayor: Hace unos años expuse en un libro[1], al término de mis funciones como Director General de la UNESCO, la necesidad apremiante de un cambio radical de rumbo. Con la ayuda de un excelente equipo multidisciplinar, que aportaba los datos precisos sobre los grandes desafíos del nuevo milenio (pobla-

---

1. *Un monde nouveau*, Éd. Odile Jacob, París, 1999.

ción, nutrición, agua, energía, salud, información y comunicación...), se ponía de manifiesto que no caminábamos en la dirección adecuada en la mayoría de los casos y que era imperativo y factible enderezar los torcidos y erráticos derroteros en los que nos había situado un liderazgo mundial basado en intereses económicos a corto plazo, carente de puntos de referencia éticos y de las instituciones internacionales apropiadas. Se proponían, en resumen, cuatro «nuevos contratos»: social; medioambiental; cultura y moral. Y la progresiva sustitución de la economía de predominio y explotación unilateral por un plan global de desarrollo.

Estas propuestas se basan en los tres pilares que la Carta de la ONU expresa en la primera frase del Preámbulo y que tanto he repetido en estas gratísimas y ya largas conversaciones: «Nosotros, "los pueblos"... hemos resuelto "evitar" a las "generaciones venideras" el horror de la guerra». Los pueblos, evitar, y generaciones venideras: ésta es la receta que nos dejaron quienes acababan de vivir uno de los más espantosos episodios de la historia contemporánea. Para construir sobre estos pilares el mundo nuevo que anhelamos, es necesario un cambio fundamental de actitud: dejar de ser espectadores resignados y dóciles y pasar a ser actores participativos y comprometidos, conscientes permanentemente de la igualdad radical de todos los seres humanos que proclama el artículo 1.º de la Declaración Universal de los Derechos Humanos.

En esto consiste, precisamente, la cultura de paz, a cuya formulación y programa de acción –ahora recomendado por los Jefes de Estado y de Gobierno en la Cumbre de Naciones Unidas de septiembre de 2005– siempre ha prestado usted, querido amigo Mário, todo el apoyo. Como lo ha hecho con la Red de Redes UBUNTU[1] para una reforma en profundidad de las Naciones Unidas.

¿Cómo actuar? Perseverando en estos convencimientos, que se reflejen en nuestras actitudes y actuaciones cotidianas. Debemos difundirlos incansablemente, a través de todos los medios de comunicación, en libros y escritos, para lograr persuadir a todos –desde los poderosos a los pusilánimes– de que es posible transitar desde una cultura de imposición y violencia a una cultura de conciliación y de paz.

Debemos convencer a todos, en un auténtico movimiento mundial, hoy posible gracias a los medios de telecomunicación, de que la resignación y la sumisión han terminado y que corresponde a cada uno ocuparse del futuro de sus hijos. Pasar de súbdito a ciudadano pleno... «¡depende de ti!»[2], depende de cada uno que, debidamente motivado, pasa de espectador pasivo a actor.

¿Cómo sustituir la fuerza por la palabra y, a continuación, por la acción? Por el diálogo. ¡Cuántas cosas he aprendido en estas conversaciones, a pesar de que ya conocía las más relevantes facetas de Mário Soares!

Debemos pues, infatigablemente, afirmar la consciencia del inmenso poder ciudadano, ejercido hoy tan infrecuentemente. Ha llegado el momento. Antes no teníamos otro medio popular de expresar nuestro sentimiento o disentimiento que acudir a manifestaciones, con considerables riesgos personales a veces. Ahora no: ahora no es preciso estar en una ciudad de-

---

1. UBUNTU: Foro mundial de redes de la sociedad civil.
2. «¡Depende de ti!» figura, muy acertadamente, en los manifiestos de Manos Unidas.

terminada un día determinado para poder participar. La democracia puede dar un gran salto cualitativo, puesto que el requisito presencial era un factor limitativo.

Poder ciudadano para anunciar que no consumiremos los productos de las firmas que se anuncian de una manera inadmisible ética y estéticamente o que patrocinan programas de televisión en horas de audiencia infantil que pueden ser, por sus escenas de violencia de cualquier índole, nocivas para niños y adolescentes. Poder ciudadano para comunicarles a los gobernantes y parlamentarios aquellas cuestiones que se consideren más importantes y recordarles sus propósitos. Poder ciudadano para pasar, lo más rápidamente posible, sin traumatismos, de la hegemonía y plutocracia a la democracia, del unilateralismo al multilateralismo, en cuyo seno deben deliberarse y decidirse las soluciones a los grandes retos de la humanidad y ponerse en práctica, eficazmente, los Objetivos del Milenio.

Poder ciudadano para las nuevas alianzas, para vivir en paz. Para la seguridad de la paz y la justicia. Poder ciudadano para mitigar el impacto de las catástrofes naturales. Poder ciudadano para la formación intensiva de todos en la salvaguarda de la diversidad, de la identidad, de la integración. Para que las ideologías y los ideales vuelvan a orientarnos. Para que se conozca la realidad y se juzgue por ella los resultados, en términos sociales, de las estrategias económicas.

Los instalados en el sistema actual, los más obcecados de los habitantes del barrio próspero de la aldea global, dirán que esto es una utopía y procurarán, una vez más, acallarnos. Pero no lo lograrán en esta ocasión, porque el poder ciudadano no guardará silencio y exigirá a las instituciones que no lo guarden tampoco.

Ha llegado el momento, sí. El momento de la palabra, de hablar y de escuchar. De no guardar silencio. Y de no dejar pasar las ocasiones. Cuando, normalmente después de muchos años y esfuerzos, llegan las horas decisivas, constituye un inmenso error no aprovecharlas, siempre que se dé un paso hacia delante por pequeño que sea. Hay que saber dejar a un lado orgullo y frustraciones, y arrimar el hombro mirando hacia delante. Teniendo presente el futuro.

Juntos, podemos, si caminamos, todos distintos, todos unidos por los mismos ideales.

Gracias a los ibéricos fue posible el gran encuentro con América, el Nuevo Mundo. Ahora los ibéricos deben, gracias a su relación histórica y, sobre todo, a la misma manera de mirar hacia el mañana, facilitar los encuentros conducentes a un mundo nuevo.

Sí, es posible, será posible, aunque hoy no lo parezca, como fue posible la transición española con tantos actores representando papeles imprevisibles; como fue posible la imposible Revolución de los Claveles... ¡Fíjese si Iberia tiene ejemplos recientes que poner! Como fue posible la trasformación de la URSS o la superación del *apartheid*, o la paz en Mozambique, en Guatemala, en El Salvador... y lo está siendo en el Ulster, y lo será en el País Vasco. Los escépticos dejarán de serlo. Los recalcitrantes necesitarán más tiempo para disimular su error, porque no habrán tenido en cuenta el gran poder que, por fin, brota en todas partes: la gente, dispuesta a vivir plenamente su vida y a no dejar en manos ajenas las riendas de su destino. Fue un gran poeta de Lisboa, Fernando Pessõa el que dijo que «unos gobiernan el mundo... ¡otros son el mundo!». Y un poeta catalán, Miquel Martí i Pol, escribió «... que todo está por hacer y todo es posible... ¿Quién, sino TODOS?». Ya ve: la «receta ibérica»...

Índice

I. Introducción 7
II. Historias paralelas 25
III. Ruptura en Portugal, transición negociada en España 33
IV. Hablamos de Iberia en el marco de la Unión Europea 47
V. El mundo inquietante de la globalización . 67
VI. Terrorismo global y antiterrorismo 89
VII. Volvamos a la península Ibérica y al mundo global 101
VIII. Los desafíos que nos acechan 111
IX. El Estado de Derecho y la justicia 133
X. Países emergentes 151
XI. El Mediterráneo 167
XII. El Atlántico y la OTAN 175
XIII. Iberoamérica 181
XIV. África a la deriva 197
XV. Canadá y Japón 213
XVI. ¿Europa como faro? 219
XVII. Una Alianza de Civilizaciones 227
XVIII. Naciones Unidas 237
XIX. La transición del milenio 249
XX. Los Objetivos del Milenio 259
XXI. Zapatero y Sócrates 273
XXII. El Oriente Próximo: ¿Un barril de pólvora? 289
XXIII. Sobre la violencia creciente 305
XXIV. ¿El siglo de las religiones? 323
XXV. ¿El capitalismo ha perdido la cabeza? 339
XXVI. ¿Hacia dónde caminamos? ¿Cómo actuar? 347

Diseño: Winfried Bährle

Círculo de Lectores, S. A. (Sociedad Unipersonal)/
Galaxia Gutenberg
Travessera de Gràcia, 47-49, 08021 Barcelona
www.circulo.es
www.galaxiagutenberg.com
1 3 5 7 9 6 0 1 2 8 6 4 2

© Mário Soares, 2006
© Federico Mayor Zaragoza, 2006
© de la traducción de los textos de Mário Soares: Pilar del Río, 2006
© Círculo de Lectores, S. A. (Sociedad Unipersonal), 2006

Depósito legal: B. 50420-2006
Fotocomposición: Víctor Igual, S. L., Barcelona
Impresión y encuadernación: Printer industria gráfica
N. II, Cuatro caminos s/n, 08620 Sant Vicenç dels Horts
Barcelona, 2006. Impreso en España
ISBN Círculo de Lectores: 978-84-672-2297-5
ISBN Galaxia Gutenberg: 978-84-8109-653-8
N.º 44750